2013年世界发展指标

世界银行　著

中国财政经济出版社

图书在版编目（CIP）数据

2013 年世界发展指标/世界银行著；王喆、王辉等译. —北京：中国财政经济出版社，2013. 9
书名原文：World Development Indicators 2013
ISBN 978 - 7 - 5095 - 4696 - 3

Ⅰ. ①2… Ⅱ. ①世… ②王… Ⅲ. ①世界经济 - 经济发展 - 综合指标 - 2013 Ⅳ. ①F112

中国版本图书馆 CIP 数据核字(2013)第 177220 号

中国财政经济出版社出版
URL: http://www. cfeph. cn
E-mail: cfeph@cfeph.cn

社址：北京市海淀区阜成路甲 28 号　邮政编码：100142
营销中心电话：010-88190406　北京财经书店电话：64033436　84041336
北京中兴印刷有限公司印刷　各地新华书店经销
889 × 1194 毫米　16 开　9 印张　400 000 字
2013 年 9 月第 1 版　2013 年 9 月北京第 1 次印刷
定价：60. 00 元
ISBN 978 - 7 - 5095 - 4696 - 3/F · 3803
图字：01 - 2013 - 6689
（图书出现印装问题，本社负责调换）
质量投诉电话：88190744
反盗版举报热线：88190492、88190446

前　言

欢迎订阅《2013 年世界发展指标》，本书由世界银行主编，汇集了与全球发展相关的高质量、具有全球可比性的统计数据。

于 1997 年出版的第一部《世界发展指标》就曾提出这一预言：“全球经济正在经历一场如同 19 世纪工业革命一般、具有重要影响的信息革命”。据估计，当时全球移动电话的数量每 100 人不足 2 部，而固定电话数量也仅为其 8 倍。《世界发展指标》见证了这场革命：本书表明，2011 年移动电话签约量增长至每 100 人 85 部，增长幅度超过了 40 倍。

这仅仅是关于人们相互沟通、获取知识和信息方式正在发生变化的例子之一。但是，除了估量这种变化之外，《世界发展指标》更有着亲身感受。在线数据库的使用，以及访问工具——尤其是开放数据网站（http：//data. worldbank. org)，基于网络的数据库查询程序（http：//databank. worldbank. org)，以及移动设备的应用程序——数量已大幅增加。

所以我们已对第 17 版（本书）的呈现方式进行了完善和改进。我们的目的就是找到一种最好的方式，使决策者、发展专家、学生和民众都能够更好地掌握数据，进而利用这些数据来减少贫困，解决世界上最亟待解决的发展挑战。其中最大的变化是，本书之前出版的数据表格已可在线（http：//wdi. worldbank. org/tables）进行查询。这将大有裨益：数据表将能反映出对数据的最新增补和修订。数据表将能为更多的读者服务，并免费提供给大家。

《2013 年世界发展指标》由 6 个章节组成：世界概览、人口、环境、经济、政府与市场以及全球联系。每章内容包括引言，一组集中概括地区发展趋势的六个话题，一张反映最相关、最流行的指标的数据表，以及一张标明全套可在线查询数据表和指标的索引。世界概览一章还对千年发展目标的进程进行了回顾。

《2013 年世界发展数据手册》也将随本书同步发行，该书为各个经济体的指标提供概览；以及一套适用于平板、各种掌上设备和各种主要移动平台的新版 DataFinder 应用程序（http：//data. worldbank. org/apps)，为读者提供汉语、英语、法语、西班牙语版本；以反映《2013 年世界发展指标》的内容及数据表信息。

《世界发展指标》得益于各组织的通力协作：联合国系统内各组织、国际货币基金组织、国际电信联盟和经济合作与发展组织、200 多个经济体的统计机构，以及其他所有合作者。在此，我们谨向这些合作者——特别是世界各地的政府统计工作者表示感谢。没有他们的辛勤工作、专业水准和奉献精神，对全球发展趋势的衡量和监测工作是不可能完成的。

我们希望《世界发展指标》是一本对您有所帮助的资料，也请您在 data@ world-bank. org 上提出您的建议和意见。

Shaida Badiee
发展数据组局长

致　谢

本书是在 Neil Fantom 的管理下由 Soong Suplee 领导的小组编撰，小组成员包括 Azita Amjadi、Liu Cui、Federico Escaler、Mahyar Eshragh-Tabary、Juan Feng、Masako Hiraga、Wendy Ven-dee Huang、Bala Bhaskar Naidu Kalimili、Buyant Khaltarkhuu、Elysee Kiti、Alison Kwong、Ibrahim Levent、Hiroko Maeda、Johan Mistiaen、Vanessa Moreira da Silva、Maurice Nsabimana Nsabimana、Beatriz Prieto-Oramas、William Prince、Evis Rucaj、Rubena Sukaj、Emi Suzuki、Eric Swanson、Jomo Tariku、Rasiel Victor Vellos 和 Olga Victorovna Vybornaia。小组与世界银行发展经济学副行长办公室发展数据组的其他小组开展了密切合作。

《世界发展指标》的电子产品由 Reza Farivari 领导的小组制作，小组成员包括 Ying Chi、Jean－Pierre Djomalieu、Ramgopal Erabelly、Shelley Fu、Gytis Kanchas、Siddhesh Kaushik、Ugendran Machakkalai、Nacer Megherbi、Shanmugam Natarajan、Parastoo Oloumi、Manish Rathore、Ashish Shah、Atsushi Shimo、Malarvizhi Veerappan 和 Vera Wen。

全部工作是在 Shaida Badiee 的领导下进行的。Tito Cordella、Doerte Doemeland、Zia M. Qureshi 和 David Rosenblatt 提出了宝贵的建议。

本书指标的选择和正文内容的确定得到了世界银行四个主题网络——可持续发展、人类发展、减贫和经济管理、金融和私人部门发展——以及国际金融公司和多边投资担保机构的工作人员的悉心指导和大力帮助。更为重要的是，我们还得到了外部合作伙伴的大力帮助、指导，他们还为小组提供了数据。向为本书做出贡献者的个人致谢的内容，见“做出贡献的其他人员”一节，本书主要合作者名单见“合作者”一节。

由 Meta de Coquereaumont、Jack Harlow、Bruce Ross-Larson 及 Christopher Trott 领导的通信发展公司为本书提供了总体策划、编辑和版式设计。Elaine Wilson 负责本书的封面设计、图片制作和排版。Peter Grundy Art & Design 公司的 Peter Grundy、Broadley Design 公司的 Diane Broadley 对报告进行了策划。世界银行出版局的工作人员对本书的印刷和发行进行了监督。

目 录

合作者

本书所定义、收集并公布的国际统计数据是许多人士和组织集体努力的结果。《世界发展指标》提供的各种指标数据是各个不同层次的工作人员几十年工作的结晶，他们包括在世界各地从事普查和家庭调查的现场工作人员，以及各种委员会及各国和国际统计机构的工作人员。这些委员会和统计机构确定的术语、分类方法和标准，为国际统计体系奠定了基础。非政府组织和私人部门也在收集基本数据、组织和出版其成果方面做出了重要贡献。另外，学术研究人员也在建立统计方法方面发挥了重要作用，并就统计指标的质量和解释开展了持续对话。所有这些人员都拥有一个强烈的信念，那就是获得精确的数据有利于提高公共和私人决策的质量。

通过与以下机构共享它们的数据和专业知识，这部《世界发展指标》才有可能出版。更为重要的是，这些机构提供的合作为世界银行致力于发展的努力做出了贡献，同时也对其他旨在提高人类生活质量的努力做出了贡献。我们要对那些努力帮助我们建立了有关这个世界及其人民的综合的、丰富详实的信息基础的人们表示感谢。

为方便大家查询，我们在此列出了有关组织和机构的网址。这些网址在2013年3月1日时仍有效。

国际和政府机构

二氧化碳信息分析中心

http://cdiac.ornl.gov

灾害流行病学研究中心

www.emdat.be

德国技术合作公司

www.giz.de

联合国粮食与农业组织

www.fao.org

国内流离失所监测中心

www.internal-displacement.org/

国际民用航空组织

www.icao.int

国际糖尿病联盟

www.idf.org

国际能源署

www.iea.org

国际劳工组织

www.ilo.org

国际货币基金组织

www.imf.org

国际电信联盟

www.itu.int

联合国艾滋病规划署

www.unaids.org

合作者

国家自然科学基金会

www.nsf.gov

联合国人类居住中心，
全球城市观测计划

www.unhabitat.org

美国外国灾害援助办公室

www.globalcorps.com/ofda.html

联合国儿童基金会

www.unicef.org

经济合作与发展组织

www.oecd.org

联合国贸易与发展会议

www.unctad.org

斯德哥尔摩国际和平研究所

www.sipri.org

联合国经济与社会事务署人口司

www.un.org/esa/population

理解儿童工作项目规划小组

www.ucw-project.org

联合国维持和平行动部

www.un.org/en/peacekeeping

联合国

www.un.org

联合国教育、科学及文化组织，
统计研究所

www.uis.unesco.org

联合国环境规划署

www.unep.org

联合国工业发展组织

www.unido.org

联合国国际减灾战略组织

www.unisdr.org

联合国药物管制与预防犯罪办事厅

www.unodc.org

联合国难民署

www.unhcr.org

联合国人口基金

www.unfpa.org

乌普萨拉大学冲突数据库

www.pcr.uu.se/research/UCDP

世界银行集团

http://data.worldbank.org

世界卫生组织

www.who.int

世界知识产权组织

www.wipo.int

世界旅游组织

www.unwto.org

世界贸易组织

www.wto.org

合作者

私人机构与非政府组织

国际地球科学信息网络中心

www.ciesin.org

国际集装箱化组织

CONTAINERISATION INTERNATIONAL YEARBOOK

www.ci-online.co.uk

敦豪公司

www.dhl.com

国际战略研究所

www.iiss.org

国际道路联合会

www.irfnet.org

网络行会

http://news.netcraft.com

普华永道会计师事务所

www.pwc.com

标准普尔

www.standardandpoors.com

世界保护监测中心

www.unep-wcmc.org

世界经济论坛

www.weforum.org

世界资源研究所

www.wri.org

使用指南

世界发展指标是世界银行最重要的跨国可比发展指标汇编，包括1,200余个序列指标，涵盖214个经济体和30余个国家组，许多指标的数据积累超过50年。

《2013年世界发展指标》经过重新配置，从而更简明地阐释了传统部分中的核心指标，同时辅之以区域和局部的亮点介绍。

世界概览　人口　环境

经济　政府与市场　全球联系

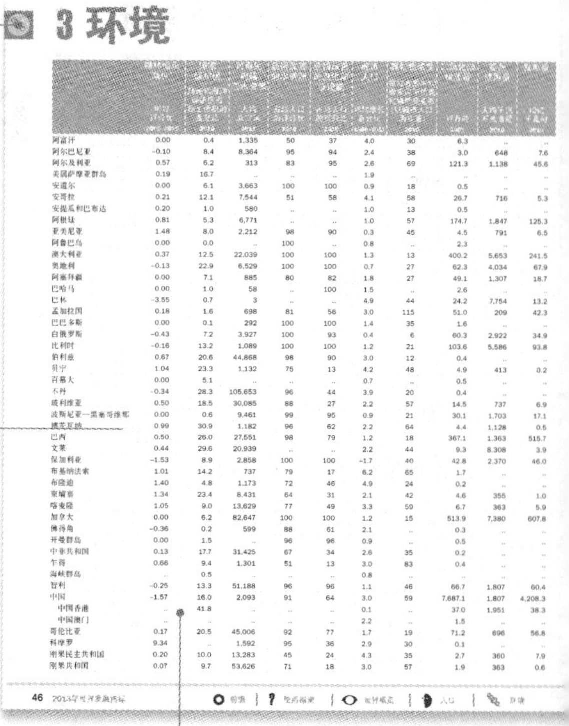

表格

该表包含所有世界银行成员国（188个）以及所有其他人口超过30,000的经济体（共214个）。国家和经济体按首字母顺序排列（香港和澳门特别行政区列在中国之下）。国家这个术语与经济体是通用的，它并不意味着政治上的独立，而是指任何能够独立报告社会或经济统计数据的区域。如果可能的话，表末还列出了所属收入和地区组别的合计数值。

各收入组别的合计数值

各收入组别的合计数值包括了表格中所列的214个经济体，再加上中国台湾（如果数据可用的话）。为保持各时期之间与不同表格之间合计数值的一致性，对缺失的数据尽可能作了推算。

各地区的合计数值

各地区的合计数值仅包括低收入经济体和中等收入经济体。

各地区的国家构成基于世界银行为进行分析而做的地区划分，可能与通用的地理划分法不同。地区划分，见封三的地图和封底的国家列表。有关合计方法进一步的讨论，见“统计方法”。

数据表示惯例

- 空格表示不适用或者对于合计数值而言不具有分析意义。
- 十亿为1,000个百万。
- 万亿为1,000个十亿。
- 橙色斜体数字表示非特定年份或时期的数据，或者是非整个特定时期计算的增长率。
- 3年以上的数据在脚注中标示。
- 数据截至2013年2月1日。

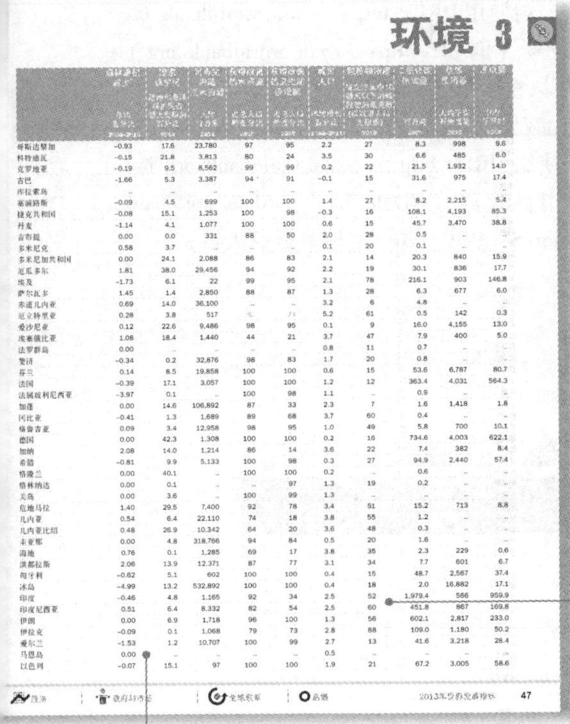

符号

..	表示该数据无法获得或者由于该年度数据遗漏无法计算合计数值。
0 或 0.0	表示零或者数值非常小，小数位的值近似归于零。
/	用于日期中表示跨越两个日历年的一段时间（通常是12个月），例如2009/2010年，也指一个收成年度、一个调查年度或者一个财政年度。
$	为现值美元，除非另有说明。
<	为小于符号。

对各经济体的分类

为便于操作和分析，世界银行对世界各经济体分类的主要标准是（按照“世界银行 Atlas 方法”计算的）人均国民总收入（GNI）。因为随着时间的推移，人均国民总收入会发生变化，因此，各收入组别的国别构成会出现该版《世界发展指标》不同于下一版的情况。某一版的分类一旦确定，则所有的历史数据就都根据同一组别中可得到的最近一年的人均国民总收入数据（本书为2011年的数据）计算。

低收入经济体是指2011年人均国民总收入为1,025美元或以下者。中等收入经济体是指人均国民总收入为1,025—12,475美元者。下中等收入和上中等收入经济体以人均国民总收入4,036美元为界限划分。高收入经济体是指人均国民总收入为12,476美元或以上者。欧元区17个成员国作为高收入经济体组别中的一个亚组列示。

统计数据

“基本数据文献”一节提供了关于数据的额外信息。该节概括了各国和国际机构为改进基本数据收集工作所做的努力，并提供了关于基本来源、人口普查年份、财政年度、统计方法和使用的概念以及其他背景信息。“统计方法”一节则提供了本书使用的一些基本计算方法和公式等技术性信息。

国别说明

- 中国的数据不包括中国香港、中国澳门和中国台湾。
- 印度尼西亚的数据包括1999年以来东帝汶的数据。
- 马约特岛的数据，如出现在以前的版本中，则包含在法国的数据中。
- 塞尔维亚的数据不包括科索沃和黑山的数据。
- 除非另有说明，苏丹的数据包含南苏丹。

关于 WDI 在线表格的使用指南

以前在《世界发展指标》印刷版中的统计表格，现在可以通过网络获得。使用自动查询处理，这些统计表格将以世界发展指标数据库为基础不断更新。

如何访问 WDI 在线表格

要查询 WDI 网上数据表，请登陆 http：//wdi. worldbank. org/tables。要直接查询特定的 WDI 在线表格，请使用 URL：http：//wdi. worldbank. org/table/和表号（例如，http：//wdi. worldbank. org/table/1. 1 可以查看世界概览的第一张表）。这本书的每个部分都列出了指标的代码。要在线查询特定的指标，请使用 URL：http：//data. worldbank. org/indicator/ 和指标代码（例如，http：//data. worldbank. org/indicator/SP. POP. TOTL 可以查看总人口）。

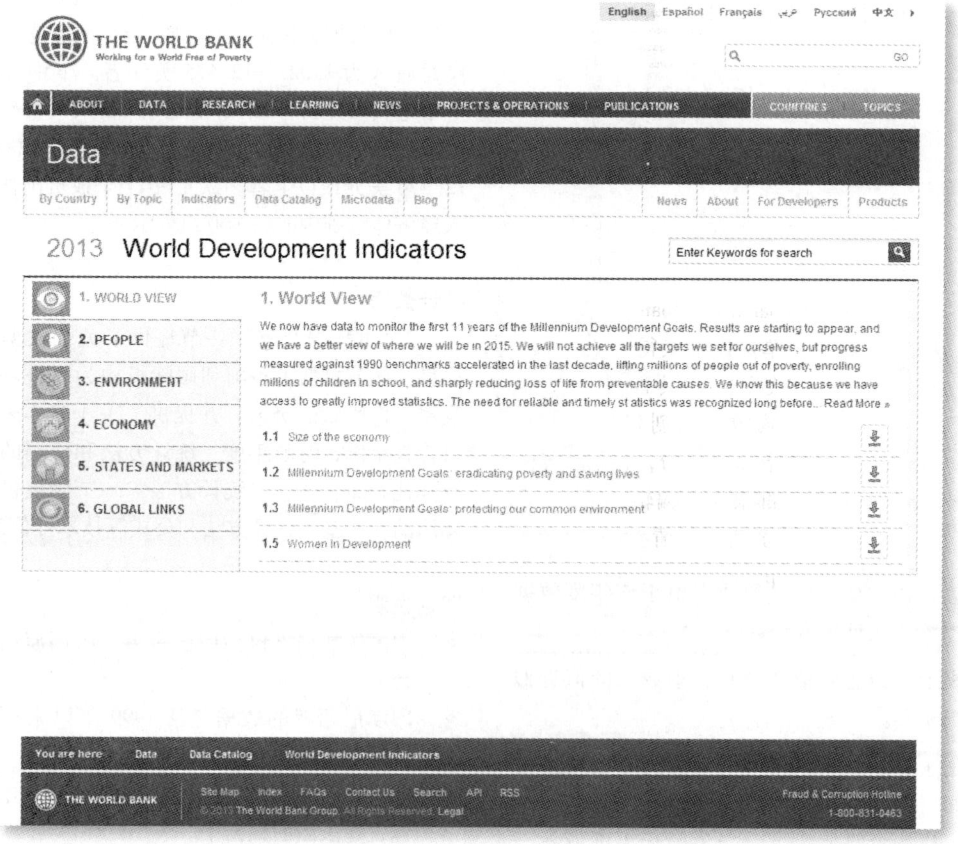

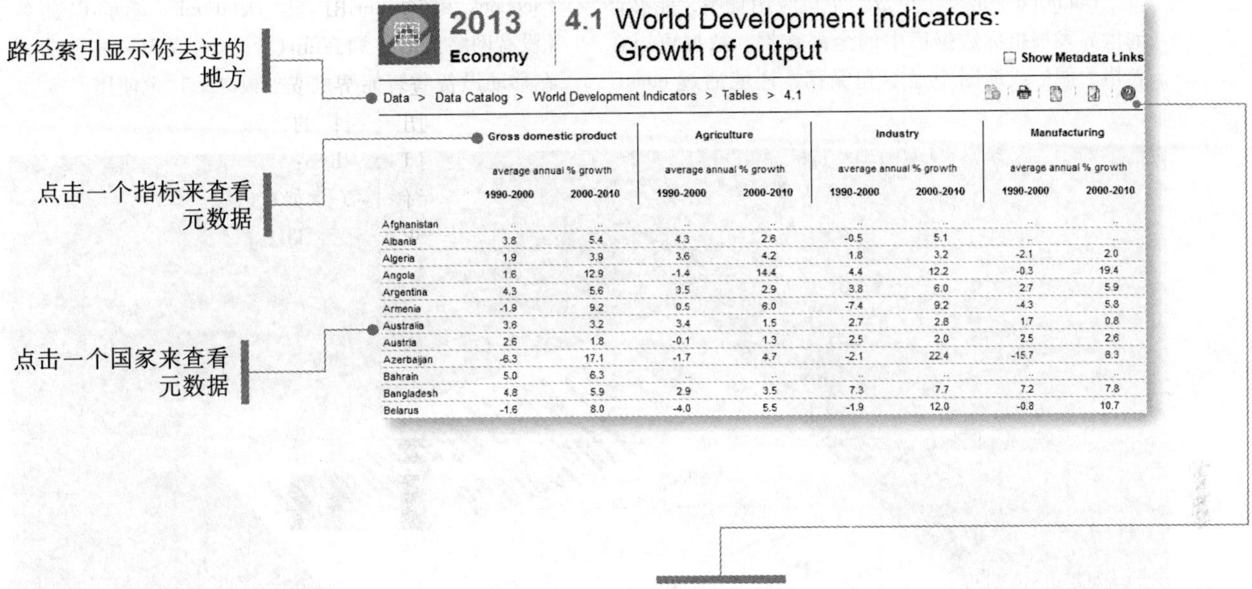

2013 Economy | 4.1 World Development Indicators: Growth of output

☐ Show Metadata Links

Data > Data Catalog > World Development Indicators > Tables > 4.1

	Gross domestic product average annual % growth		Agriculture average annual % growth		Industry average annual % growth		Manufacturing average annual % growth	
	1990-2000	2000-2010	1990-2000	2000-2010	1990-2000	2000-2010	1990-2000	2000-2010
Afghanistan	..	..	..	..	..	..	..	..
Albania	3.8	5.4	4.3	2.6	-0.5	5.1	..	..
Algeria	1.9	3.9	3.6	4.2	1.8	3.2	-2.1	2.0
Angola	1.6	12.9	-1.4	14.4	4.4	12.2	-0.3	19.4
Argentina	4.3	5.6	3.5	2.9	3.8	6.0	2.7	5.9
Armenia	-1.9	9.2	0.5	6.0	-7.4	9.2	-4.3	5.8
Australia	3.6	3.2	3.4	1.5	2.7	2.8	1.7	0.8
Austria	2.6	1.8	-0.1	1.3	2.5	2.0	2.5	2.6
Azerbaijan	-6.3	17.1	-1.7	4.7	-2.1	22.4	-15.7	8.3
Bahrain	5.0	6.3	..	..	..	..	..	..
Bangladesh	4.8	5.9	2.9	3.5	7.3	7.7	7.2	7.8
Belarus	-1.6	8.0	-4.0	5.5	-1.9	12.0	-0.8	10.7

如何使用数据库

数据库（http：//databank. worldbank. org）是一个在线网络资源，能够简单快速地获得时间序列数据集。它在选择和显示数据方面具备强大功能，允许进行定制查询、下载数据、创建图表和地图。用户可以自选国家、指标和年份，创建动态自定义报表。所有这些报表都很易于编辑、共享、嵌入网站或博客。欲了解更多信息，请参阅 http：//databank. worldbank. org/help。

动作

点击编辑和修改世界银行数据库数据表

点击打印数据表和相应的指标元数据

点击导出数据表到Excel

点击导出数据表和相应的指标元数据到PDF

点击访问WDI在线数据表帮助文档

☐ Show Metadata Links 点击复选框以突出显示单元格级别的元数据和特定年份以外的值，再次单击复选框重置为默认显示

关于 DataFinder 的使用指南

DataFinder 是一个免费的手机应用程序，能够查询世界发展指标数据库中的全部数据。数据可以在表格、图标或地图中显示和保存，还能通过 email、Facebook 和 Twitter 分享。DataFinder 能够以离线（没有网络连接）和在线（Wi - Fi 或 3G/4G ）方式在移动设备（智能手机或平板电脑）上使用。

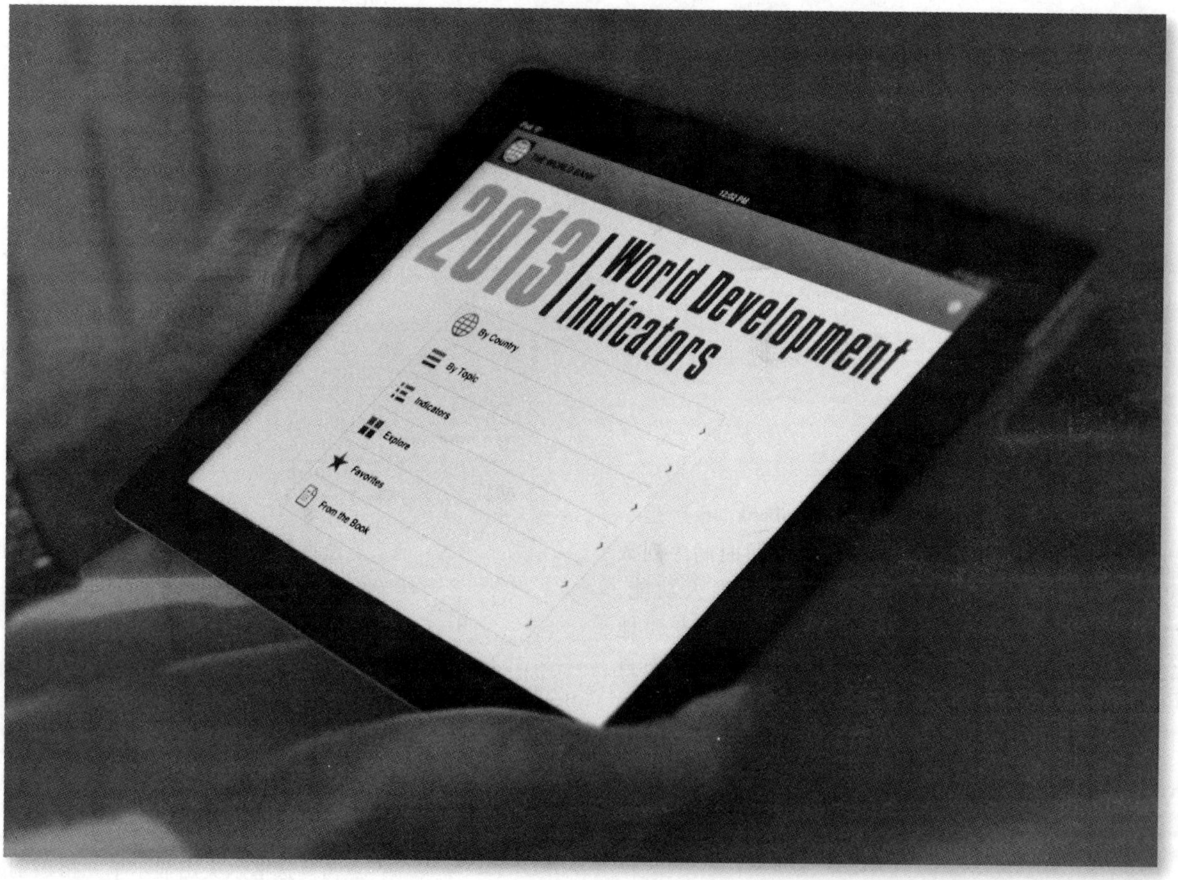

- 选择一个主题，显示所有相关指标。
- 比较多个国家的数据。
- 选择预定义查询。
- 创建一个新的查询，之后可以保存和编辑。
- 在表格、图表和地图格式中查看报表。
- 发送数据，以一个 CSV 文件为电子邮件附件。
- 通过 Facebook、Twitter 或电子邮件分享评论和截图。

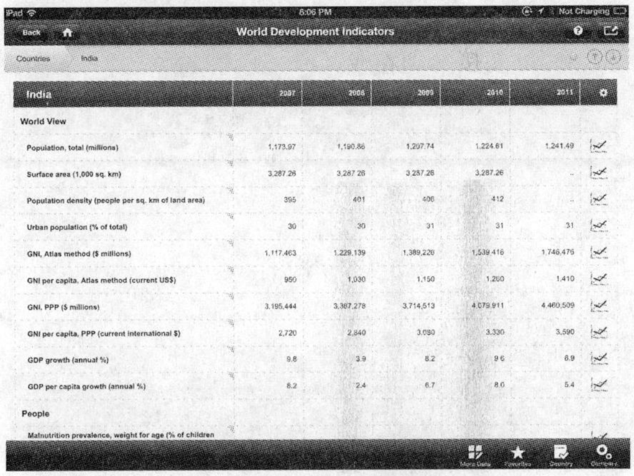

表格视图，提供分国家或主题的核心发展指标的时间序列数据。比较选项，显示选定国家与另一国家最近一年的数据。

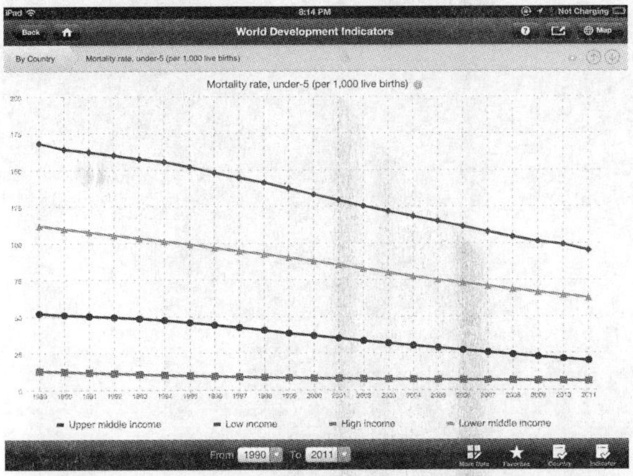

图表视图，说明数据变化趋势，以及跨国比较的线状图或柱状图。

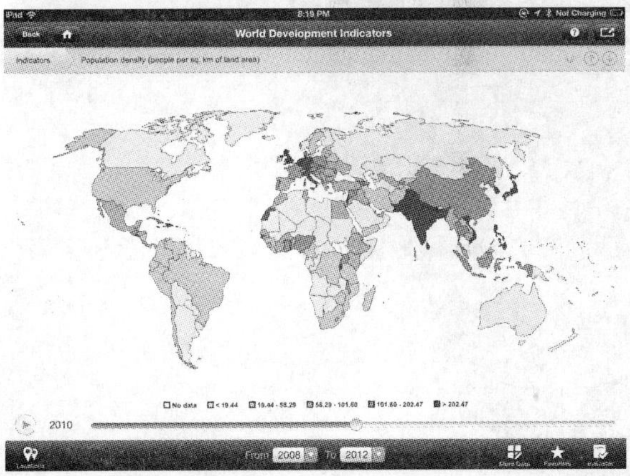

地图视图，在世界或区域地图上以颜色标注选定的指标。移动模块，显示数据同比变化。

世界概览

1

所有联合国大会成员国在2000年通过“千年宣言”，承诺在21世纪更有效地、更注重成果地发展伙伴关系。这里记录的进展和联合国秘书长年度报告中提到的进展是令人鼓舞的：贫困率有所下降；更多的儿童（特别是女童）就学和完成学业，平均而言，他们有着更长的生命和更健康的生活；更少的母亲死于分娩，更多的妇女获得了生殖健康服务。

用于监测“联合国千年发展目标”的指标，跟踪了艾滋病病毒疫情的传播路径、肺结核的发展和缓解、“遏制疟疾”行动的进展。现在，更多的人拥有了可靠的水源和基本的卫生设施。但是森林和以其作为栖息地的各种动植物在不断消失，温室气体也在地球大气层中不断积累。

监测“联合国千年发展目标”，从一开始就提出了三个方面的挑战：选择适当的目标和指标；为全球监测构建一个国际化数据库；显著提高相关统计的质量、频率和可用性。由于具有良好的数据基础，1990年成为衡量进展情况的基准年。“千年宣言”签署时，2015年的目标似乎非常遥远。当我们临近这一25年跨度的结尾时，必须更好地了解这些挑战是多么的巨大。

我们已经就后2015年的发展议程和用来记录承诺、衡量进展的监测框架展开了讨论。“千年发展目标”对统计基础设施的发展做出了贡献，使其能够更好地针对多种主题提供可靠统计数据。后2015年的议程和监测框架将建立在该基础设施上。

监测“千年发展目标”的国际数据库是分析许多发展问题的宝贵资源。建立和维护这样一个数据库的努力不应该被低估，创建一个新的目标框架还需要花费几年的时间。作为分析资源，数据库在那些直接与目标相关的指标和得到这些指标的核心数据之外，还需要包括一些额外的指标。报告数据的新技术和新方法应当能够提高所得数据库的质量和实时性。数据的质量将最终取决于大部分的数据来源，即国家统计系统的容量。

当我们监测“千年发展目标”时，几乎没有发展中国家拥有足够的能力和资源来提供足够质量和频率的统计数据。尽管统计能力建设计划在过去十年已经取得了很大进展，未来还应当继续进行下去，同时其他统计领域也应当受到重视。规划后2015年目标，必须辅之以政府和发展伙伴对统计系统的投资计划。

为了实现“千年发展目标”，我们付出了巨大的努力，但接下来的目标还需要更多的努力才能达成。如果缺乏高质量的统计数据，我们将永远无法知道我们是否已经获得成功。

目标1　消除极端贫困与饥饿

贫困率持续下降　1a

每天生活费用不足1.25美元的人口(经购买力平价换算的2005年美元, %)

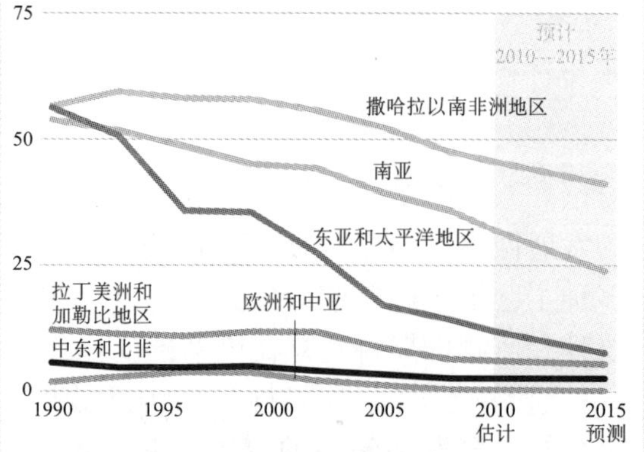

资料来源：世界银行 PovcalNet 数据库。

减贫目标进程（1990—2010 年）　1b

减贫方面取得进展的国家份额(百分比)

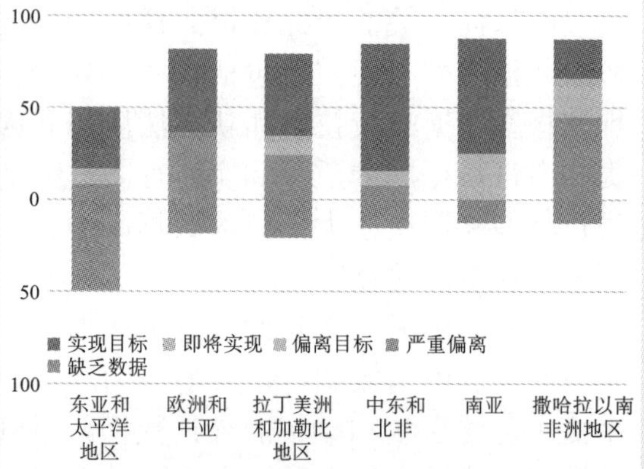

资料来源：世界银行工作人员的计算。

极端贫困人口减少　1c

每天生活费用不足1.25美元的人口(经购买力平价换算的2005年美元, 10亿)

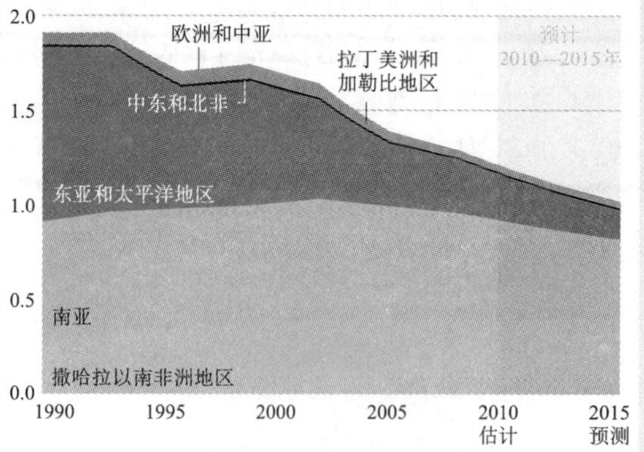

资料来源：世界银行工作人员的计算。

在2015 年，世界范围内的极端贫困并不能被完全消除，但是“千年发展目标”中将其减半的目标将得以实现。每日收入不到 1. 25 美元的人口比例已从 1990 年的 43. 1% 下降至2008 年的22. 7% ，全部6 个发展中国家区域都达到了新的最低点。在过去4 年中，尽管食物、燃料和金融危机使弱势群体的境况恶化并延缓了部分国家的减贫步伐，但是全球大多数地区的贫困率仍然在持续下降。一项初步调查估计，2010 年的贫困率进一步下降至 20. 6% ，提前5 年完成计划。除了南亚和撒哈拉以南非洲地区，各地区的目标均已达成（图 1a）。

在 2015 年“千年发展目标”的目标日期之前，还可能有更进一步的进展。发展中经济体有望在未来三年保持 GDP 增长 6. 6% —6. 8% ，人均 GDP 增长 5. 5% 左右。增长最快的将会是东亚和太平洋地区、南亚，这些地区生活着世界一半以上的最贫困人口。作为世界上最贫困的地区，撒哈拉以南非洲地区增长将会较慢，但仍比前几年要快。根据这些预测，生活在极端贫困的人口比例将会在 2015 年跌至 16%。根据目前的趋势，112 个经济体中 59 个有足够的数据显示其可以实现第一项“千年发展目标”（图 1b）。生活在极端贫困中的人口将在 2015 年减少至不到 10 亿（图 1c）。其中，40% 生活在南亚，40% 生活在撒哈拉以南非洲地区。

减贫速度不仅取决于 GDP 的增长速度，还取决于收入分配的情况。一些国家的收入分配情况有所改善，比如，巴西；而另一些国家则有所恶化，比如，中国。为了更快地消除极端贫困，发展战略不应只注重提高平均增长率，也应该重视提高最贫困人口的收入份额。撒哈拉以南非洲地区，平均收入很低，生活在贫困线下的人口收入甚至更低，因此，要使其最贫困的人口保持适当的生活水平将面临很大挑战（图1d）。拉丁美洲和加勒比地区的平均收入相对较高，所以主要任务是克服其极不公平的收入分配。

“千年发展目标”中有两项指标是饥饿和营养不良。儿童营养不良率，通过比较同龄儿童的体重来检测，反映食物能量不足、母亲喂养方法不当和饮食中缺乏必要的营养物质。当营养不足的母亲生下体重不足的婴儿时，往往会出现儿童营养不良的情况。营养不良的儿童发育较为缓慢，进入学校后的表现也较差。营养不良率自1990年以来显著下降，发展中国家5岁以下儿童的营养不良率由28%降至2011年的17%。除撒哈拉以南非洲地区以外的任何一个发展中地区都将实现在2015年将儿童营养不良率减半的目标（图1e）。然而，通过直接测量儿童的体重和身高来收集数据进行调查的成本较高，许多国家缺乏足够的信息来进行计算时间趋势。

营养不良，即缺乏食物能量来维持日常生活，受平均食品数量的变化及其分配的影响。1991—2005年，大多数地区的营养不良率稳步下降，之后进入停滞期，目前仍有13%的人口（约9亿人）缺乏足够的日常食物（图1f）。

赤贫 1d

2008年每天生活费用不足1.25美元人口的平均日收入
(经购买力平价换算的2005年美元)

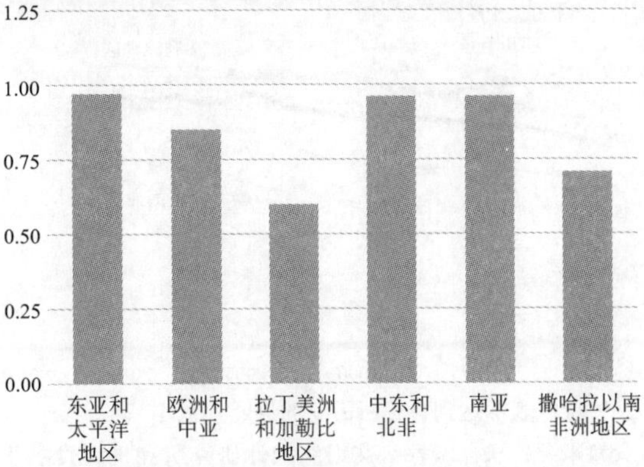

资料来源：世界银行PovcalNet数据库。

减少儿童营养不良率 1e

营养不良率，以年龄为权重(占5岁以下儿童的百分比)

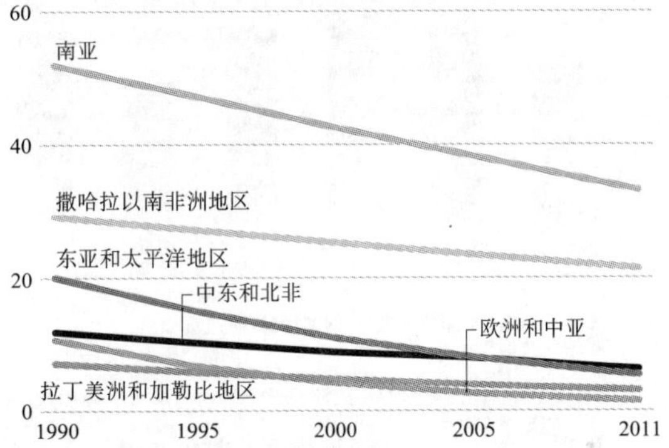

资料来源：世界发展指标数据库。

缺乏足够食物能量的人数减少 1f

营养不良患病率(占人口的百分比)

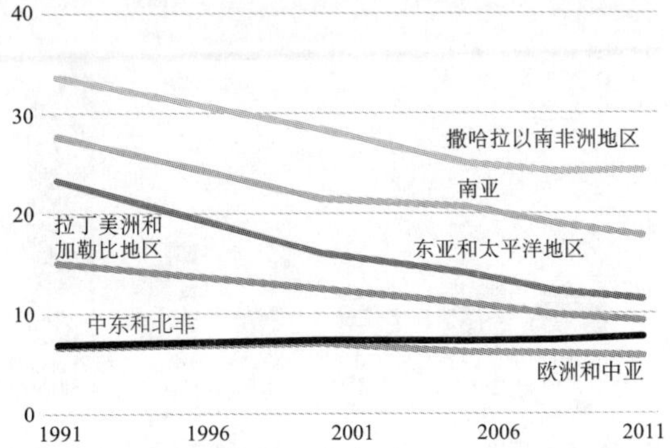

资料来源：粮食与农业组织、世界发展指标数据库。

初等教育普及率的增长放缓 2a

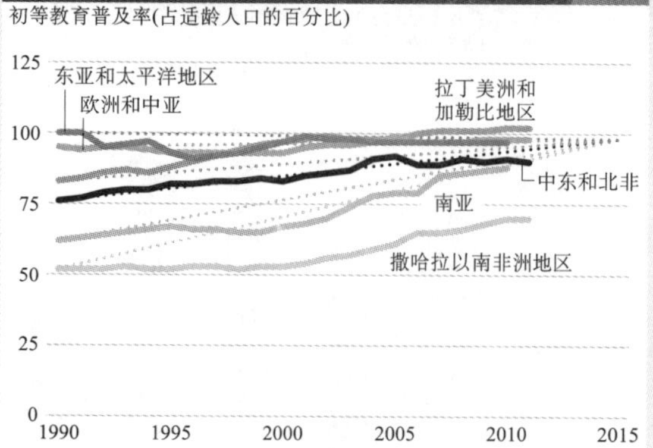

注：虚线表示达到目标所需要的进展。

资料来源：联合国教科文组织统计研究所和世界发展指标数据库。

全民普及初等教育进程，1990—2010 年 2b

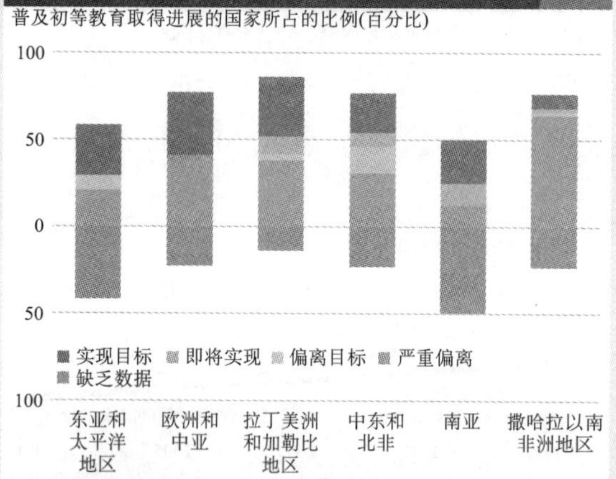

资料来源：世界银行工作人员的估算。

在大部分地区，女童失学率更高 2c

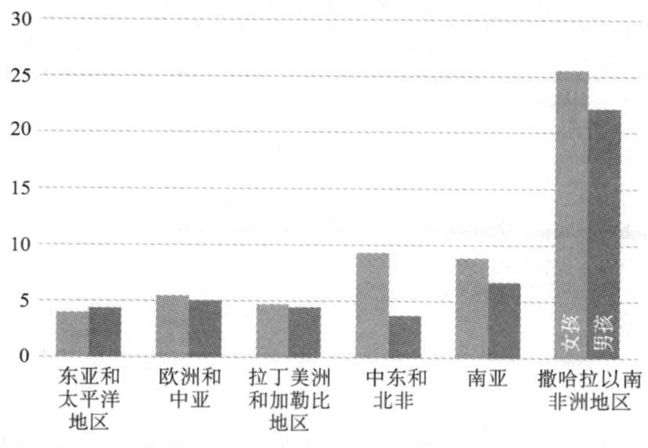

资料来源：联合国教科文组织统计研究所和世界发展指标数据库。

让每一个儿童享受初等教育是最先纳入“千年发展目标”的，早在 20 年前泰国宗迪恩召开的全民教育大会上就设立了这一目标。

最贫困国家自 2000 年以来进步很快，尤其是南亚和撒哈拉以南非洲地区成效显著。但即便如此，离全民普及初等教育还差很远。许多儿童虽然入学，但后来由于学费、路程、人身安全及成绩落后等种种原因没有完成初等教育。而且，即使各国都在向全民普及初等教育这一目标迈进，现代经济对教育的要求也在不断提高。在 21 世纪，初等教育不过是通向中等教育和高等教育的垫脚石。

2000 年宣布“千年发展目标”时，全球初等教育普及率才 80%，之后大多数发展中国家和地区的入学率都有所提高。撒哈拉以南非洲地区和南亚起点较低，但取得了显著进展。2009 年，发展中国家的初等教育普及率接近 90%，但自那以后就停滞不前，各个地区都没有实质性的进展（图 2a）。三个地区已经实现或者接近实现初等教育完全普及：东亚和太平洋地区、欧洲和中亚、拉丁美洲和加勒比地区（图 2b）。自 2008 年以来，中东和北非的初等教育普及率一直停留在 90% 附近。南亚地区初等教育普及率达到 88%，但进展十分缓慢。撒哈拉以南非洲地区初等教育普及率为 70%，远逊于其他地区。即便现在这些地区的学校接受所有适龄儿童进入一年级就读，也无法在 2015 年前完成目标。但这仍然是有益的。

许多儿童进入了小学后，间歇性或者永久的辍学。这种情况对于女童十分普遍，几乎在所有入学率低的小学学校系统中都能发现女童入学率低的现象，因为她们需要在家里劳动（图 2c）。其他阻碍父母将他们的小孩送去学校的障碍有：男童和女童在播种和收割时节都需要帮助家里干活、设施不便、缺乏教师和学费。这一问题在南亚和撒哈拉以南非洲地区尤为严重，这些地区有超过 4600 万学龄儿童失学。

并非所有儿童都有同样的机会上学或者留在学校。在世界各地，农村地区儿童的入学机会相对较少；即使入学，也可能很快辍学。在埃塞俄比亚，几乎所有的城市儿童读完了一年级，但只有不到 80% 的农村儿童读完了一年级（图 2d）。在塞内加尔，略超过 80% 的城市儿童读完了一年级，几乎只有一半的农村儿童入学，而其中只有 40% 能够完成九年教育。柬埔寨也有类似的情况。

父母受教育水平极大地影响了孩子们受教育的程度。例如，在尼泊尔，没受过任何教育的父母，其子女不足 90% 能够完成一年级教育，只有大约 70% 能完成九年级教育（图 2e）。但是在受教育水平较高的父母的子女中，95% 完成了九年级教育，其中，很多儿童高中毕业并接受了大专教育。

收入不平等与教育质量密切相关。以塞内加尔为例（图 2f），与来自贫困家庭的儿童相比，来自富裕家庭（以家庭资产衡量）的儿童更可能入学并留在学校。因此，贫困家庭的儿童很难获得最有可能帮助其摆脱贫困的资产——人力资本。

农村儿童处在劣势 2d

2010—2011年按地域统计10—19岁的人口中完成各学年教育的人数比例(百分比)

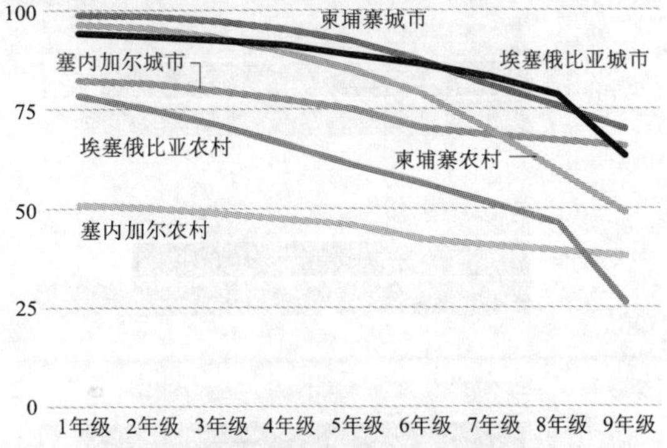

资料来源：人口与健康调查和世界银行 EdStats 数据库。

在尼泊尔，父母的受教育程度导致的差异 2e

2011年按父母受教育程度划分，10—19岁人口中完成各学年教育的人数比例(百分比)

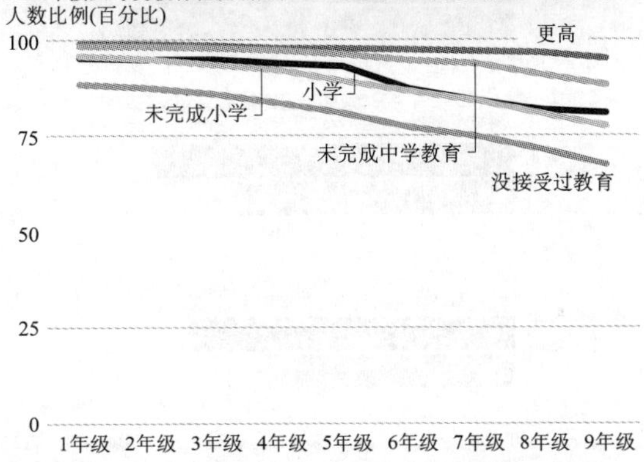

资料来源：人口与健康调查和世界银行 EdStats 数据库。

在塞内加尔，贫困是教育的障碍 2f

2010年，按富裕程度统计，10—19岁的人口中完成各学年教育的人数比例(百分比)

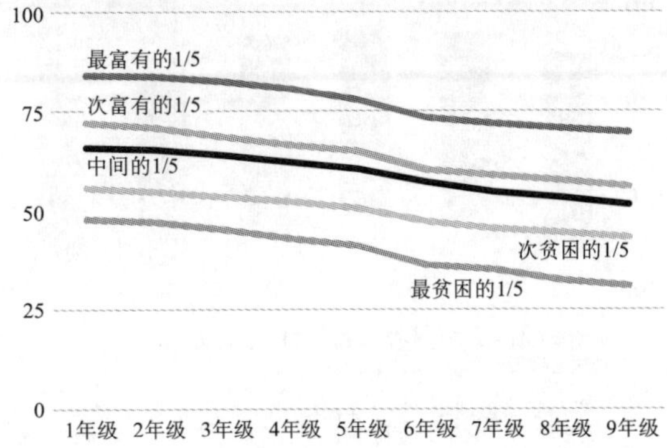

资料来源：人口与健康调查和世界银行 EdStats 数据库。

目标 3　促进两性平等并赋予女性权力

从入学率来看，性别平等情况参差不齐　3a

女童与男童的入学比率，2011(百分比)

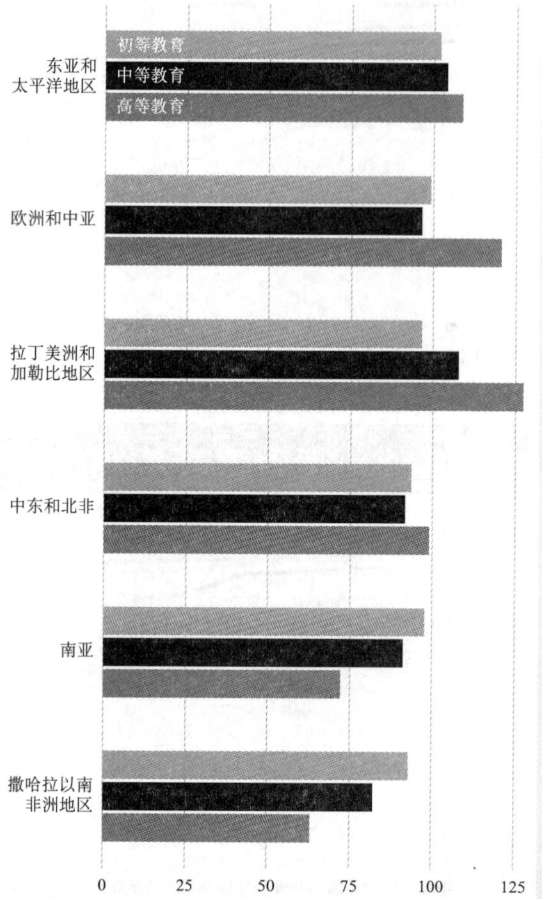

资料来源：联合国教科文组织统计研究所和世界发展指标数据库。

受教育人群性别平等进程，1990—2010 年　3b

在初等教育和中等教育阶段人群性别平等取得进展的国家所占比例(百分比)

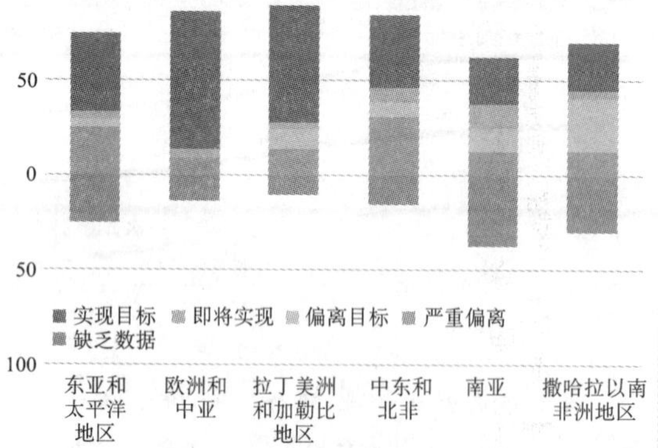

资料来源：世界银行工作人员的估算。

妇女为经济和社会发展做出了重要贡献，发展策略的核心内容就是要扩大妇女在公共部门和私人部门中的作用，而教育是这项战略的起点。通过入学和留在学校接受教育，女孩能够获得进入劳动力市场、照顾家庭、为自己做出决定的技能。实现教育中的性别平等，将充分证明青年女性是对社会有贡献的群体。

女童入学率已经有了大幅度提高。1990 年，发展中国家女童的小学入学率只有男童小学入学率的 86%。2011 年，这项数据上升到 97%（图 3a）。在中学教育中也有同样的进展，同一时期，女童的中学入学率由占男童中学入学率的 78% 提升到了 96%。但平均数据掩盖了各个国家之间的巨大差异。截至 2011 年年底，31 个中高收入国家中，女童中小学入学率已经达到或者超过了平均入学率，而只有 23 个中低收入国家和 9 个低收入国家完成了同样的目标。南亚和撒哈拉以南非洲地区则更为落后（图 3b）。

国家层面的入学模式和区域层面的情况类似：与富裕家庭相比，贫困家庭不太可能将他们的孩子留在学校，而富裕家庭的女孩更有可能进入学校并学习更长时间。埃塞俄比亚仅仅是许多发展中国家家庭调查的一个普通例子（图 3c）。

参与公共生活的妇女数量处在历史最高水平。各国议会中女性成员的比例不断提高。拉丁美洲和加勒比地区议会中女性成员比例为 25%（图 3d）。中东和北非在这方面的进步最为显著，在 1999—2012 年间，女性在国家议会中所占席位的比例增额超过起始数据的两倍，其中，阿尔及利亚以32%的高比例领先。2012年，在尼泊尔女性议员的比例为1/3。卢旺达继续走在了世界前列。2008年以来，该国议会中女性所占席位高达56%。

女性工作时间长、为家庭做出了重要贡献，但在非正规部门工作的许多女性都没有报酬。在正规部门工作的女性比例最高的是欧洲和中亚地区，在非农部门中女性所占比例为46%（图3e）。拉丁美洲和加勒比地区也相差不远，为42%。在中东和北非、南亚以及撒哈拉以南非洲地区等地区，非农就业部门中的女性比例略有上升，但中东和北非、南亚的大部分国家仍然低于20%，撒哈拉以南非洲地区则低于35%。在这些地区，全面提高女性经济地位仍然是一个遥远的目标。

数据缺乏阻碍我们了解妇女在经济中扮演的角色。“男女平等证据与数据行动计划”（Evidence and Data for Gender Equality Initiative，EDGE）是一个新的合作伙伴关系。由联合国妇女署和联合国统计司共同管理，各个成员国、世界银行、经济合作与发展组织等与之合作，旨在收集妇女教育、就业、创业、资产所有权等指标。在初始阶段，EDGE将会为创建基础教育和就业指标数据库打下基础，为创业和资产指标制定标准和指引，在部分国家收集试点数据。相关指标包括：按部门和性别划分，就业人口分布比例；按性别划分，被雇佣者的比例；产假的长短；妇女拥有的企业百分比；按性别划分，人们能够获得信贷的比例；按性别划分，拥有土地的人口比例。

在埃塞俄比亚，每个收入水平的家庭中女孩都占弱势 3c

在10—19岁间适龄儿童完成各年级教育的比例，按性别和富裕程度划分（百分比）

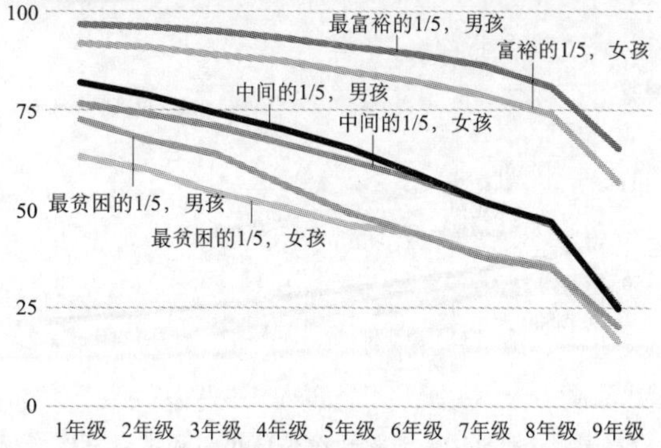

资料来源：人口与健康调查和世界银行EdStats数据库。

议会中出现更多的妇女 3d

国家议会中女性成员的比例(百分比)

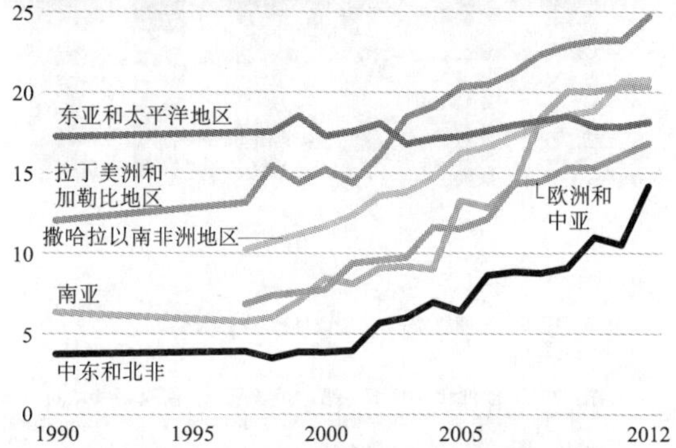

资料来源：各国议会联盟和世界发展指标数据库。

妇女仍然在劳动力市场上缺乏机会 3e

在非农部门中女性所占的比例，2004—2010年(占非农就业总数的百分比)

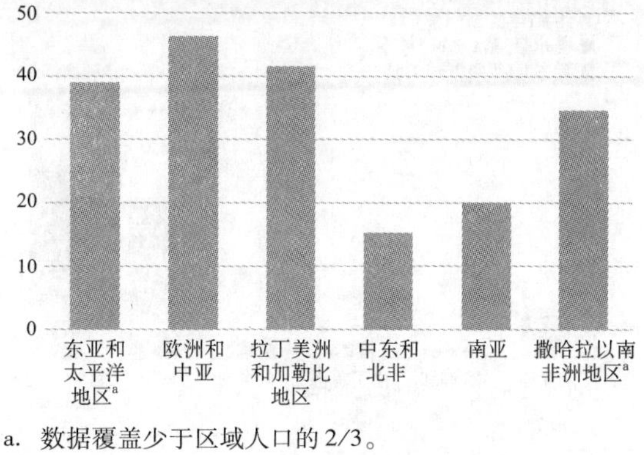

a．数据覆盖少于区域人口的2/3。

资料来源：国际劳工组织和世界发展指标数据库。

目标 4 降低儿童死亡率

5 岁以下儿童死亡率持续下降 4a

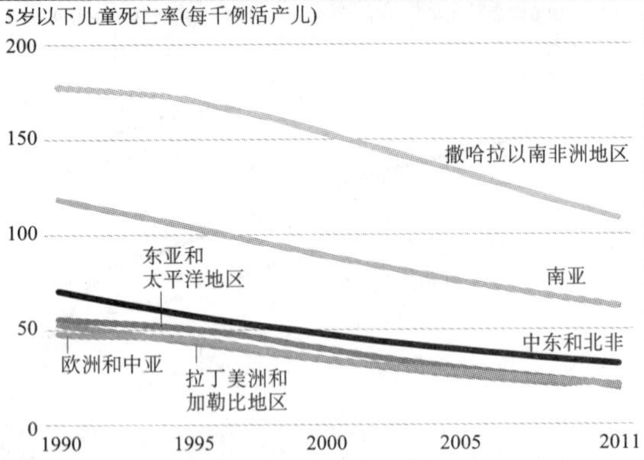

资料来源：跨机构儿童死亡率估值小组和世界发展指标数据库。

降低儿童死亡率的进展，1990—2010 年 4b

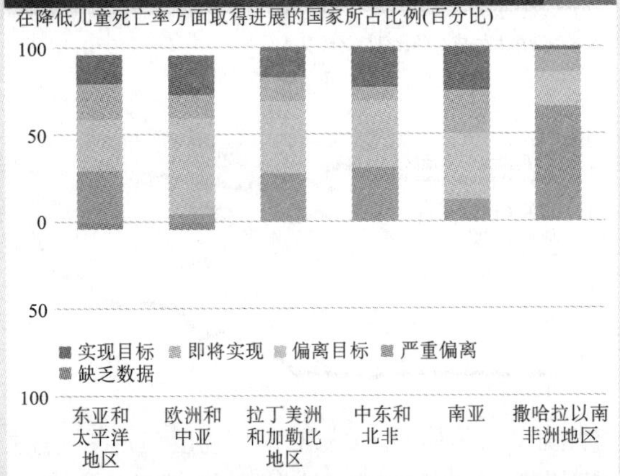

资料来源：世界银行工作人员的计算。

随着死亡率下降，大多数死亡发生在出生后的第一个月 4c

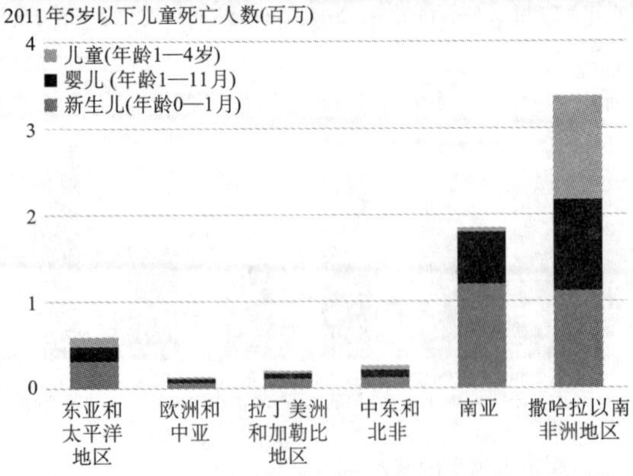

资料来源：跨机构儿童死亡率估值小组和世界发展指标数据库。

1990 年，全球有 1,200 万 5 岁以下儿童死亡。1999 年该数字减少至 1,000 万，到 2012 年进一步减少至 700 万。在发展中国家，5 岁以下儿童死亡率从 1990 年的 95‰下降到 2011 年的 56‰。但撒哈拉以南非洲地区和南亚的此项数据仍然很高（图 4a）。目前有 41 个国家计划将 5 岁以下儿童死亡率降低 2/3，到 2015 年实现“千年发展目标”（图 4b）。过去十年的快速发展显示，很多国家都在加快进程。另有 25 个国家计划在 2020 年实现“千年发展目标”。如果目前死亡率较高的国家能够优先解决导致儿童死亡的诱因，仍有可能在 2015 年以前维持快速进展。降低生育率（特别是青春期生育率），也将有助于降低儿童死亡率。

大多数儿童死于很容易预防和治疗的疾病，例如，肺炎（18%）、腹泻（11%）、疟疾（7%）。在 5 岁以下死亡儿童中，有 70% 在出生后一年内死亡，60% 在出生后一个月内死亡（图 4c）。其中，早产并发症占 14%，在分娩期间的并发症占 9%（2012 年联合国跨机构儿童死亡率估值小组）。因此，降低儿童死亡率的关键是排除新生儿和婴儿的致死因素：缺乏出生和产后护理、营养不良、卫生条件恶劣以及感染急性或慢性疾病。对于大多数国家来说，降低婴儿和儿童死亡率能够最有效地延长国民寿命。

儿童接种疫苗是一种降低儿童患病率和死亡率成熟的、具有成本效益的方式。虽然接种疫苗行动已经开展了数年，但是许多生活在低收入和中低收入国家的儿童仍然没有注射疫苗。要有效预防儿童疾病，就需要让所有儿童接种疫苗并将这种接种疫苗行动坚持下去。最令人担忧的是，死亡率最高的两个地区——南亚和撒哈拉以南非洲地区，麻疹疫苗接种率已经在低于80%的水平上停滞了三年（图4d）。

2011年，在全球5岁以下儿童死亡人数中，发展中地区的20个国家就占据了其中的65%，大约450万人（图4e）。这些国家大多是人口大国且出生率较高，其中很多国家已经在过去20年大幅减少该类死亡，有11个已经达到或者可能在2015年前达到将5岁以下儿童死亡率降低2/3的目标：孟加拉国、巴西、中国、埃及、埃塞俄比亚、印度尼西亚、马达加斯加、马拉维、墨西哥、尼日尔和土耳其。

如果按照1990年的儿童死亡率计算，2011年这11个国家还会有200万的儿童死亡。剩下的9个国家进展一直比较缓慢，不过仍然避免了300万儿童死亡。而如果印度回到实现“千年发展目标”的轨道上，将会避免另外的44万人死亡。

用来监测儿童死亡率的数据由跨机构儿童死亡率估值小组（IGME）提供。它们会评估现有数据源中的数据，然后采用恰当可靠的统计模型来估计。该模型将生成每个国家5岁以下儿童死亡率的趋势线。婴儿死亡率和新生儿死亡率由5岁以下儿童死亡率估值衍生而来。这些数据来自家庭调查，而如果可能，也会采用生命登记系统的数据。家庭调查耗时较长、成本较高，但它仍是研究某些复杂、微观层面问题的重要方式，而生命登记系统通常是更好的时序统计数据来源。近期，IGME根据近70个国家生命登记系统的新数据估计了5岁以下儿童死亡率。

但是很多国家缺乏完整的生命报告机制，即便有，也常常误报死因。生命登记辅以调查和普查，是加深对所有年龄组的发病率和死亡率了解的最佳方法。

麻疹疫苗接种率停滞不前 4d

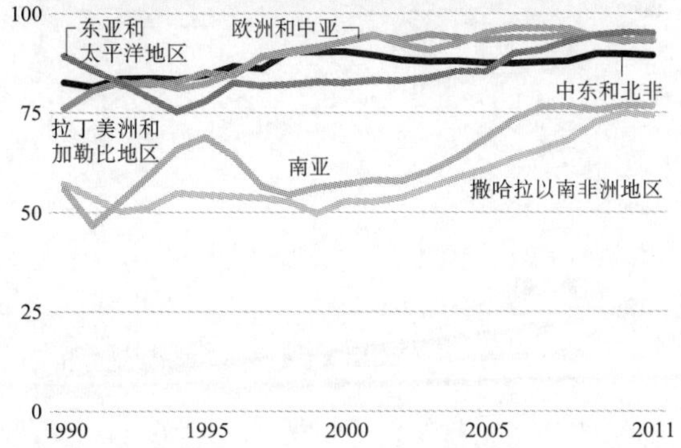

资料来源：世界卫生组织、联合国儿童基金和世界发展指标数据库。

在20个国家，避免了500万人死亡 4e

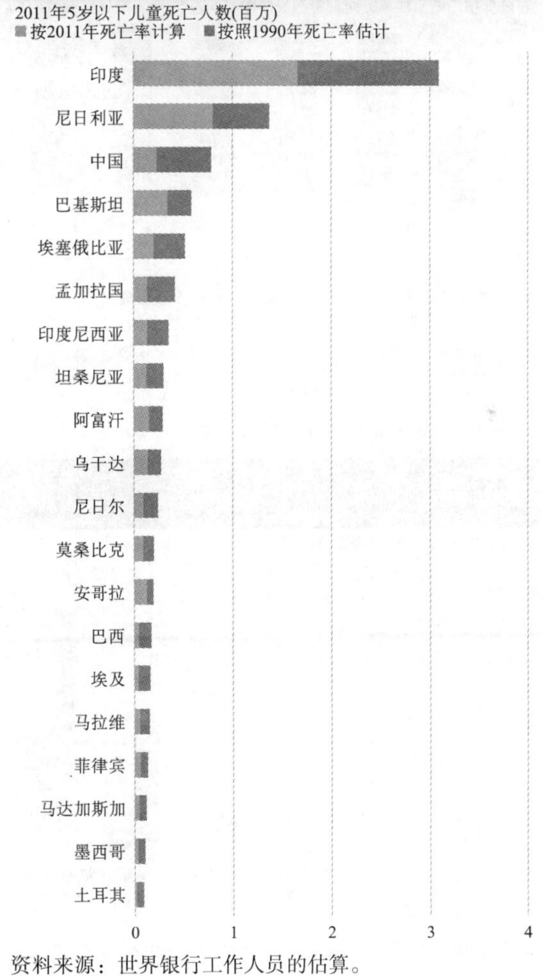

资料来源：世界银行工作人员的估算。

南亚和撒哈拉以南非洲地区孕产妇死亡率更高 5a

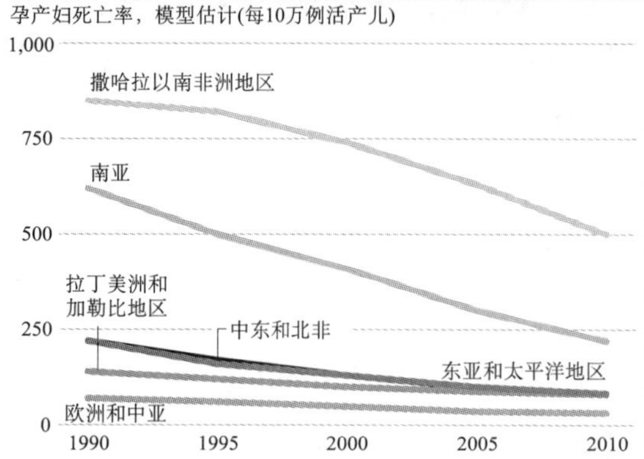

资料来源：孕产妇死亡率估算跨机构小组和世界发展指标数据库。

降低孕产妇死亡率的进展，1990—2010 年 5b

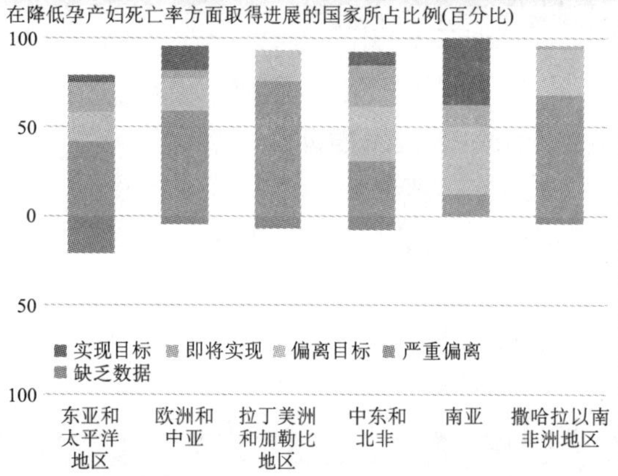

资料来源：世界银行工作人员的计算。

降低母亲的风险 5c

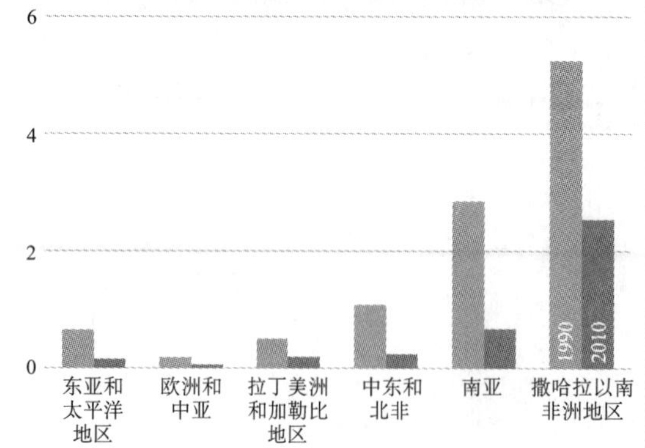

资料来源：孕产妇死亡率估算跨机构小组和世界发展指标数据库。

2010 年，全球约有 28,700 名孕产妇死亡，除 1,700 人以外全部发生在发展中国家。全球孕产妇死亡案例超过一半发生在撒哈拉以南非洲地区，1/4 发生在南亚。虽然孕产妇死亡人数仍然很高，但南亚在减少孕产妇死亡方面已经取得了很大进步，2010 年每 10 万例活产儿中孕产妇死亡 220 人，与 1960 年的 620 人相比下降了 65%。中东和北非、东亚和太平洋地区也将孕产妇死亡率降低了超过 60%（图 5a）。

上述成果无疑是骄人的，但在降低孕产妇死亡率方面的进展一直较为缓慢，远不足以实现“千年发展目标计划”中在 1990—2015 年间将孕产妇死亡率降低 75% 的目标。只有极少数国家能完成计划，发展中地区更是无望实现。

从 2010 年的进展来看，8 个国家的减幅达到了 75%，10 个国家有望在 2015 年达到目标（图 5b）。这一结果较 2008 年有了很大好转，表明降低孕产妇死亡率的工作进度在加快。因为柬埔寨、中国、老挝和越南孕产妇死亡人数的减少，东亚和太平洋地区 74% 的人口所生活的国家已经实现（越南）或者能够在 2015 年实现“千年发展目标”。平均有 1/3 的中低收入人口所生活的国家已经实现或即将实现“千年发展目标”中降低孕产妇死亡率这一目标。

孕产妇死亡率反映了每次怀孕、每次分娩面临的危险。由于贫困国家的妇女在更危险的条件下生育了更多的子女，她们一生中在怀孕或分娩时期死亡的概率可能是高收入国家妇女的 100 倍。从各个地区来看，随着医疗保健条件的改善和生育率的降低，孕产妇死亡率已经有所下降。但在撒哈拉以南非洲地区，15—49 岁的女性在分娩时仍然面临 2.5% 的死亡风险，但已经较 1990 年的 5% 下降了很多（图 5c）。乍得和索马里的情况仍然很不乐观，女性一生中在怀孕或分娩时期死亡的概率仍高达 6%，这意味着 16 名妇女中就会有 1 名死于分娩。

要降低孕产妇死亡率需要综合运用多种手段来改善妇女的生殖健康、实行计划生育并推广避孕措施。几乎所有地区超过一半的已婚女性和有伴侣的女性都或多或少采取了节育措施。家庭调查显示，超过 2 亿女性希望推迟或停止受孕，绝大部分女性表示她们最近一次生育是意外受孕或时间不对（联合国，2012）。图 5d 显示了需要但无法采用避孕措施的育龄妇女的比例。不同地区之间有着较大差异。在撒哈拉以南非洲地区开展的调查活动比其他地区更多，大部分结果显示该地区实行计划生育的力度还远远不够。

生育第一胎时年龄较小的女性往往会孕育更多子女，她们死于或罹患孕期综合症的风险也更高。撒哈拉以南非洲地区的青春期女性生育率位居首位，且下降速度很慢。而马尔代夫、阿富汗、巴基斯坦的青春期女性生育率下降，带动了南亚此项指标快速下降（图 5e）。

如果孕产妇分娩前能够得到专业医护人员护理，很多健康问题都能治疗或预防。在处理产妇大出血和妊娠高血压等致命情况时，训练有素的医护人员和医疗设施至关重要。在南亚和撒哈拉以南非洲地区，只有不到一半的产妇分娩时有医生、护士或经过专业训练的助产人员在场护理（图 5f）。熟练的医护人员是降低孕产妇死亡率的关键。然而在许多地方，产妇分娩时只有未经专业训练的护理人员或家庭成员在场。

世界范围内的需要　5d

最近一年内未能满足的避孕要求，2006—2010年(占15—49岁已婚或有性伴侣女性的百分比)

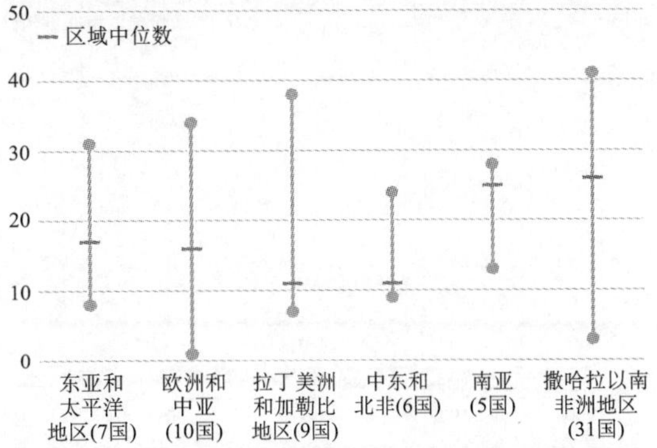

资料来源：人口和住户统计调查、多指标类集调查和世界发展指标数据库。

青春期女性怀孕人数有所减少　5e

青春期女性生育率(每千名15—19岁女性生育的婴儿数)

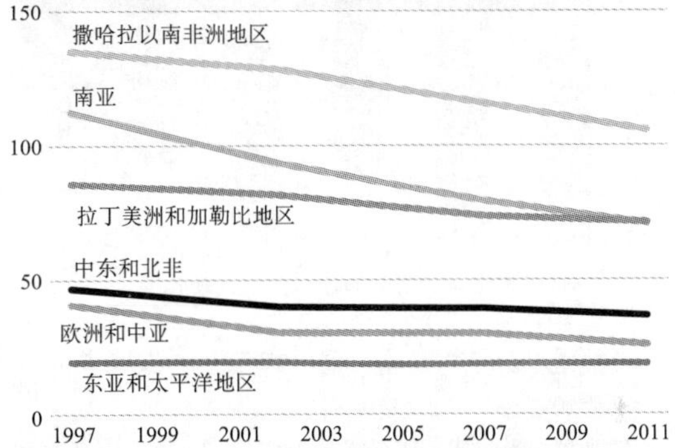

资料来源：联合国人口署和世界发展指标数据库。

每位母亲都需要照顾　5f

熟练医护人员助产率，2007—2010年(百分比)

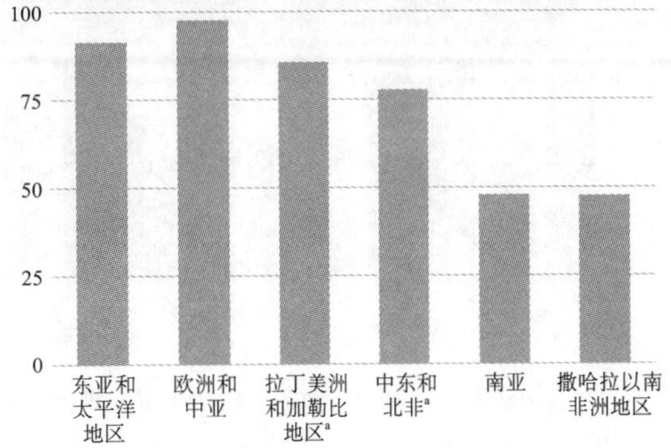

a. 1998—2002 的数据。

资料来源：联合国儿童基金会和世界发展指标数据库。

目标 6 防治艾滋病、疟疾和其他疾病

撒哈拉以南非洲地区的艾滋病感染率继续下降 6a

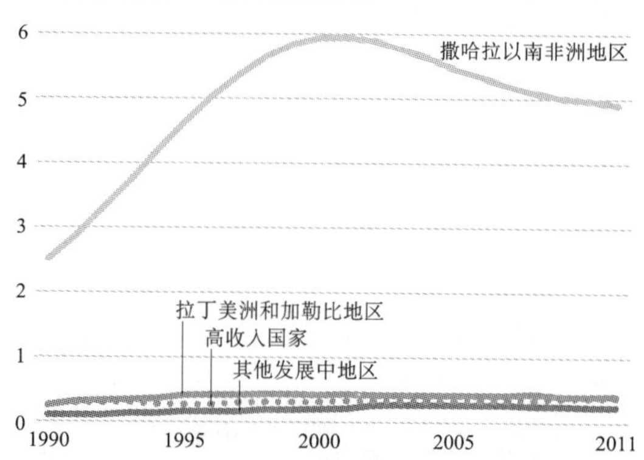

资料来源：联合国艾滋病规划署和世界发展指标数据库。

防治艾滋病进程，1990—2010 年 6b

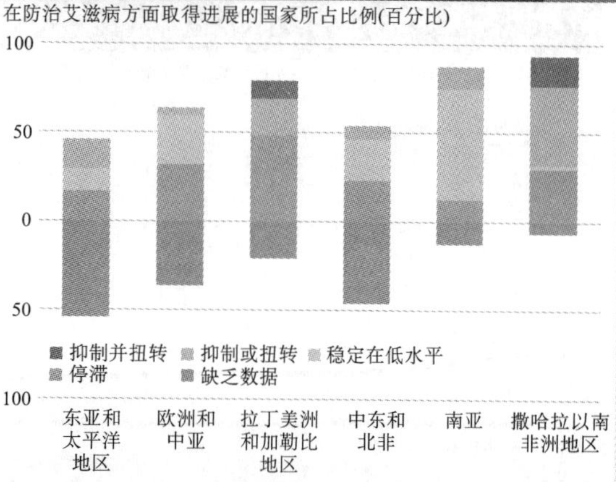

资料来源：世界银行工作人员估算。

防治艾滋病的知识 6c

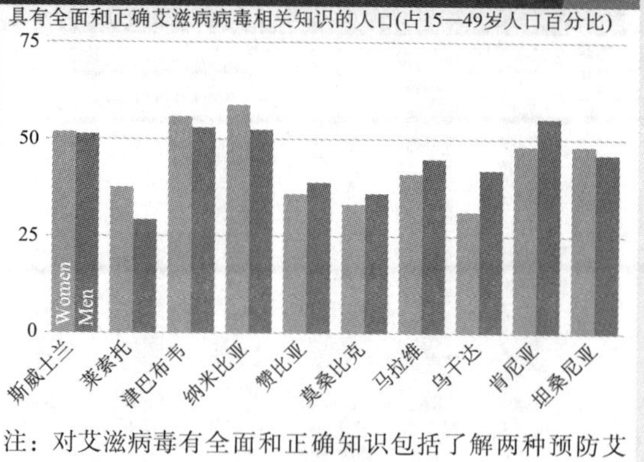

注：对艾滋病毒有全面和正确知识包括了解两种预防艾滋病的方式，并能排除 3 个错误答案。

资料来源：联合国艾滋病毒/艾滋病规划署和世界发展指标数据库。

传染性疾病在全球范围内夺走了数百万人的生命，并严重阻碍了人类发展。贫困、武装冲突和自然灾害助长了疾病传播，而疾病传播又反过来加剧了这些困境。在非洲，艾滋病的传播使该地区的居民寿命缩短了数十年，使数百万儿童成为孤儿。疟疾夺去了很多儿童的生命，并削弱了成年人的劳动力。结核病在 2010 年造成了上百万人患病，140 万人死亡，死者集中在 15—45 岁。

2011 年全球有 3, 400 万艾滋病病毒携带者，新增 250 万人感染艾滋病。撒哈拉以南非洲地区仍然是艾滋病的重灾区，但艾滋病感染者中成年人的比例已经开始下降，使用抗逆转录病毒药物患者的存活率有所上升（图 6a 和图 6b）。截至 2010 年年底，650 万艾滋病患者接受了抗逆转录病毒药物治疗，是覆盖率年增幅最高的一年，但还远达不到普及水平（联合国，2012）。

在防治艾滋病疫情的过程中，已被病毒感染和处于感染风险中的人群必须改变自己的行为习惯。首先应该了解艾滋病病因、传播方式、如何隔离等知识。鉴别虚假信息的能力也是另一种不可或缺的知识。但在上述知识的认知方面，仍存在着显著差异。根据 26 个艾滋病广泛流行国家（共 31 个）近期进行的全国性调查，只有不到一半的年轻女性对艾滋病有着正确和全面的认识（联合国艾滋病规划署，2012）。在 25 个国家中的 21 个里，只有不到一半的男性具备正确的知识。在 2011 年

艾滋病患病率最高的10个国家中，只有3个国家有一半以上的成年人在测试中排除了3个错误答案，给出了2种预防艾滋病病毒的方法（图6c）。肯尼亚男性的这一数据超过50%，而女性则较少。很显然未来还需要开展更多的工作。

2011年，有880万肺结核新发病患者，但肺结核的发病率、患病率和死亡率均在下降（图6d）。如果这种趋势得以持续，2015年应该能够实现在世界范围内控制肺结核蔓延的目标。艾滋病携带者，以及难民、流浪汉、囚犯等生活在狭小和不干净环境下的人们，对肺结核的抵抗力特别差。采用适当药物治疗的完善医疗干预是阻止结核病传播的关键。

每年有3亿—5亿人罹患疟疾，造成超过100万人死亡。疟疾在贫困地区较为广泛，防治工作也取得了一定进展。2011年亚美尼亚在本国范围内消灭了这种疾病。虽然疟疾在所有地区都有病例，但撒哈拉以南非洲地区的疟疾寄生虫传染的疟疾是最具致命性的。经杀虫试剂处理的蚊帐已经被证实能够有效防止疟疾的传播，这种蚊帐在疫区的使用也越来越广泛：5岁以下儿童中使用这类蚊帐的比例从2000年的2%增加到2010年的39%（图6e）。更好的测试条件和使用以青蒿素药物为基础的联合疗法，有效地改善了高危人群的预防、治疗条件。但是疟疾仍然是难以控制的。有证据表明，青蒿素和驱虫蚊帐上使用的拟除虫菊酯已经出现了耐药性。

更少的人罹患、死于结核病 6d

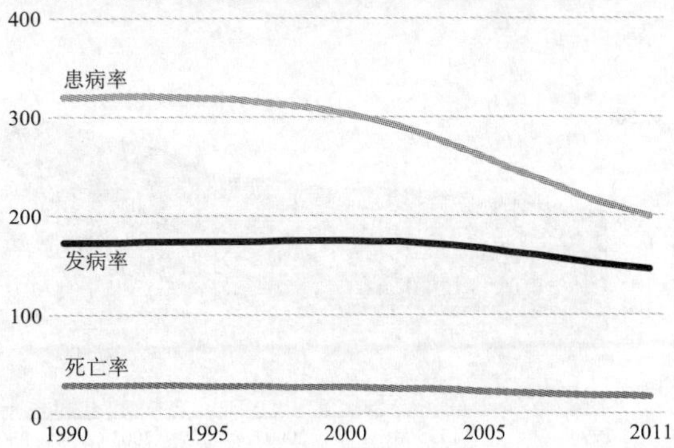

资料来源：世界卫生组织和世界发展指标数据库。

在撒哈拉以南非洲地区，经杀虫试剂处理的蚊帐使用越来越广泛 6e

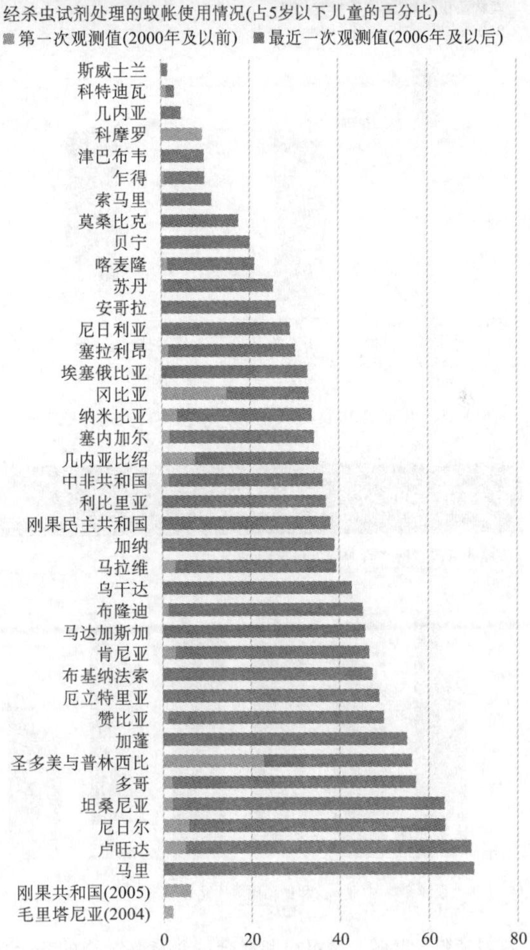

资料来源：联合国儿童基金会和世界发展指标数据库。

目标 7　确保环境的可持续发展

2009 年，二氧化碳排放量略有下降　7a

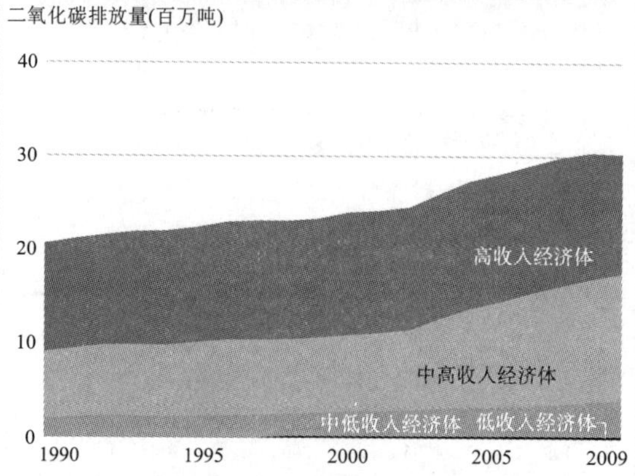

资料来源：二氧化碳信息分析中心和世界发展指标数据库。

森林的消失与恢复　7b

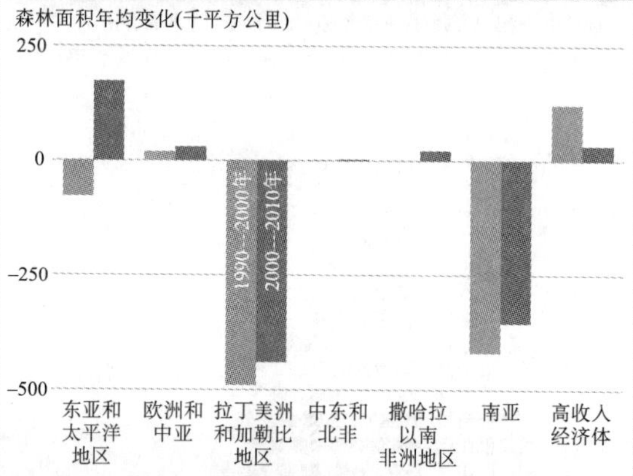

资料来源：联合国粮食与农业组织和世界发展指标数据库。

更好地获取改善的水资源　7c

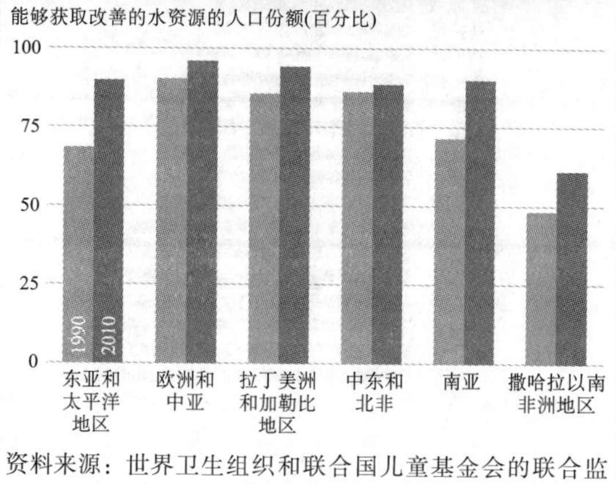

资料来源：世界卫生组织和联合国儿童基金会的联合监测项目、世界发展指标数据库。

"千年发展目标"中第七个目标是影响最为深远的，它影响着每个人的现在和未来。它要求改善自然条件和保护环境：自然资源的再生和恢复、保护生物多样性、普及安全的饮用水源和医疗卫生设施、改善贫困人群生活条件。总的主题是可持续发展，在满足人类发展与减少破坏自然环境和资源中保持平衡。

由于未能达成一个控制温室气体排放的全面协议，数十亿人仍将生活在气候变化的风险中。虽然全球金融危机促使二氧化碳排放量略有下降，但是随着经济的恢复，预计大型工业经济体的二氧化碳排放量仍将上升（图 7a）。

森林消失威胁到贫困人口的生计、破坏多样性生物栖息地，还严重影响了碳的吸收，加剧了气候变化。1990 年以来，全球森林净消失速度惊人，特别是在拉丁美洲和加勒比地区和撒哈拉以南非洲地区，其他地区的净增长都不足以完全弥补其消失。森林砍伐率在过去的十年有所放缓，但以目前的趋势至少再过 20 年才能达到零净消失(图 7b)。

保护森林资源、其他陆地和海洋，有助于保护动植物栖息地和物种多样性。2010 年，13% 的世界土地面积已处在保护下，但只对 1.6% 的海洋面积采取了类似的保护措施。这些措施已经有效帮助物种灭绝的速度放缓，但是仍在继续（联合国，2012）。

"千年发展目标"计划到 2015 年将无法获得改善的水资源和医疗卫生设施的人口比例减半。1990 年，有超过 10 亿人缺乏方便、卫生的饮用水源。在发展中国家，水资源条件改善的人口比例由1990年的71%上升至2010年的86%（图7c）。

1990年，低收入经济体和中低收入经济体中只有37%的人口拥有抽水马桶及其他卫生设施。2010年，这一比例上升到56%，但是仍有27亿人缺乏卫生设施，超过10亿人露天排泄，这带来了巨大的健康风险。农村地区的情况更糟糕，只有43%的人拥有改善的医疗卫生设施，城市地区的这一数据高出30个百分点（图7d）。巨大的城乡差异（特别在南亚和撒哈拉以南非洲地区）是造成“千年发展目标”中卫生目标无法实现的主要原因。

由于经济高速增长，森林、矿产等自然资源消耗速度很快，要实现可持续发展，就需要加强对自然资源的管理。以采掘业为主的国家，自然资源租金也在大幅上涨，但这种增长是不可持续的，除非他们投资到包括人力资本在内的生产性资产上（图7e）。

世界银行已经建立了一个全球数据库，使用调整后的净储蓄和调整后的净国民收入指标等财富账户监测经济的可持续发展情况。广义的财富定义，包括股票、制造资本、自然资本、人力资本和社会资本。发展意味着建立财富和资产组合管理，其挑战不仅在于管理资产总量，还要管理各种资产组合，即对各类资产投资多少。调整后的净储蓄是一个衡量可持续发展的指标，一个国家是否可持续地建立财富（正值），或走在一条不可持续的发展道路上（负值；图7f）。

农村地区缺乏医疗卫生设施 7d

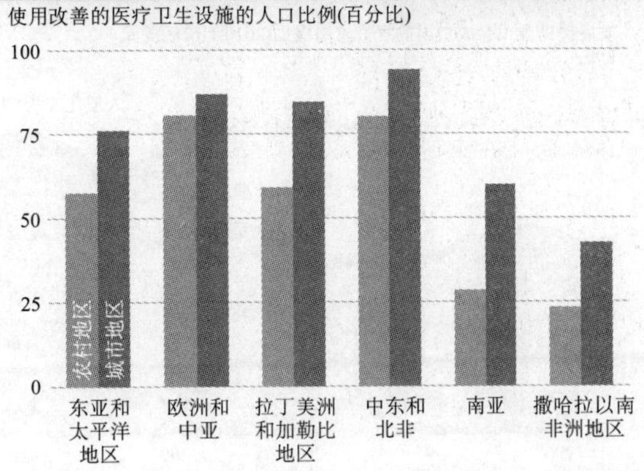

资料来源：世界卫生组织和联合国儿童基金会的联合监测项目、世界发展指标数据库。

资源租金是非洲及中东地区GDP重要的一部分 7e

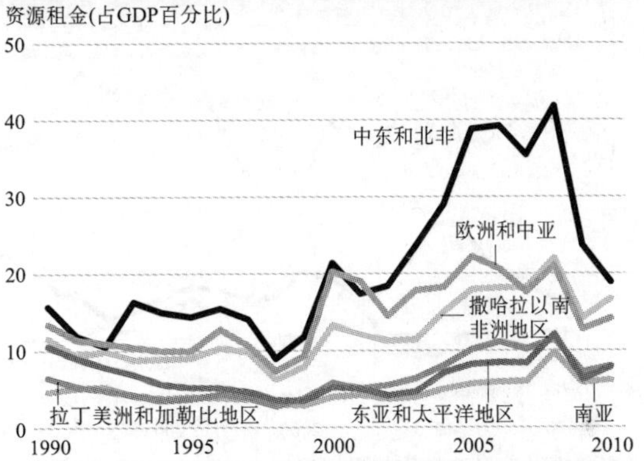

资料来源：世界银行工作人员的估算和世界发展指标数据库。

撒哈拉以南非洲地区正走在一条不可持续的发展道路上 7f

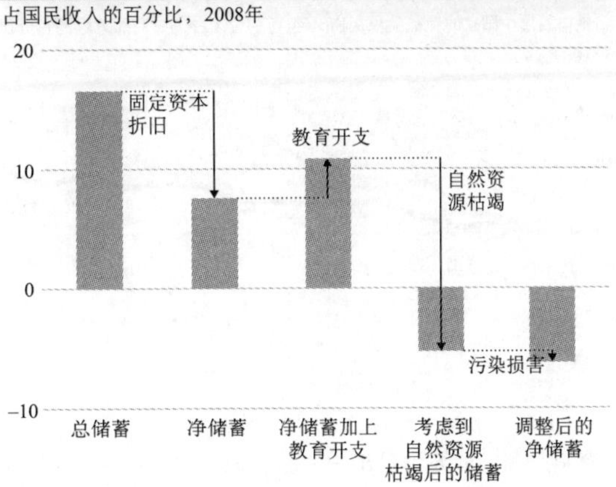

资料来源：世界银行（2011）。

目标 8　为发展而建立全球伙伴关系

援助减少　8a

发展援助委员会成员国的官方发展援助(2010年10亿美元)

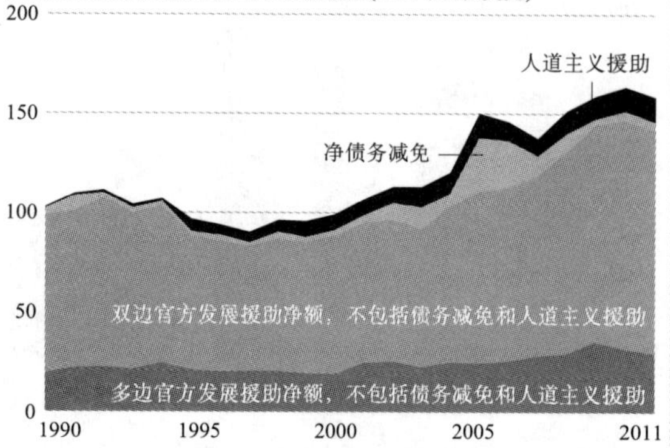

资料来源：经济合作与发展组织 StatExtracts 数据库。

国内农业补贴超过对国外的援助　8b

农业补贴(十亿美元)

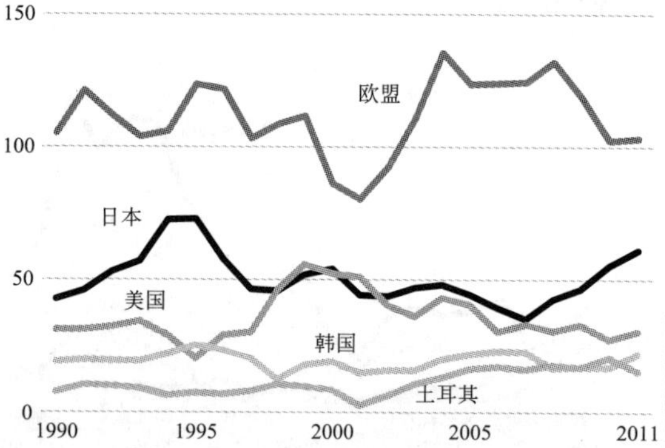

资料来源：经济合作与发展组织 StatExtracts 数据库。

发展中国家的出口商有了更多的机会　8c

来自发展中国家的免征关税货物(不包括军火，占进口商品总额的百分比)

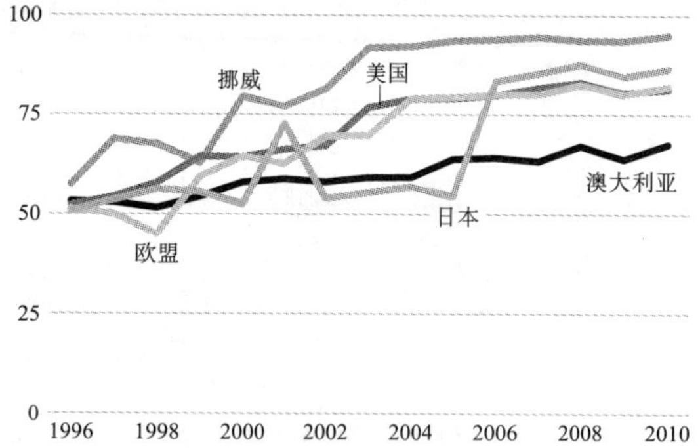

资料来源：世界贸易组织、联合国贸易与发展会议、国际贸易中心和世界发展指标数据库。

第八个目标也是最后一个目标使千年发展目标与之前的各项决议和项目有了明显不同。它认识到了发展的多维性，需要富裕国家和发展中国家携手合作来促进快速可持续发展。随着对最贫困和负债较多的国家的援助力度加大，我们认识到需要减少贸易壁垒，分享新兴医疗和通信技术来实现第八个目标。这个目标提醒我们：大国和小国、内陆国家和岛屿国家面临的发展问题千差万别。建立和维系全球伙伴关系是一个持续的过程，不会因为某一到期日或达到某一标准而停止。

经济合作与发展组织（OECD）发展援助委员会（DAC）成员国提供的官方发展援助（ODA）在 20 世纪 90 年代有所减少，2002 年后出现显著回升，但其中很大一部分是以债务减免和人道主义援助的形式（图 8a）。2008 年金融危机爆发后，许多高收入经济体都实行了财政紧缩政策，这一局势严重影响到官方发展援助的增加。发展援助委员会成员国提供的官方发展援助净支出在 2011 年上升至 1, 340 亿美元，但经过通货膨胀和汇率换算后，与 2010 年相比实际下降 2. 3%；多边组织提供的援助基本与之前一致，为 347 亿美元，但实际下降了 6. 6%。由发展援助委员会成员国提供的官方发展援助占其国民总收入的比例已经回落至 0. 31%，距离联合国 0. 7% 的目标相差了一半。

大多数经济合作与发展组织成员国都是高收入经济体，但也有一些中高收入经济体，如智利、墨西哥和土耳其，它们对本国农业生产者的补贴要高于其提供的官方发展援助资金。2011 年，经济合作与发展组织估计农业补贴大约为 2, 520 亿美元，其中的41%给予了欧盟的农业生产者（图8b）。

许多富裕国家已经承诺向发展中国家开放出口市场，经济合作与发展组织经济体承诺免征关税货物总额（不包括军火）占比也在上升。然而，神秘的原产地原则和动植物检疫标准却使许多国家难以真正享受零关税待遇。市场准入的不确定性制约了许多国家出口产业的发展（图8c）。

经济持续增长、债务管理能力提高以及债务减免等因素使得发展中国家的债务压力大幅减轻。尽管在金融危机下2009年全球经济萎缩了2.3%，但2011年中低收入国家的负债率（负债额比出口额）降至8.8%的新低。2009年，欧洲和中亚地区的负债率高达26%，而随着出口收入的增加，现在已经恢复到2007年17.8%的水平。

电信是一个发展所需的必要工具，在高收入经济体中，固定电话系统的增长已经见顶；而在发展中国家则永远不会达到这样的程度。高收入经济体的移动电话拥有率已经大于1台/人，中高收入经济体也相差不远（图8e）。

手机是访问互联网的几种方式之一。2000年，互联网在高收入国家迅速普及，而在发展中国家却刚刚起步。近年来发展中国家一直快速追赶。自2000年以来，发展中经济体互联网用户年均增长率达28%。与电话普及情况类似，互联网的使用也与收入水平高度相关。南亚和撒哈拉以南非洲地区的低收入国家中互联网发展相对较为落后，但现在也在迅速普及（图8f）。

债务还本付息负担持续减少 8d

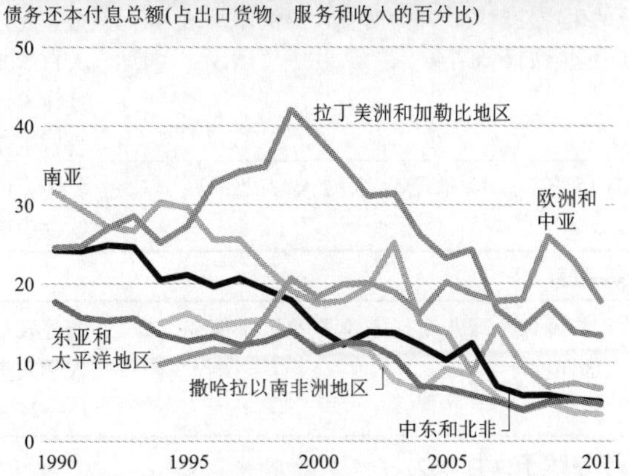

资料来源：世界发展指标数据库。

电信业务在普及 8e

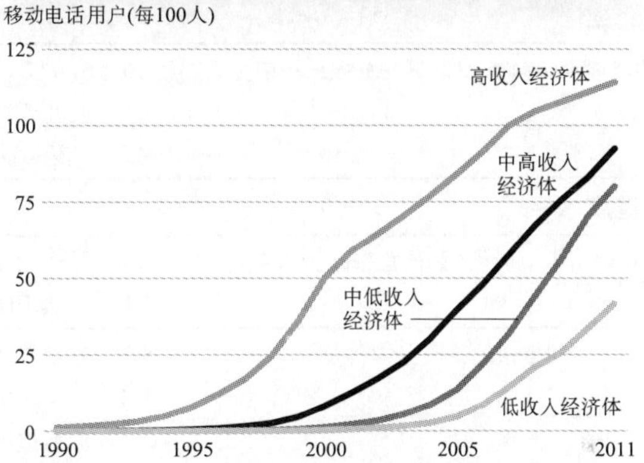

资料来源：国际电信联盟和世界发展指标数据库。

更多的人使用互联网 8f

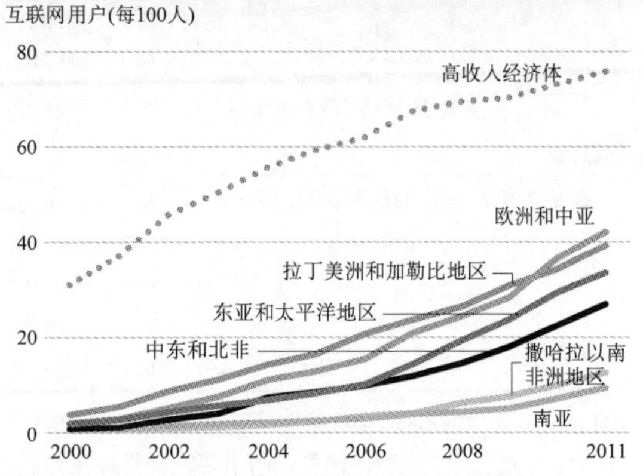

资料来源：国际电信联盟和世界发展指标数据库。

千年发展目标

千年宣言的目标和具体目标		监测进展的指标	
目标 1	**消除极端贫困与饥饿**		
具体目标 1. A	1990—2015 年间，将每日收入低于 1 美元的人口比例减少一半	1. 1	每日生活费低于 1 美元（购买力平价）的人口所占比重[a]
		1. 2	贫困差距率（发生率×贫困程度）
		1. 3	最贫困的 1/5 人口在国民消费中所占比重
具体目标 1. B	实现充分的生产性就业，并为所有人提供体面的工作，其中包括妇女和青年	1. 4	就业人口的人均 GDP 增长率
		1. 5	人口就业率
		1. 6	就业人口每天生活费低于 1 美元（购买力平价）的比例
		1. 7	自营工作者和无报酬家庭劳动者占总就业的比例
具体目标 1. C	1990—2015 年间，将遭受饥饿的人口比例减少一半	1. 8	5 岁以下儿童体重不足的发生率
		1. 9	饮食中摄入能量少于最低标准的人口所占比重
目标 2	**实现普及初等教育**		
具体目标 2. A	到 2015 年，确保全球儿童（不论男女）都能完成小学全部课程	2. 1	初等教育的净入学率
		2. 2	入学儿童中小学毕业的儿童所占的比重
		2. 3	15—24 岁年龄组人口的识字率
目标 3	**促进两性平等并赋予女性权力**		
具体目标 3. A	最好在 2005 年前消除初等教育和中等教育中的性别不平等，最迟于 2015 年前消除各级别教育中的性别不平等	3. 1	接受初等、中等和高等教育的女性与男性人数比例
		3. 2	女性在非农业部门有工资收入的就业人员中所占比重
		3. 3	女性在国家议会中所占席位的比重
目标 4	**降低儿童死亡率**		
具体目标 4. A	1990—2015 年间，将 5 岁以下儿童死亡率减少 2/3	4. 1	5 岁以下儿童死亡率
		4. 2	婴儿死亡率
		4. 3	1 岁儿童接种麻疹疫苗的比例
目标 5	**提高孕产妇健康水平**		
具体目标 5. A	1990—2015 年间，将孕产妇死亡率减少 3/4	5. 1	孕产妇死亡率
		5. 2	在熟练医护人员护理下的分娩比率
具体目标 5. B	到 2015 年，实现生殖健康服务的普及	5. 3	避孕普及率
		5. 4	青少年生育率
		5. 5	产前护理覆盖率（接受至少 1 次和至少 4 次产前检查）
		5. 6	家庭意外怀孕率
目标 6	**防治艾滋病、疟疾和其他疾病**		
具体目标 6. A	到 2015 年，遏制并开始逆转 HIV/AIDS 的蔓延趋势	6. 1	HIV 在 15—24 岁人口中的传播情况
		6. 2	上一次高风险性行为中避孕套的使用情况
		6. 3	全面、正确了解 HIV/AIDS 知识的 15—24 岁年龄段人口的比例
		6. 4	10—14 岁年龄段的孤儿与非孤儿入学人数的比例
具体目标 6. B	到 2010 年，针对所有需要 HIV/AIDS 治疗的病人实现治疗的普及	6. 5	可获得抗逆转录（酶）病毒药物的 HIV 重度感染者的比例
具体目标 6. C	到 2015 年，遏制并开始逆转疟疾和其他主要疾病的发生	6. 6	疟疾的发病率和死亡率
		6. 7	5 岁以下儿童睡在经过处理的蚊帐中的比例
		6. 8	5 岁以下儿童发烧后服用适当的抗疟疾药物的比例
		6. 9	肺结核的感染率、传播率和死亡率
		6. 10	在短期直接观察治疗方案下查出和治愈的肺结核病例所占的比重

千年发展目标来自于千年宣言，由 189 个国家在 2000 年 9 月签订，其中包括 147 个国家政府首脑（www. un. org/millennium/declaration/ares552e. htm），2005 年 9 月的第 60 届联合国大会对此进行了更新。修订过的千年发展目标主要监测以上给出的框架，其中包括新的目标和指标，并提交给了第 62 届联合国大会，2007 年 11 月 14 日第 12 次会议上相关机构和专家组提供有关千年发展目标指标的新数据。目标都是相关的，应当看做一个整体。它们体现了发达国家和发展中国家之间的伙伴关系，“为创造一个环境——国家和全球层次的——以促进发展和消除贫困”。所有指标尽可能地都按性别和城市—农村区位划分。

千年宣言的目标和具体目标		监测进展的指标
目标 7　确保环境的可持续发展		
具体目标 7. A	将可持续发展原则融入国家政策和规划中，逆转环境资源的丧失趋势	7.1　土地森林覆盖率 7.2　（按购买力平价计算的）总的、人均以及 1 美元 GDP 的二氧化碳排放量 7.3　消耗臭氧物质的消费量
具体目标 7. B	减少生物多样性损失，到 2010 年实现损失率的大幅度降低	7.4　安全生态限制区内鱼类存量的比例 7.5　所使用的水资源总量比例 7.6　陆地保护区和海洋保护区比例 7.7　濒危物种的比例
具体目标 7. C	到 2015 年，将无法持续获得安全饮用水和基本卫生设施的人口比例减半	7.8　使用改善的水资源的人口比重 7.9　使用改善的环卫设施的人口比重
具体目标 7. D	到 2020 年，使至少 1 亿贫民窟居民的生活得到显著改善	7.10　生活在贫民窟的城市人口比重[b]
目标 8　为发展而建立全球伙伴关系		
具体目标 8. A	进一步建立一个开放、遵循规则、可预测、非歧视性的贸易和金融体系 （包括在单个国家内和国际层面上致力于改善治理、发展和减少贫困）	以下指标中有些是分别用来监测最不发达国家、非洲国家、内陆发展中国家和小岛屿发展中国家的。 **官方发展援助** 8.1　官方发展援助净额占 OECD/DAC 捐助国国民总收入的比重
具体目标 8. B	关注最不发达国家的特殊需求 （包括对最不发达国家的出口产品免除关税和配额；加强对重债穷国的债务减免计划并取消官方双边债务；对承诺减少贫困的国家提供更多的官方发展援助）	8.2　OECD/DAC 捐助国为社会基础服务（基础教育、初级医疗卫生、营养、安全饮用水和卫生设施）提供的双边、可在部门间分配的官方发展援助所占的比重 8.3　OECD/DAC 捐助国提供的无附加条件的双边官方发展援助所占比重 8.4　内陆国家接受到的官方发展援助占其国民总收入的百分比 8.5　小岛屿发展中国家接受到的官方发展援助占其国民总收入的百分比
具体目标 8. C	关注内陆发展中国家和小岛屿发展中国家的特殊需求（通过《小岛屿发展中国家可持续发展行动纲领》和联合国大会第 22 届特别会议的成果来实现）	**市场准入** 8.6　发达国家从发展中国家和最不发达国家进口的免征关税货物总额（按价值计，武器除外）所占比重 8.7　发达国家对来自发展中国家的农产品、纺织品和服装征收的平均关税 8.8　经济合作与发展组织成员国的农产品补贴的估计值占 GDP 的百分比 8.9　用于帮助建设贸易能力的官方发展援助所占比重
具体目标 8. D	通过国内和国际措施全面解决发展中国家的债务问题，以便使债务可长期承受	**债务的可维持性** 8.10　达到重债穷国决定点的国家总数和完成点（累计）的国家总数 8.11　在重债穷国倡议和多边债务减免倡议下承诺的债务减免额 8.12　还本付息额占货物和服务出口额的比重
具体目标 8. E	与制药公司合作，为发展中国家提供负担得起的必需药品	8.13　可持续获得支付得起的必需药品的人口所占比重
具体目标 8. F	与私营部门合作，使新技术特别是信息和通信技术惠及大众	8.14　每百人中的电话线用户 8.15　每百人中的移动电话用户 8.16　每百人中的互联网用户

a. 为了监测国家贫困趋势，在可能的情况下应该使用以国家贫困线为基准的指标。

b. 生活在贫民窟的人口比例以替代指标来衡量，即具有以下至少一个特征的城市家庭人口：不能获取改善的水源供应、不能获取改善的卫生防疫设施、过度拥挤（每个房间居住 3 人或者以上），以及住所由非耐用材料建成。

1 世界概览

	人口	地表面积	人口密度	城市人口	国民总收入				国内生产总值	
					图表集法		购买力平价			
	百万	千平方公里	人/平方公里	占总人口的百分比	10亿美元	人均，美元	10亿美元	人均，美元	增长百分比	人均增长百分比
	2011	2011	2011	2011	2011	2011	2011	2011	2010-2011	2010-2011
阿富汗	35.3	652.2	54	24	16.6	470	40.3[a]	1,140[a]	5.7	2.9
阿尔巴尼亚	3.2	28.8	117	53	12.8	3,980	28.4	8,820	3.0	2.6
阿尔及利亚	36.0	2,381.7	15	73	160.8	4,470	299.0[a]	8,310[a]	2.5	1.0
美属萨摩亚群岛	0.1	0.2	348	93	..	..[b]	..	..	..	..
安道尔	0.1	0.5	183	87	..	..[c]	..	..	..	..
安哥拉	19.6	1,246.7	16	59	75.2	3,830[d]	102.7	5,230	3.9	1.1
安提瓜和巴布达	0.1	0.4	204	30	1.1	11,940	1.6[a]	17,900[a]	−5.0	−6.0
阿根廷	40.8	2,780.4	15	93	..	..	..	..	..	..
亚美尼亚	3.1	29.7	109	64	10.4	3,360	18.9	6,100	4.6	4.3
阿鲁巴岛	0.1	0.2	601	47	..	..[c]	..	..	..	..
澳大利亚	22.3	7,741.2	3	89	1,111.4	49,790	862.0	38,610	1.9	0.7
奥地利	8.4	83.9	102	68	405.7	48,170	354.0	42,030	2.7	2.3
阿塞拜疆	9.2	86.6	111	54	48.5	5,290	82.1	8,950	1.0	−0.3
巴哈马	0.3	13.9	35	84	7.5	21,970	10.2[a]	29,790[a]	1.6	0.4
巴林	1.3	0.8	1,742	89	20.1	15,920	26.8	21,200	3.0	-3.1
孟加拉国	150.5	144.0	1,156	28	117.8	780	291.7	1,940	6.7	5.4
巴巴多斯	0.3	0.4	637	44	3.5	12,660	5.2[a]	18,900[a]	1.2	-5.5
白俄罗斯	9.5	207.6	47	75	55.2	5,830	137.0	14,460	5.3	5.5
比利时	11.0	30.5	364	98	506.2	45,930	431.4	39,150	1.8	0.6
伯利兹	0.4	23.0	16	45	1.3	3,710	2.2[a]	6,090[a]	1.9	−1.5
贝宁	9.1	112.6	82	45	7.1	780	14.6	1,610	3.5	0.7
百慕大	0.1	0.1	1,294	100	..	..[c]	..	..	-1.9	-1.7
不丹	0.7	38.4	19	36	1.6	2,130	4.1	5,570	5.6	3.8
玻利维亚	10.1	1,098.6	9	67	20.4	2,020	49.3	4,890	5.2	3.5
波斯尼亚—黑塞哥维那	3.8	51.2	74	48	18.0	4,780	34.5	9,190	1.7	1.9
博茨瓦纳	2.0	581.7	4	62	15.2	7,470	29.5	14,550	5.7	4.5
巴西	196.7	8,514.9	23	85	2,107.7	10,720	2,245.8	11,420	2.7	1.8
文莱	0.4	5.8	77	76	12.5	31,800	19.6	49,910	2.2	0.4
保加利亚	7.3	111.0	68	73	48.8	6,640	105.8	14,400	1.7	4.3
布基纳法索	17.0	274.2	62	27	9.9	580	22.5	1,330	4.2	1.1
布隆迪	8.6	27.8	334	11	2.2	250	5.2	610	4.2	1.9
柬埔寨	14.3	181.0	81	20	11.7	820	31.8	2,230	7.1	5.8
喀麦隆	20.0	475.4	42	52	24.1	1,210	46.7	2,330	4.2	2.0
加拿大	34.5	9,984.7	4	81	1,570.9	45,550	1,367.6	39,660	2.5	1.4
佛得角	0.5	4.0	124	63	1.8	3,540	2.0	3,980	5.0	4.1
开曼群岛	0.1	0.3	236	100	..	..[c]	..	..	..	..
中非共和国	4.5	623.0	7	39	2.1	480	3.6	810	3.3	1.3
乍得	11.5	1,284.0	9	22	8.3	720	17.7	1,540	1.6	−1.0
海峡群岛	0.2	0.2	810	31	..	..[c]	..	..	..	..
智利	17.3	756.1	23	89	212.0	12,280	282.1	16,330	6.0	5.0
中国	1,344.1	9,600.0	144	51	6,643.2	4,940	11,270.8	8,390	9.3	8.8
中国香港	7.1	1.1	6,787	100	254.6	36,010	370.2	52,350	4.9	4.8
中国澳门	0.6	0.0[e]	19,848	100	24.7	45,460	31.0	56,950	20.7	18.1
哥伦比亚	46.9	1,141.8	42	75	284.9	6,070	448.6	9,560	5.9	4.5
科摩罗	0.8	1.9	405	28	0.6	770	0.8	1,110	2.2	−0.4
刚果民主共和国	67.8	2,344.9	30	34	13.1	190	23.2	340	6.9	4.1
刚果共和国	4.1	342.0	12	64	9.3	2,250	13.4	3,240	3.4	1.0

	人口	地表面积	人口密度	城市人口	国民总收入				国内生产总值	
					图表集法		购买力平价			
	百万	千平方公里	人/平方公里	占总人口的百分比	10亿美元	人均，美元	10亿美元	人均，美元	增长百分比	人均增长百分比
	2011	2011	2011	2011	2011	2011	2011	2011	2010–2011	2010–2011
哥斯达黎加	4.7	51.1	93	65	36.1	7,640	56.1[a]	11,860[a]	4.2	2.7
科特迪瓦	20.2	322.5	63	51	22.1	1,090	34.5	1,710	–4.7	–6.7
克罗地亚	4.4	56.6	79	58	59.6	13,540	82.7	18,780	0.0	0.3
古巴	11.3	109.9	106	75	..	..[b]	..	..	2.1	2.1
库拉索岛	0.1	0.4	328	..	..	..[c]	..	..	..	..
塞浦路斯	1.1	9.3	121	71	23.7[f]	29,450[f]	24.9[f]	30,970[f]	0.5[f]	0.3[f]
捷克共和国	10.5	78.9	136	73	196.3	18,700	257.0	24,490	1.9	2.1
丹麦	5.6	43.1	131	87	335.1	60,160	233.5	41,920	1.1	0.7
吉布提	0.9	23.2	39	77	1.1	1,270	2.1	2,450	5.0	3.0
多米尼克	0.1	0.8	90	67	0.5	7,030	0.9[a]	13,000[a]	–0.3	–0.2
多米尼加共和国 ic	10.1	48.7	208	70	52.6	5,240	94.7[a]	9,420[a]	4.5	3.1
厄瓜多尔	14.7	256.4	59	67	61.7	4,200	124.7	8,510	7.8	6.3
埃及	82.5	1,001.5	83	44	214.7	2,600	504.8	6,120	1.8	0.1
萨尔瓦多	6.2	21.0	301	65	21.7	3,480	41.4[a]	6,640[a]	1.5	0.9
赤道几内亚	0.7	28.1	26	40	11.3	15,670	18.4	25,620	7.8	4.8
厄立特里亚	5.4	117.6	54	21	2.3	430	3.1[a]	580[a]	8.7	5.5
爱沙尼亚	1.3	45.2	32	70	20.4	15,260	27.9	20,850	8.3	8.3
埃塞俄比亚	84.7	1,104.3	85	17	31.0	370	93.8	1,110	7.3	5.0
法罗群岛	0.0[g]	1.4	35	41	..	..[c]	..	..	..	..
斐济	0.9	18.3	48	52	3.2	3,720	4.0	4,610	2.0	1.1
芬兰	5.4	338.4	18	84	257.3	47,760	202.9	37,660	2.7	2.3
法国	65.4	549.2	120	86	2,775.7	42,420	2,349.8	35,910	1.7	1.1
法属玻利尼西亚	0.3	4.0	75	51	..	..[c]	..	..	..	..
加蓬	1.5	267.7	6	86	12.4	8,080	21.1	13,740	4.8	2.8
冈比亚	1.8	11.3	178	57	0.9	500	3.1	1,750	–4.3	–6.9
格鲁吉亚	4.5[h]	69.7	79[h]	53[h]	12.8[h]	2,860[h]	24.0[h]	5,350[h]	7.0[h]	6.2[h]
德国	81.8	357.1	235	74	3,617.7	44,230	3,287.6	40,190	3.0	3.0
加纳	25.0	238.5	110	52	35.1	1,410	45.2	1,810	14.4	11.8
希腊	11.3	132.0	88	62	276.7	24,490	283.7	25,110	–7.1	–7.0
格陵兰	0.1	410.5[i]	0[j]	85	1.5	26,020	..	..	-5.4	-5.4
格林纳达	0.1	0.3	309	39	0.8	7,350	1.1[a]	10,350[a]	1.0	0.6
关岛	0.2	0.5	337	93	..	..[c]	..	..	..	..
危地马拉	14.8	108.9	138	50	42.4	2,870	70.3[a]	4,760[a]	3.9	1.3
几内亚	10.2	245.9	42	36	4.4	430	10.5	1,020	3.9	1.5
几内亚比绍	1.5	36.1	55	44	0.9	600	1.9	1,230	5.7	3.5
圭亚那	0.8	215.0	4	28	2.2	2,900	2.6[a]	3,460[a]	4.2	4.2
海地	10.1	27.8	367	53	7.1	700	11.9[a]	1,180[a]	5.6	4.2
洪都拉斯	7.8	112.5	69	52	15.4	1,980	29.7[a]	3,820[a]	3.6	1.6
匈牙利	10.0	93.0	110	69	126.9	12,730	202.5	20,310	1.7	2.0
冰岛	0.3	103.0	3	94	11.1	34,820	9.9	31,020	2.6	2.2
印度	1,241.5	3,287.3	418	31	1,766.2	1,420	4,524.6	3,640	6.3	4.9
印度尼西亚	242.3	1,904.6	134	51	712.7	2,940	1,091.4	4,500	6.5	5.4
伊朗	74.8	1,745.2	46	69	330.4	4,520	835.5	11,420	..	..
伊拉克	33.0	435.2	76	67	87.0	2,640	123.5	3,750	9.9	6.8
爱尔兰	4.6	70.3	66	62	179.2	39,150	153.4	33,520	0.7	–1.5
马恩岛	0.1	0.6	146	51	..	..[c]	..	..	..	..
以色列	7.8	22.1	359	92	224.7	28,930	210.5	27,110	4.7	2.8

1 世界概览

	人口	地表面积	人口密度	城市人口	国民总收入				国内生产总值	
					图表集法		购买力平价			
	百万	千平方公里	人/平方公里	占总人口的百分比	10亿美元	人均,美元	10亿美元	人均,美元	增长 百分比	人均增长 百分比
	2011	2011	2011	2011	2011	2011	2011	2011	2010-2011	2010-2011
意大利	60.7	301.3	206	68	2,144.7	35,320	1,968.9	32,420	0.4	0.0
牙买加	2.7	11.0	250	52	..	..[b]	..	..	-0.3	..
日本	127.8	377.9	351	91	5,739.5	44,900	4,516.3	35,330	–0.7	–1.0
约旦	6.2	89.3	70	83	27.1	4,380	36.6	5,930	2.6	0.4
哈萨克斯坦	16.6	2,724.9	6	54	136.7	8,260	186.4	11,250	7.5	6.0
肯尼亚	41.6	580.4	73	24	34.1	820	71.1	1,710	4.4	1.6
基里巴斯	0.1	0.8	125	44	0.2	2,030	0.3[a]	3,300[a]	1.8	0.2
朝鲜	24.5	120.5	203	60	..	..[k]	..	..	..	..
韩国	49.8	99.9	513	83	1,039.0	20,870	1,511.7	30,370	3.6	2.9
科索沃	1.8	10.9	166	..	6.3	3,510	..	..	5.0	3.4
科威特	2.8	17.8	158	98	133.8	48,900	147.0	53,720	8.2	5.1
吉尔吉斯共和国	5.5	199.9	29	35	5.0	900	12.7	2,290	6.0	4.7
老挝	6.3	236.8	27	34	7.1	1,130	16.2	2,580	8.0	6.5
拉脱维亚	2.1	64.6	33	68	27.4	13,320[d]	39.3	19,090	5.5	14.7
黎巴嫩	4.3	10.5	416	87	38.9	9,140	61.6	14,470	3.0	2.2
莱索托	2.2	30.4	72	28	2.7	1,210	4.5	2,050	4.2	3.1
利比里亚	4.1	111.4	43	48	1.4	330	2.2	540	9.4	5.9
利比亚	6.4	1,759.5	4	78	77.1	12,320	105.2[a]	16,800[a]	2.1	0.3
列支敦士登	0.0[g]	0.2	227	14	4.9	137,070	..	..	-1.2	-1.9
立陶宛	3.0	65.3	48	67	39.3	12,980[d]	62.9	20,760	5.9	14.8
卢森堡	0.5	2.6	200	85	40.1	77,390	33.2	64,110	1.7	–0.6
前南斯拉夫马其顿共和国	2.1	25.7	82	59	9.9	4,810	23.5	11,370	2.8	2.7
马达加斯加	21.3	587.0	37	33	9.1	430	20.2	950	1.0	–1.9
马拉维	15.4	118.5	163	16	5.6	360	13.4	870	4.3	1.1
马来西亚	28.9	330.8	88	73	253.0	8,770	451.7	15,650	5.1	3.4
马尔代夫	0.3	0.3	1,067	41	1.8	5,720	2.4	7,430	7.5	6.1
马里	15.8	1,240.2	13	35	9.7	610	16.8	1,060	2.7	–0.3
马耳他	0.4	0.3	1,299	95	7.7	18,620	10.2	24,480	2.1	2.2
马绍尔群岛	0.1	0.2	305	72	0.2	3,910	..	..	5.0	3.5
毛里塔尼亚	3.5	1,030.7	3	42	3.6	1,030[l]	8.9	2,530	4.0	1.6
毛里求斯	1.3	2.0	634	42	10.3	8,040	18.4	14,330	4.1	3.7
墨西哥	114.8	1,964.4	59	78	1,081.8	9,420	1,766.4	15,390	3.9	2.7
密克罗尼西亚联邦	0.1	0.7	159	23	0.3	2,860	0.4[a]	3,580[a]	2.1	1.6
摩尔多瓦	3.6[m]	33.9	124[m]	48[m]	7.1[m]	1,980[m]	13.0[m]	3,640[m]	6.4[m]	6.5[m]
摩纳哥	0.0[g]	0.0[e]	17,714	100	6.5	183,150	..	..	-2.6	-2.7
蒙古	2.8	1,564.1	2	69	6.5	2,310	12.0	4,290	17.5	15.7
黑山	0.6	13.8	47	63	4.5	7,140	8.7	13,700	3.2	3.1
摩洛哥	32.3	446.6	72	57	97.6[n]	2,970[n]	160.1[n]	4,880[n]	4.5[n]	3.5[n]
莫桑比克	23.9	799.4	30	31	11.1	460	22.9	960	7.1	4.7
缅甸	48.3	676.6	74	33	..	..[k]	..	..	..	..
纳米比亚	2.3	824.3	3	38	10.9	4,700	15.4	6,610	4.8	3.0
尼泊尔	30.5	147.2	213	17	16.6	540	38.4	1,260	3.9	2.1
荷兰	16.7	41.5	495	83	829.0	49,660	720.3	43,150	1.0	0.5
新喀里多尼亚	0.3	18.6	14	62	..	..[c]	..	..	..	..
新西兰	4.4	267.7	17	86	127.3	29,140	126.3	28,930	1.0	0.1
尼加拉瓜	5.9	130.4	49	58	8.9	1,510	21.9[a]	3,730[a]	5.1	3.6
尼日尔	16.1	1,267.0	13	18	5.8	360	11.6	720	2.3	–1.2

	人口	地表面积	人口密度	城市人口	国民总收入				国内生产总值	
					图表集法		购买力平价			
	百万	千平方公里	人/平方公里	占总人口的百分比	10亿美元	人均，美元	10亿美元	人均，美元	增长百分比	人均增长百分比
	2011	2011	2011	2011	2011	2011	2011	2011	2010–2011	2010–2011
尼日利亚	162.5	923.8	178	50	207.3	1,280	372.8	2,290	7.4	4.7
北马里亚纳群岛	0.1	0.5	133	92	..	..[c]	..	..	..	..
挪威	5.0	323.8	16	79	440.2	88,870	304.4	61,450	1.4	0.1
阿曼	2.8	309.5	9	73	53.6	19,260	71.6	25,720	5.5	3.1
巴基斯坦	176.7	796.1	229	36	198.0	1,120	507.2	2,870	3.0	1.1
帕劳	0.0[g]	0.5	45	84	0.1	6,510	0.2[a]	11,080[a]	5.8	5.1
巴拿马	3.6	75.4	48	75	26.7	7,470	51.8[a]	14,510[a]	10.6	8.9
巴布亚新几内亚	7.0	462.8	16	13	10.4	1,480	18.0[a]	2,570[a]	9.0	6.6
巴拉圭	6.6	406.8	17	62	19.8	3,020	35.4	5,390	6.9	5.0
秘鲁	29.4	1,285.2	23	77	151.4	5,150	277.6	9,440	6.8	5.6
菲律宾	94.9	300.0	318	49	209.7	2,210	393.0	4,140	3.9	2.2
波兰	38.5	312.7	127	61	477.0	12,380[o]	780.8	20,260	4.3	3.4
葡萄牙	10.6	92.1	115	61	225.6	21,370	259.9	24,620	–1.7	–0.9
波多黎各	3.7	8.9	418	99	61.6	16,560	..	..	–2.1	–1.6
卡塔尔	1.9	11.6	161	99	150.4	80,440	161.6	86,440	18.8	11.7
罗马尼亚	21.4	238.4	93	53	174.0	8,140	337.4	15,780	2.5	2.7
俄罗斯	143.0	17,098.2	9	74	1,522.3	10,650	2,917.7	20,410	4.3	3.9
卢旺达	10.9	26.3	444	19	6.2	570	13.9	1,270	8.3	5.1
萨摩亚	0.2	2.8	65	20	0.6	3,160	0.8[a]	4,270[a]	2.0	1.6
圣马力诺	0.0[g]	0.1	529	94	..	..[c]	..	..	..	..
圣多美和普林西比	0.2	1.0	176	63	0.2	1,350	0.4	2,080	4.9	3.0
沙特阿拉伯	28.1	2,149.7[p]	13	82	500.5	17,820	693.7	24,700	6.8	4.4
塞内加尔	12.8	196.7	66	43	13.7	1,070	24.8	1,940	2.6	–0.1
塞尔维亚	7.3	88.4	83	56	41.3	5,690	83.8	11,550	2.0	2.5
塞舌尔	0.1	0.5	187	54	1.0	11,270	2.3[a]	26,280[a]	5.0	5.6
塞拉利昂	6.0	71.7	84	39	2.8	460	6.8	1,140	6.0	3.7
新加坡	5.2	0.7	7,405	100	222.6	42,930	307.8	59,380	4.9	2.7
圣马丁岛	0.0[g]	0.0[e]	1,077	..	..	..[c]	..	..	..	..
斯洛伐克	5.4	49.0	112	55	87.4	16,190	120.4	22,300	3.3	4.0
斯洛文尼亚	2.1	20.3	102	50	48.5	23,600	54.4	26,500	–0.2	–0.4
所罗门群岛	0.6	28.9	20	21	0.6	1,110	1.3[a]	2,350[a]	9.0	6.2
索马里	9.6	637.7	15	38	..	..[k]	..	..	..	..
南非	50.6	1,219.1	42	62	352.0	6,960	542.0	10,710	3.1	1.9
南苏丹	10.3[p]	644.3	..	18	..	..[q]	..	..	1.9	–1.7
西班牙	46.2	505.4	93	77	1,428.3	30,930	1,451.7	31,440	0.4	0.2
斯里兰卡	20.9	65.6	333	15	53.8	2,580	115.2	5,520	8.3	7.1
圣基茨和尼维斯	0.1	0.3	204	32	0.7	12,610	0.9[a]	16,470[a]	2.1	0.9
圣卢西亚	0.2	0.6	289	18	1.2	6,820	2.0[a]	11,220[a]	1.3	0.1
圣马丁	0.0[g]	0.1	563	..	..	..[c]	..	..	..	..
圣文森特和格林纳丁斯	0.1	0.4	280	49	0.7	6,070	1.1[a]	10,440[a]	0.1	0.1
苏丹	34.3[p,r]	1,861.5[r]	18	33	58.3[u]	1,310[u]	94.7[u]	2,120[u]	4.7[u]	2.2[u]
苏里南	0.5	163.8	3	70	4.1	7,840	4.1[a]	7,730[a]	4.7	3.7
斯威士兰	1.1	17.4	62	21	3.7	3,470	6.5	6,110	1.3	0.1
瑞典	9.4	450.3	23	85	502.5	53,170	398.9	42,210	3.9	3.1
瑞士	7.9	41.3	198	74	604.1	76,350	415.6	52,530	1.9	0.8
叙利亚	20.8	185.2	113	56	67.9	2,750	104.0	5,080	..	..
塔吉克斯坦	7.0	142.6	50	27	6.1	870	16.0	2,300	7.4	5.9

	人口	地表面积	人口密度	城市人口	国民总收入 图表集法		国民总收入 购买力平价		国内生产总值	
	百万 2011	千平方公里 2011	人/平方公里 2011	占总人口的百分比 2011	10亿美元 2011	人均，美元 2011	10亿美元 2011	人均，美元 2011	增长百分比 2010-2011	人均增长百分比 2010-2011
坦桑尼亚	46.2	947.3	52	27	24.2[v]	540[v]	67.1[v]	1,500[v]	6.4[v]	3.3[v]
泰国	69.5	513.1	136	34	308.3	4,440	581.4	8,360	0.1	−0.5
东帝汶	1.2	14.9	79	28	3.1	2,730	5.9[a]	5,200[a]	10.6	7.5
多哥	6.2	56.8	113	38	3.5	570	6.4	1,040	4.9	2.7
汤加	0.1	0.8	145	24	0.4	3,820	0.5[a]	5,000[a]	4.9	4.5
特立尼达和多巴哥	1.3	5.1	262	14	21.3	15,840	32.7[a]	24,350[a]	−4.1	−4.4
突尼斯	10.7	163.6	69	66	42.9	4,020[d]	96.0	8,990	−2.0	−3.1
土耳其	73.6	783.6	96	71	766.6	10,410	1,247.3	16,940	8.5	7.2
土库曼斯坦	5.1	488.1	11	49	24.5	4,800	44.3[a]	8,690[a]	14.7	13.3
特克斯和凯科斯群岛	0.0[g]	1.0	41	94	..	..[c]	..	..	..	..
图瓦卢	0.0[g]	0.0[e]	328	51	0.0	4,950	..	..	1.2	1.0
乌干达	34.5	241.6	173	16	17.5	510	45.3	1,310	6.7	3.3
乌克兰	45.7	603.6	79	69	142.9	3,130	321.9	7,040	5.2	5.6
阿拉伯联合酋长国	7.9	83.6	94	84	321.7	40,760	377.9	47,890	4.9	−0.1
英国	62.7	243.6	259	80	2,370.4	37,780	2,255.9	35,950	0.8	0.0
美国	311.6	9,831.5	34	82	15,148.2	48,620	15,211.3	48,820	1.7	1.0
乌拉圭	3.4	176.2	19	93	40.0	11,860	49.3	14,640	5.7	5.3
乌兹别克斯坦	29.3	447.4	69	36	44.2	1,510	100.3[a]	3,420[a]	8.3	5.4
瓦努阿图	0.2	12.2	20	25	0.7	2,730	1.1[a]	4,330[a]	1.4	−1.0
委内瑞拉	29.3	912.1	33	94	346.1	11,820	363.9	12,430	4.2	2.6
越南	87.8	331.1	283	31	111.1	1,270	285.5	3,250	5.9	4.8
美属维尔京群岛	0.1	0.4	313	95	..	..[c]	..	..	..	..
西岸和加沙	3.9	6.0	652	74	..	..[q]	..	..	..	..
也门共和国	24.8	528.0	47	32	26.4	1,070	53.7	2,170	−10.5	−13.2
赞比亚	13.5	752.6	18	39	15.7	1,160	20.1	1,490	6.5	2.1
津巴布韦	12.8	390.8	33	39	8.4	660	..	..	9.4	7.8
全世界	6,974.2[s]	134,269.2[s]	54[w]	52[w]	66,354.3[t]	9,514[w]	80,624.2[t]	11,560[w]	2.7[w]	1.6[w]
低收入国家	816.8	16,582.1	51	28	466.0	571	1,125.4	1,378	6.0	3.7
中等收入国家	5,022.4	81,875.7	63	50	20,835.4	4,149	36,311.9	7,230	6.3	5.2
中低收入国家	2,532.7	20,841.9	126	39	4,488.5	1,772	9,719.0	3,837	5.5	3.9
中高收入国家	2,489.7	61,033.8	42	61	16,340.5	6,563	26,646.2	10,703	6.6	5.9
低收入和中等收入国家	5,839.2	98,457.7	61	47	21,324.4	3,652	37,436.4	6,411	6.3	5.0
东亚和太平洋地区	1,974.2	16,301.7	125	49	8,387.3	4,248	14,344.6	7,266	8.3	7.6
欧洲和中亚	408.1	23,613.7	18	65	3,156.6	7,734	5,845.7	14,323	5.9	5.4
拉丁美洲和加勒比地区	589.0	20,393.6	29	79	5,050.3	8,574	6,822.0	11,582	4.7	3.6
中东和北非	336.5	8,775.4	39	59	1,279.5	3,866	2,619.2	8,052	0.2	2.4
南亚	1,656.5	5,131.1	347	31	2,174.5	1,313	5,523.5	3,335	6.1	4.6
撒哈拉以南非洲地区	874.8	24,242.3	37	37	1,100.8	1,258	1,946.2	2,225	4.7	2.1
高收入国家	1,135.0	35,811.5	33	81	45,242.5	39,861	43,724.5	38,523	1.5	0.9
欧元区	332.9	2,628.4	131	76	12,871.5	38,661	11,735.7	35,250	1.5	1.2

a. 这一估计以回归法为基础；其他按2005年国际比较项目的基准估计数推断。b. 估计为中高收入经济体（4,036—12,475美元）。c. 估计为高收入经济体（12,476美元及其以上）。d. 包括在基于早期数据的中高收入经济体的合计数中。e. 大于0，但小于50。f. 数据为塞浦路斯政府控制地区的数据。g. 大于0，但小于50,000。h. 不包括阿布哈兹和南奥塞梯。i. 指没有冰雪覆盖的地区。j. 大于0，但小于0.5。k. 估计为低收入经济体（1,025美元及其以下）。l. 包括在基于早期数据的低收入经济体的合计数中。m. 不包括德涅斯特河沿岸地区。n. 包括前西班牙的撒哈拉地区。o. 包括在基于早期数据的高收入经济体的合计数中。p. 临时估计。q. 估计为中低收入经济体（1,026—4,035美元）。r. 不包括南苏丹。s. 可获得数据的总数（见统计方法）。t. 缺失数据是估算的（见统计方法）。u. 2011年7月9日之后，不再包括南苏丹。v. 仅仅为坦桑尼亚大陆的数据。w. 加权平均数（见统计方法）。

关于数据

人口、土地面积、收入（由国民收入总值衡量，GNI）和产出（由国内生产总值衡量，GDP）是衡量一个经济体规模的基本指标。它们也大致象征了实际和潜在的资源，因此，它们常被用于《世界发展指标》其他指标的标准化。

人口

人口估计通常基于各国人口普查。人口普查前后年份的人口可根据人口统计学模型，使用插入法或外推法进行估计。即便在高收入国家，误差和遗漏也会发生，而在发展中国家，由交通、通讯和其他赖以进行普查和分析所需的资源不足造成的局限所导致的误差可能是巨大的。

官方人口统计数据的质量和可靠性也受到多种因素，如公众对政府的信任度，政府统计全面性和准确性情况，为防止滥用普查数据采取的保密及保护，普查机构独立不受政治干扰等的影响。此外，由于概念、定义、采集程序以及国家统计机构和其他组织估计方法上的差异，各国人口指标的可比性存在着限制。

表中的 214 个经济体中，有 180 个（约 86%）进行了 2000 年段（1995—2004 年）的人口普查。截至 2012 年 1 月，已有 141 个国家完成了 2010 年段（2005—2014 年）的人口普查。人口普查的时效性以及调查或登记系统补充数据的可用性是衡量人口统计数据质量的重要指标。有关最新人口普查或调查年份及登记完备性的信息，请参阅“基本数据文献”。在未进行人口普查的情况下，一些欧洲国家的登记系统提供了较完整的人口信息。

对于缺乏近期普查数据和普查前后人口估计数据的发展中国家，其人口估计数据由联合国人口署和其他机构提供。人口变动要素合成法——估计和预测人口的标准方法——需要生育率、死亡率和净迁移数据，这些数据往往来自抽样调查，其样本的覆盖率可能较小或者比较有限。人口估计来源于人口统计模型，因而容易受到模型缺陷和数据偏差及错误的影响。由于使用的数据及年龄组均基于 5 年区段，由插入法获得的年度数据或单一年龄结构可能无法反映实际事件或年龄构成。

地表面积

经济体的地表面积包含了内陆地区的水域及某些沿海水域。因此，地表面积不同于土地面积（土地面积不包括水体），也区别于总面积（其中可能包括近海海域）。土地面积对理解经济体的农业生产力和人类活动对环境的影响特别重要。卫星定位、计算机数据库的革新使得对土地和水域的测量更为精确。

城市人口

一直没有一致和公认的标准来区分城市与农村地区，其中部分原因是由于各国情况存在差异。大多数国家根据定居点的规模和特征来判别城市。一些国家是基于现有的特定基础设施及服务来定义城市地区。而其他国家的城市地区则是根据行政安排指定的。因为表格中的估计值是基于各国对城市或大都市的定义生成的，因此，不同国家横向比较时应当谨慎。为估计城市人口总量，将使用从联合国获得的城市人口占总人口的比例数据乘以世界银行对总人口数的估计。

经济规模

GNI 的测算，包括了居民申报的国内和国外居民收入的增加值。GNI 由 GDP 加上来源于非居民主营收入净值（员工薪资和财产收入）组成。GDP 是经济中全体居民产出的总增加值加上未包含在产出估值中的全部产品税（减去补贴）的总量。GNI 的计算无需扣除生产性资产的折旧及天然资源的耗竭和退化。增加值是加总所有的产出再减去中间投入后的工业净产值。增加值的产业起源由国际标准产业分类修订 3 确定。世界银行使用美元计价的 GNI 人均数据，以便将国家分类分析并确定其借款资格。查询《世界发展指标》中对收入群体的定义，请参阅“使用指南”。

将各国货币计价的 GNI 数据换算为美元计价的 GNI 时，遵循世界银行图表集法，使用三年平均汇率以消除短期汇率波动的影响（世界银行图表集法的进一步讨论，见“统计方法”）。

由于汇率并不能完全反映不同国家之间价格水平的差异，该表也使用购买力平价（PPP）将国民总收入和人均国民总收入折合成国际美元计价。PPP 提供了便于比较不同国家之间实际支出水平的标准方法，正如传统的价格指数便于不同时期实际值的比较。

PPP 的计算是通过同时比较大量国家之间相似商品和服务的价格来进行的。国际比较项目（ICP）2005 年组织的最新一轮价格调查共有 146 个国家和地区参加，其中中国是首次参加，印度也是自 1985 年以来首次参加，几乎所有的非洲国家也参与其中。表中给出的 PPP 折算系数有三个来源。47 个高收入和中高收入国家的折算系数由欧盟统计局和经济合作与发展组织（OECD）提供；这些国家的 PPP 估计值纳入自 2005 年起收集的新价格数据之中。对其余 2005 年 ICP 国家的 PPP 估计，则是由 2005 年的 ICP 基准结果外推而得的，ICP 基准是指各经济体与美国之间的相对价格变化。对于没有参加 2005 年 ICP 的国家，其 PPP 估计值则是使用统计模型估算而得。关于 2005 年 ICP 结果的更多信息可查询 www. worldbank. org/data/icp。

GDP 增长率及人均 GDP 的计算使用了最小二乘法及本币计量的不变价格数据。地区间和不同收入群体的增长率则使用美元计量的不变价格数据进行核算。表中的增长率为年度平均值。增长率的计算方法可参见“统计方法”中的描述。

定义

人口是基于人口的实际定义，其中包括全部居民，无论其是否具有法律地位或公民身份，但不包括不会永久定居在避难国的难民，一般认为他们是其来源国的人口。表中显示的数值是年中估计值。**地表面积**是指一个国家的总面积，包括内陆地区的水域和一些沿海水域。**人口密度**是年中的人口数除以土地面积。**城市人口**为各国认定并已向联合国报告为城市地区的年中人口。**图表集法换算的国民总收入**是指全部居民厂商的产出增加值加上未包含在产值中的产品税（减掉补贴）加上境外所获得的净收入（雇员薪资和财产收入）总额。数据以世界银行图表集法（见“统计方法”）折合为以当前美元计量值。**购买力平价换算的国民总收入**是将GNI以购买力平价折算为以国际美元计量的数额。一国际美元对国民总收入的购买力与一美元在美国的购买力相同。**人均国民总收入**是指国民总收入除以年中人口。**国内生产总值**是指所有居民厂商的产品增加值加上全部未包含在产值计算中的产品税（减去补贴）的总额。其增长以本国货币的不变价格计量的GDP数据进行计算。**人均国内生产总值**是将国民生产总值（GDP）除以年中人口数。

数据资料来源

世界银行的人口估计由其发展数据组在人类发展网络，执行人员和国家办事处的帮助下编撰出版。联合国人口署（2011）提供了半数以上国家人口的数据，其中大多数为发展中国家。其他重要的来源包括人口普查报告及其他来自国家统计局的统计出版物；国家机构组织的入户调查、ICF国际（开发数据处理系统）和美国疾病控制和预防中心；欧盟统计局的《人口统计数据》；太平洋共同体统计及人口计划秘书处；以及美国人口普查局的国际数据库。

地表面积和土地面积的数据来自于粮食与农业组织，数据通过向各国家机构发放年度调查问卷并对每年全国农业普查结果进行分析而得。

城市人口占比数据来自于联合国人口署（2010年）。

GNI、人均GNI、GDP增长及人均GDP增长率由世界银行工作人员根据国民账户数据估计而得，国民账户数据则由世界银行工作人员担任经济使节期间收集而得，或源于国家统计局向其他国际组织如OECD的报告。购买力平价折算系数由欧盟统计局/OECD和世界银行的工作人员根据ICP所收集数据估算而得出。

参考文献

Eurostat (Statistical Office of the European Communities). n.d. *Demographic Statistics.* http://epp.eurostat.ec.europa.eu/portal/page/portal/eurostat/home/. Luxembourg.

ICF International. Various years. *Demographic and Health Surveys.* http://www.measuredhs.com. Calverton, MD.

OECD (Organisation for Economic Co-operation and Development). n.d. OECD.StatExtracts database. http://stats.oecd.org/. Paris.

UNAIDS (Joint United Nations Programme on HIV/AIDS). 2012. *Global Report: UNAIDS Report on the Global AIDS Epidemic 2012.* www.unaids.org/en/resources/publications/2012/. Geneva.

United Nations Inter-Agency Group for Child Mortality Estimation. 2012. *Levels and Trends in Child Mortality: Report 2012.* www.childinfo.org/files/Child_Mortality_Report_2012.pdf. New York.

United Nations. 2012. *The Millennium Development Goals Report 2012.* New York.

United Nations Population Division. 2010. *World Urbanization Prospects: The 2009 Revision.* New York: United Nations, Department of Economic and Social Affairs.

———. 2011. *World Population Prospects: The 2010 Revision.* New York: United Nations, Department of Economic and Social Affairs.

World Bank. 2011. *The Changing Wealth of Nations: Measuring Sustainable Development for the New Millennium.* Washington, DC.

———. n.d. PovcalNet online database. http://iresearch.worldbank.org/PovcalNet/index.htm

在线数据表和指标

若要获取《世界发展指标》在线数据表，请使用网址 http://wdi.worldbank.org/table/和数据表编号（例如，http://wdi.worldbank.org/table/1.1）。若要查看特定的在线指标，请使用网址 http://data. worldbank.org/indicator/和指标编码（例如，http://data. worldbank.org/Indicator/SP.POP.TOTL）。

1.1 经济规模

人口 ♀♂	SP. POP. TOTL
地表面积	AG. SRF. TOTL. K2
人口密度	EN. POP. DNST
国民总收入，图表集法	NY. GNP. ATLS. CD
人均国民总收入，图表集法	NY. GNP. PCAP. CD
以购买力平价衡量的国民总收入	NY. GNP. MKTP. PP. CD
以购买力平价衡量的人均国民总收入	NY. GNP. PCAP. PP. CD
国内生产总值	NY. GDP. MKTP. KD. ZG
人均国内生产总值	NY. GDP. PCAP. KD. ZG

1.2 千年发展目标：消除贫困和改善生活

最贫困的 1/5 人口在国民消费或收入中所占份额	SI. DST. FRST. 20
脆弱性就业 ♀♂	SL. EMP. VULN. ZS
营养不良和体重不足患病率 ♀♂	SH. STA. MALN. ZS
初等教育毕业率 ♀♂	SE. PRM. CMPT. ZS
小学和中学女生与男生入学比率 ♀♂	SE. ENR. PRSC. FM. ZS
5 岁以下儿童死亡率 ♀♂	SH. DYN. MORT

1.3 千年发展目标：保护我们共同的环境

孕产妇死亡率，模型估计	SH. STA. MMRT
避孕普及率	SP. DYN. CONU. ZS
艾滋病患病率	SH. DYN. AIDS. ZS
肺结核患病数	SH. TBS. INCD
人均二氧化碳排放量	EN. ATM. CO2E. PC
国家陆地和海洋保护区	ER. PTD. TOTL. ZS
使用改善的卫生设施	SH. STA. ACSN
互联网用户数	..[a]

1.4 千年发展目标：克服障碍

本表提供了有关捐赠国提供的净官方发展援助、最不发达国家进入高收入国家市场和重债穷国的债务倡议方面的数据。	..[a]

1.5 发展进程中的女性状况

女性人口 ♀♂	SP. POP. TOTL. FE. ZS
出生时预期寿命，男性 ♀♂	SP. DYN. LE00. MA. IN
出生时预期寿命，女性 ♀♂	SP. DYN. LE00. FE. IN
获得孕期保健的孕妇	SH. STA. ANVC. ZS
青少年母亲	SP. MTR. 1519. ZS
非农业部门中带薪就业的女性	SL. EMP. INSV. FE. ZS
无报酬家庭劳动者，男性 ♀♂	SL. FAM. WORK. MA. ZS
无报酬家庭劳动者，女性 ♀♂	SL. FAM. WORK. FE. ZS
女性非全日制工作者 ♀♂	SL. TLF. PART. TL. FE. ZS
女性法律工作者、高级官员和管理者	SG. GEN. LSOM. ZS
议会中的妇女	SG. GEN. PARL. ZS
女性为首的家庭	SP. HOU. FEMA. ZS

♀♂在《世界发展指标》数据库中，可以获取按性别分类的数据。

a. 可以在线获得数据表的一部分，但不能获得单个指标。

贫困率

	以当地货币计算的国际贫困线		低于国际贫困线的人口[a]									
	1.25美元/天 2005	2美元/天 2005	调查年份[b]	低于1.25美元/天的人口 %	以1.25美元/天衡量的贫困差距 %	低于2美元/天的人口 %	以2美元/天衡量的贫困差距 %	调查年份[b]	低于1.25美元/天的人口 %	低于1.25美元/天的人口 %	低于2美元/天的人口 %	以2美元/天衡量的贫困差距 %
阿尔巴尼亚	75.5	120.8	2005	<2	<0.5	7.9	1.5	2008	<2	<0.5	4.3	0.9
阿尔及利亚	48.4[c]	77.5[c]	1988	7.6	1.2	24.6	6.7	1995	6.8	1.4	23.6	6.5
安哥拉	88.1	141.0		..	..	..	..	2000	54.3	29.9	70.2	42.4
阿根廷	1.7	2.7	2009[d,e]	2.0	1.2	3.4	1.7	2010[d,e]	<2	0.7	<2	0.9
亚美尼亚	245.2	392.4	2008	<2	<0.5	12.4	2.3	2010	2.5	<0.5	19.9	4.0
阿塞拜疆	2,170.9	3,473.5	2001	6.3	1.1	27.1	6.8	2008	<2	<0.5	2.8	0.6
孟加拉国	31.9	51.0	2005	50.5	14.2	80.3	34.3	2010	43.3	11.2	76.5	30.4
白俄罗斯	949.5	1,519.2	2008	<2	<0.5	<2	<0.5	2010	<2	<0.5	<2	<0.5
伯利兹	1.8[c]	2.9[c]	1998[f]	11.3	4.7	26.3	10.0	1999[f]	12.2	5.5	22.0	9.9
贝宁	344.0	550.4		..	..	..	..	2003	47.3	15.7	75.3	33.5
不丹	23.1	36.9	2003	26.2	7.0	49.5	18.8	2007	10.2	1.8	29.8	8.5
玻利维亚	3.2	5.1	2007[e]	13.1	6.6	24.7	10.9	2008[e]	15.6	8.6	24.9	13.1
波斯尼亚—黑塞哥维那	1.1	1.7	2004	<2	<0.5	<2	<0.5	2007	<2	<0.5	<2	<0.5
博茨瓦纳	4.2	6.8	1986	35.6	13.8	54.7	25.8	1994	31.2	11.0	49.4	22.3
巴西	2.0	3.1	2008[f]	6.0	3.4	11.3	5.3	2009[f]	6.1	3.6	10.8	5.4
保加利亚	0.9	1.5	2003	<2	<0.5	<2	<0.5	2007	<2	<0.5	<2	<0.5
布基纳法索	303.0	484.8	2003	56.5	20.3	81.2	39.3	2009	44.6	14.7	72.6	31.7
布隆迪	558.8	894.1	1998	86.4	47.3	95.4	64.1	2006	81.3	36.4	93.5	56.1
柬埔寨	2,019.1	3,230.6	2008	22.8	4.9	53.3	17.4	2009	18.6	3.6	49.5	15.1
喀麦隆	368.1	589.0	2001	10.8	2.3	32.5	9.5	2007	9.6	1.2	30.4	8.2
佛得角	97.7	156.3		..	..	..	..	2002	21.0	6.1	40.9	15.2
中非共和国	384.3	614.9	2003	62.4	28.3	81.9	45.3	2008	62.8	31.3	80.1	46.8
乍得	409.5	655.1		..	..	..	..	2003	61.9	25.6	83.3	43.9
智利	484.2	774.7	2006[f]	<2	0.5	3.2	1.1	2009[f]	<2	0.7	2.7	1.2
中国	5.1[g]	8.2[g]	2008[h]	13.1	3.2	29.8	10.1	2009[h]	11.8	2.8	27.2	9.1
哥伦比亚	1,489.7	2,383.5	2009[f]	9.7	4.7	18.5	8.2	2010[f]	8.2	3.8	15.8	6.8
科摩罗	368.0	588.8		..	..	..	..	2004	46.1	20.8	65.0	34.2
刚果民主共和国	395.3	632.5		..	..	..	..	2006	87.7	52.8	95.2	67.6
刚果共和国	469.5	751.1		..	..	..	..	2005	54.1	22.8	74.4	38.8
哥斯达黎加	348.7[c]	557.9[c]	2008[f]	2.4	1.5	5.0	2.3	2009[f]	3.1	1.8	6.0	2.7
科特迪瓦	407.3	651.6	2002	23.3	6.8	46.8	17.6	2008	23.8	7.5	46.3	17.8
克罗地亚	5.6	8.9	2004	<2	<0.5	<2	<0.5	2008	<2	<0.5	<2	<0.5
捷克共和国	19.0	30.4	1993[e]	<2	<0.5	<2	<0.5	1996[e]	<2	<0.5	<2	<0.5
吉布提	134.8	215.6		..	..	..	..	2002	18.8	5.3	41.2	14.6
多米尼加共和国	25.5[c]	40.8[c]	2009[f]	3.0	0.7	10.0	2.7	2010[f]	2.2	<0.5	9.9	2.4
厄瓜多尔	0.6	1.0	2009[f]	6.4	2.9	13.5	5.5	2010[f]	4.6	2.1	10.6	4.1
埃及	2.5	4.0	2005	2.0	<0.5	18.5	3.5	2008	<2	<0.5	15.4	2.8
萨尔瓦多	6.0[c]	9.6[c]	2008[f]	5.4	1.9	14.0	4.8	2009[f]	9.0	4.4	16.9	7.6
厄立特里亚	11.0	17.7	2003	<2	<0.5	2.6	<0.5	2004	<2	<0.5	<2	0.5
埃塞俄比亚	3.4	5.5	2005	39.0	9.6	77.6	28.9	2011	30.7	8.2	66.0	23.6
斐济	1.9	3.1	2003	29.2	11.3	48.7	21.8	2009	5.9	1.1	22.9	6.0
加蓬	554.7	887.5		..	..	..	..	2005	4.8	0.9	19.6	5.0
冈比亚	12.9	20.7	1998	65.6	33.8	81.2	49.1	2003	29.8	9.8	55.9	24.4
格鲁吉亚	1.0	1.6	2008	15.3	4.6	32.2	11.7	2010	18.0	5.8	35.6	13.7
加纳	5,594.8	8,951.6	1998	39.1	14.4	63.3	28.5	2006	28.6	9.9	51.8	21.3
危地马拉	5.7[c]	9.1[c]	2004[f]	24.4	13.2	39.2	20.2	2006[f]	13.5	4.7	26.3	10.5
几内亚	1,849.5	2,959.1	2003	56.3	21.3	80.8	39.7	2007	43.3	15.0	69.6	31.0

	以当地货币计算的国际贫困线		低于国际贫困线的人口[a]									
	1.25美元/天 2005	2美元/天 2005	调查年份[b]	低于1.25美元/天的人口 %	以1.25美元/天衡量的贫困差距 %	低于2美元/天的人口 %	以2美元/天衡量的贫困差距 %	调查年份[b]	低于1.25美元/天的人口 %	低于1.25美元/天的人口 %	低于2美元/天的人口 %	以2美元/天衡量的贫困差距 %
几内亚比绍	355.3	568.6	1993	52.1	20.6	75.7	37.4	2002	48.9	16.6	78.0	34.9
圭亚那	131.5[c]	210.3[c]	1993[e]	6.9	1.5	17.1	5.4	1998[e]	8.7	2.8	18.0	6.7
海地	24.2[c]	38.7[c]		..	..	..	..	2001	61.7	32.3	77.5	46.7
洪都拉斯	12.1[c]	19.3[c]	2008[f]	21.4	11.8	32.6	17.5	2009[f]	17.9	9.4	29.8	14.9
匈牙利	171.9	275.0	2004	<2	<0.5	<2	<0.5	2007	<2	<0.5	<2	<0.5
印度	19.5[i]	31.2[i]	2005[h]	41.6	10.5	75.6	29.5	2010[h]	32.7	7.5	68.7	24.5
印度尼西亚	5,241.0[i]	8,385.7[i]	2009[h]	20.4	4.1	52.7	16.5	2010[h]	18.1	3.3	46.1	14.3
伊朗	3,393.5	5,429.6	1998	<2	<0.5	8.3	1.8	2005	<2	<0.5	8.0	1.8
伊拉克	799.8	1,279.7		..	..	..	..	2007	2.8	<0.5	21.4	4.4
牙买加	54.2[c]	86.7[c]	2002	<2	<0.5	8.5	1.5	2004	<2	<0.5	5.4	0.8
约旦	0.6	1.0	2008	<2	<0.5	2.1	<0.5	2010	<2	<0.5	<2	<0.5
哈萨克斯坦	81.2	129.9	2008	<2	<0.5	<2	<0.5	2009	<2	<0.5	<2	<0.5
肯尼亚	40.9	65.4	1997	19.6	4.6	42.7	14.7	2005	43.4	16.9	67.2	31.8
吉尔吉斯共和国	16.2	26.0	2009	6.2	1.4	21.7	6.0	2010	6.7	1.5	22.9	6.4
老挝	4,677.0	7,483.2	2002	44.0	12.1	76.9	31.1	2008	33.9	9.0	66.0	24.8
拉脱维亚	0.4	0.7	2008	<2	<0.5	<2	<0.5	2009	<2	<0.5	<2	<0.5
莱索托	4.3	6.9	1994	46.2	25.6	59.7	36.1	2003	43.4	20.8	62.3	33.1
利比里亚	0.6	1.0		..	..	..	..	2007	83.8	40.9	94.9	59.6
立陶宛	2.1	3.3	2004	<2	<0.5	<2	0.5	2008	<2	<0.5	<2	<0.5
前南斯拉夫马其顿共和国	29.5	47.2	2009	<2	<0.5	5.9	0.9	2010	<2	<0.5	6.9	1.2
马达加斯加	945.5	1,512.8	2005	67.8	26.5	89.6	46.9	2010	81.3	43.3	92.6	60.1
马拉维	71.2	113.8	1998	83.1	46.0	93.5	62.3	2004	73.9	32.3	90.5	51.8
马来西亚	2.6	4.2	2007[e]	<2	<0.5	2.9	<0.5	2009[e]	<2	<0.5	2.3	<0.5
马尔代夫	358.3	573.5		..	..	..	..	2004	<2	<0.5	12.2	2.5
马里	362.1	579.4	2006	51.4	18.8	77.1	36.5	2010	50.4	16.4	78.7	35.2
毛里塔尼亚	157.1	251.3	2004	25.4	7.0	52.6	19.2	2008	23.4	6.8	47.7	17.7
墨西哥	9.6	15.3	2008	<2	<0.5	5.2	1.3	2010	<2	<0.5	4.5	1.0
密克罗尼西亚联邦	0.8[c]	1.3[c]		..	..	..	..	2000[d]	31.2	16.3	44.7	24.5
摩尔多瓦	6.0	9.7	2009	<2	<0.5	7.1	1.2	2010	<2	<0.5	4.4	0.7
蒙古	0.6	1.0	2008	<2	<0.5	<2	<0.5	2010	<2	<0.5	<2	<0.5
摩洛哥	6.9	11.0	2001	6.3	0.9	24.3	6.3	2007	2.5	0.5	14.0	3.2
莫桑比克	14,532.1	23,251.4	2003	74.7	35.4	90.0	53.6	2008	59.6	25.1	81.8	42.9
纳米比亚	6.3	10.1	1993[e]	49.1	24.6	62.2	36.5	2004[e]	31.9	9.5	51.1	21.8
尼泊尔	33.1	52.9	2003	53.1	18.4	77.3	36.6	2010	24.8	5.6	57.3	19.0
尼加拉瓜	9.1[c]	14.6[c]	2001[e]	14.4	3.7	34.4	11.5	2005[e]	11.9	2.4	31.7	9.6
尼日尔	334.2	534.7	2005	50.2	18.3	75.3	35.6	2008	43.6	12.4	75.2	30.8
尼日利亚	98.2	157.2	2004	63.1	28.7	83.1	45.9	2010	68.0	33.7	84.5	50.2
巴基斯坦	25.9	41.4	2006	22.6	4.1	61.0	18.8	2008	21.0	3.5	60.2	17.9
巴拿马	0.8[c]	1.2[c]	2009[f]	5.9	1.8	14.6	4.9	2010[f]	6.6	2.1	13.8	5.1
巴布亚新几内亚	2.1[c]	3.4[c]		..	..	..	..	1996	35.8	12.3	57.4	25.5
巴拉圭	2,659.7	4,255.6	2009[f]	7.6	3.2	14.2	6.0	2010[f]	7.2	3.0	13.2	5.7
秘鲁	2.1	3.3	2009[f]	5.5	1.6	14.0	4.6	2010[f]	4.9	1.3	12.7	4.1
菲律宾	30.2	48.4	2006	22.6	5.5	45.0	16.4	2009	18.4	3.7	41.5	13.8
波兰	2.7	4.3	2009	<2	<0.5	<2	<0.5	2010	<2	<0.5	<2	<0.5
罗马尼亚	2.1	3.4	2009	<2	<0.5	<2	0.5	2010	<2	<0.5	<2	<0.5
俄罗斯	16.7	26.8	2008	<2	<0.5	<2	<0.5	2009	<2	<0.5	<2	<0.5
卢旺达	295.9	473.5	2006	72.1	34.8	87.4	52.2	2011	63.2	26.6	82.4	44.6

贫困率

	以当地货币计算的国际贫困线		低于国际贫困线的人口[a]									
	1.25美元/天 2005	2美元/天 2005	调查年份[b]	低于1.25美元/天的人口 %	以1.25美元/天衡量的贫困差距 %	低于2美元/天的人口 %	以2美元/天衡量的贫困差距 %	调查年份[b]	低于1.25美元/天的人口 %	低于1.25美元/天的人口 %	低于2美元/天的人口 %	以2美元/天衡量的贫困差距 %
圣多美和普林西比	7,953.9	12,726.3		..	..	..	..	2001	28.2	7.9	54.2	20.6
塞内加尔	372.8	596.5	2005	33.5	10.8	60.4	24.7	2011	29.6	9.1	55.2	21.9
塞尔维亚	42.9	68.6	2009	<2	<0.5	<2	<0.5	2010	<2	<0.5	<2	<0.5
塞舌尔	5.6[c]	9.0[c]	2000	<2	<0.5	<2	<0.5	2007	<2	<0.5	<2	<0.5
塞拉利昂	1,745.3	2,792.4	1990	62.8	44.8	75.0	54.0	2003	53.4	20.3	76.1	37.5
斯洛伐克	23.5	37.7	2008[e]	<2	<0.5	<2	<0.5	2009[e]	<2	<0.5	<2	<0.5
斯洛文尼亚	198.2	317.2	2003	<2	<0.5	<2	<0.5	2004	<2	<0.5	<2	<0.5
南非	5.7	9.1	2006	17.4	3.3	35.7	12.3	2009	13.8	2.3	31.3	10.2
斯里兰卡	50.0	80.1	2007	7.0	1.0	29.1	7.4	2010	4.1	0.7	23.9	5.4
圣卢西亚	2.4[c]	3.8[c]		..	..	..	..	1995	20.9	7.2	40.6	15.5
苏丹	154.4	247.0		..	..	..	..	2009	19.8	5.5	44.1	15.4
苏里南	2.3[c]	3.7[c]		..	..	..	..	1999	15.5	5.9	27.2	11.7
斯威士兰	4.7	7.5	2001	62.9	29.4	81.0	45.8	2010	40.6	16.0	60.4	29.3
叙利亚	30.8	49.3		..	..	..	..	2004	<2	<0.5	16.9	3.3
塔吉克斯坦	1.2	1.9	2007	14.7	4.4	37.0	12.2	2009	6.6	1.2	27.7	7.0
坦桑尼亚	603.1	964.9	2000	84.6	41.6	95.3	60.3	2007	67.9	28.1	87.9	47.5
泰国	21.8	34.9	2009[j]	<2	<0.5	4.6	0.8	2010[j]	<2	<0.5	4.1	0.7
多哥	352.8	564.5	2006	38.7	11.4	69.3	27.9	2011	28.2	8.8	52.7	20.9
特立尼达和多巴哥	5.8[c]	9.2[c]	1988[e]	<2	<0.5	8.6	1.9	1992[e]	4.2	1.1	13.5	3.9
突尼斯	0.9	1.4	2005	<2	<0.5	8.1	1.8	2010	<2	<0.5	4.3	1.1
土耳其	1.3	2.0	2008	<2	<0.5	4.2	0.7	2010	<2	<0.5	4.7	1.4
土库曼斯坦	5,961.1[c]	9,537.7[c]	1993[e]	63.5	25.8	85.7	44.9	1998[e]	24.8	7.0	49.7	18.4
乌干达	930.8	1,489.2	2006	51.5	19.1	75.6	36.4	2009	38.0	12.2	64.7	27.4
乌克兰	2.1	3.4	2009	<2	<0.5	<2	<0.5	2010	<2	<0.5	<2	<0.5
乌拉圭	19.1	30.6	2009[f]	<2	<0.5	<2	<0.5	2010[f]	<2	<0.5	<2	<0.5
委内瑞拉	1,563.9	2,502.2	2005[f]	13.4	8.2	21.9	11.6	2006[f]	6.6	3.7	12.9	5.9
越南	7,399.9	11,839.8	2006	21.4	5.3	48.1	16.3	2008	16.9	3.8	43.4	13.5
西岸和加沙	2.7[c]	4.3[c]	2007	<2	<0.5	2.5	0.5	2009	<2	<0.5	<2	<0.5
也门	113.8	182.1	1998	12.9	3.0	36.4	11.1	2005	17.5	4.2	46.6	14.8
赞比亚	3,537.9	5,660.7	2004	64.3	32.8	81.5	48.3	2006	68.5	37.0	82.6	51.8

a. 基于名义人均消费平均值和从家庭调查数据估计得出的分配数据，除非另有说明。b. 指收集基础家庭调查数据的年份；假如收集数据的时期横跨两个日历年份，将公布收集大多数数据的年份。c. 基于使用回归加以估算的经购买力平价转换的美元。d. 只包括城市地区。e. 基于人均收入平均值和从家庭调查数据估计得出的分配数据。f. 利用以逐家记录的家庭调查数据为基础的人均名义收入分布进行的非参数估计。g. 基于城市价格的购买力平价的换算系数。h. 以人口为权重的城市和农村估计值的加权平均值。i. 基于基准国家购买力平价估计值，然后根据城市和农村地区的生活成本差异进行调整。j. 利用以逐家记录的家庭调查数据为基础的人均名义消费分布进行的非参数估计。

按地区划分的贫困指标走势，1990—2015年

地区	1990	1993	1996	1999	2002	2005	2008	2010临时值	2015预测值	趋势，1990–2010年
每天生活费用不足1.25美元的人口份额(经购买力平价换算的2005年美元，%)										
东亚和太平洋地区	56.2	50.7	35.9	35.6	27.6	17.1	14.3	12.5	5.5	
欧洲和中亚	1.9	2.9	3.9	3.8	2.3	1.3	0.5	0.7	0.4	
拉丁美洲和加勒比地区	12.2	11.4	11.1	11.9	11.9	8.7	6.5	5.5	4.9	
中东和北非	5.8	4.8	4.8	5.0	4.2	3.5	2.7	2.4	2.6	
南亚	53.8	51.7	48.6	45.1	44.3	39.4	36.0	31.0	23.2	
撒哈拉以南非洲地区	56.5	59.4	58.1	57.9	55.7	52.3	49.2	48.5	42.3	
总计	**43.1**	**41.0**	**34.8**	**34.1**	**30.8**	**25.1**	**22.7**	**20.6**	**15.5**	
每天生活费用不足1.25美元的人口数量(经购买力平价换算的2005年美元，百万)										
东亚和太平洋地区	926	871	640	656	523	332	284	251	115	
欧洲和中亚	9	14	18	18	11	6	2	3	2	
拉丁美洲和加勒比地区	53	53	54	60	63	48	37	32	30	
中东和北非	13	12	12	14	12	10	9	8	9	
南亚	617	632	631	619	640	598	571	507	406	
撒哈拉以南非洲地区	290	330	349	376	390	395	399	414	408	
总计	**1,908**	**1,910**	**1,704**	**1,743**	**1,639**	**1,389**	**1,302**	**1,215**	**970**	
每天生活费用不足1.25美元的人口地区分布(占每天生活费用不足1.25美元的人口总数的百分比)										
东亚和太平洋地区	48.5	45.6	37.6	37.6	31.9	23.9	21.8	20.7	11.8	
欧洲和中亚	0.5	0.7	1.1	1.0	0.6	0.5	0.2	0.3	0.2	
拉丁美洲和加勒比地区	2.8	2.7	3.1	3.4	3.8	3.4	2.9	2.7	3.1	
中东和北非	0.7	0.6	0.7	0.8	0.7	0.8	0.7	0.7	1.0	
南亚	32.3	33.1	37.0	35.5	39.1	43.1	43.8	41.7	41.9	
撒哈拉以南非洲地区	15.2	17.3	20.5	21.6	23.8	28.4	30.7	34.1	42.1	
每天生活费用不足1.25美元的人口的平均日消费或收入(经购买力平价换算的2005年美元)										
东亚和太平洋地区	0.83	0.85	0.89	0.87	0.89	0.95	0.95	0.97	..	
欧洲和中亚	0.90	0.90	0.91	0.92	0.93	0.88	0.88	0.85	..	
拉丁美洲和加勒比地区	0.71	0.69	0.68	0.67	0.65	0.63	0.62	0.60	..	
中东和北非	1.02	1.02	1.01	1.01	1.01	0.99	0.97	0.96	..	
南亚	0.88	0.89	0.91	0.91	0.92	0.94	0.95	0.96	..	
撒哈拉以南非洲地区	0.69	0.68	0.69	0.69	0.70	0.71	0.71	0.71	..	
总计	**0.82**	**0.83**	**0.85**	**0.84**	**0.85**	**0.87**	**0.87**	**0.87**	**..**	
调查范围(占基本调查数据代表的总人口的百分比)										
东亚和太平洋地区	92.4	93.3	93.7	93.4	93.5	93.2	93.6	93.5	..	
欧洲和中亚	81.5	87.3	97.1	93.9	96.3	94.7	89.9	85.3	..	
拉丁美洲和加勒比地区	94.9	91.8	95.9	97.7	97.5	95.9	94.5	86.9	..	
中东和北非	76.8	65.3	81.7	70.0	21.5	85.7	46.7	30.8	..	
南亚	96.5	98.2	98.1	20.1	98.0	98.0	97.9	94.5	..	
撒哈拉以南非洲地区	46.0	68.8	68.0	53.1	65.7	82.7	81.7	64.1	..	
总计	**86.4**	**89.4**	**91.6**	**68.2**	**87.8**	**93.0**	**90.2**	**84.7**	**..**	

资料来源：世界银行 PovcalNet 数据库。

贫困率

关于数据

世界银行利用22国住户调查数据（Ravallion、Datt和van de Walle，1991）在《1990年世界发展报告：贫困》（世界银行，1990）中，首次对发展中国家的全球贫困状况做出估计。自此，开展家庭收入和支出调查的国家数量大幅增加。世界银行发展研究小组建立了一个数据库，并定期更新，使新的调查数据能及时入库（这样便于对表中未包含未纳入表格的近期数据或修订数据），并大约每三年对消除贫穷的进程进行一次重大评估。

今年的数据库已在更新时加入了2010年全球和区域的极端贫困估计值，由于近年来（2008—2012年）有效的住户调查数据覆盖率较低，故此估计为暂定值。2015年贫困率的预测以2010年临时估计值为基准，并假定家庭平均收入或消费将随着今年《全球监测报告》（世界银行，2013）中的总体经济预测同步增加，但各国内部仍将保持不平衡的情况。这种方法最早在《全球经济展望》（世界银行，2000）中得以应用并描述出来。对生活在极端贫困中的人口的估计基于世界银行HealthStats数据库（http：//datatopics. worldbank. org/hnp）。

PovcalNet（http：//iresearch. worldbank. org/PovcalNet）是一种交互式计算工具，允许用户复制这些具有国际可比性的每天1.25美元和2美元的全球、区域和国家层面的贫困估计数据，并计算传统国家组别在不同贫困基准线下的贫困程度。贫困及公平数据门户网站（http：//povertydata. worldbank. org/poverty/home）提供了数据库访问链接，配有易操作导航，并附带图表及直观反映不同地区和国家贫困及不平等主要指标的交互式趋势图。国家导航显示了基于国家贫困线的贫困程度的趋势（在线数据表2.7），并在表格中反映了具有国际可比性的估计值，这些均由PovalNet生成，并与之保持一致。

数据的获得

世界银行国际比较贫困监测数据库中使用收入或消费详细数据，这些数据由近130个国家和地区的国家统计局经850多次住户统计调查，收集123万份随机抽样数据而得。尽管监测贫困的工作在过去十年里取得了进展，但是仍然存在着挑战。住户调查的及时性、频率、质量和可比性仍需大幅提高，特别是在最贫困国家中。一些脆弱环境下的小国以及低收入国家甚至中等收入国家的贫困监测数据仍然较难获得，质量也仍然很低。

一些国家提供数据的频率较低且缺乏可比性，导致扶贫规模无法确定。贫困指标的趋势表对在基准年或在之前和随后两年（换句话说，在一个以基准年为中心，为期五年的观测窗口）期间收集的以家庭调查样本为代表的区域和全球人口的百分比做出了报告。在撒哈拉以南非洲地区、中东和北非地区，数据的覆盖面仍然较低且一直在变化。贫困监测住户调查项目的进程显然亟需推进。但体制、政治及财政方面的障碍仍在限制着数据的采集、分析和查阅。

数据质量

除了数据调查的频率和及时性之外，衡量家庭生活标准时，数据的质量也存在着其他问题。调查对收入来源以及如何花销的问题进行了详细的询问，这些必须由受过培训的人员详细记录。一般来说，收入比较难以精确测量，而消费则更贴近生活水平的情况。尽管收入会随时间而变化，但生活水平则并不一定亦然。但消费数据并不一定能够获取：本书报告的最新估计值中仅使用了约2/3国家的消费数据。

然而，即使是相似的调查，也会因为时间、抽样框，或统计员的水平及培训存在差异而不具有严格的可比性。对不同发展水平国家的比较，也会由于非市场商品消费的相对重要性存在差异而构成潜在的问题。以当地市场价值计算的全部实物消费（包括自产的，尤其是在欠发达地区的农村经济中特别重要）应包括在总消费支出中，但可能并没未被包括其中。目前大多数调查数据包括对自产产品的消费或收入估值，但估值方法却不尽相同。

本书的统计报告基于消费数据，当消费数据无法获得时则基于收入数据。对其中相同调查中两种数据均可获得的约20个国家进行分析，发现收入的均值比消费要高，但也存在着更高的不均等情况。对基于消费和收入的贫困估计进行比较，这两种效应大致相互抵消：不存在显著的统计学差异。

总会有一些样本住户没有参与调查，因为他们拒绝参与或者因为无人在家接受调查。这被称为“单位无应答”，区别于“项目无应答”。项目无应答是指样本中有些受访者拒绝回答特定的问题，如有关收入或消费的问题。只要调查中的无应答是随机的，就无需考虑调查基础上推论的偏误，样本仍能代表总人口。然而，不同收入的家庭不一定做出同样回应。富裕的家庭可能由于较高的时间机会成本或担心干扰其工作而不参加。同样，贫穷家庭的也很有可能未被充分代表；有一些无家可归或流浪者及普通家庭调查设计中难以接触到的人群，还有一些可能在肉体上或精神上被隔离的家庭也不太可能接受采访。如果不进行校正，这些可能导致对贫困及不平等的调研出现偏误（Korinek、Mistiaen和Ravallion，2007）。

国际贫困线

对贫困估计的国际性比较涉及概念和实际两方面的问题。各国对贫困有不同的定义，因而一致性跨国比较很困难。在富裕国家，当地的贫困线往往有较高的购买力，它们使用比贫困国家更慷慨的标准。基于国际贫困线的贫困估计试图保持各国间实际贫困线的一致，如同对时间序列进行比较时采取的做法。自《1990年世界发展报告》以后，世界银行旨在使用一套通用的标准来衡量极端贫困，并以世界上最贫困国家对贫困的定义作为基准锚。不同国家人民的福利可通过调整货币的购买力，在同一规模上进行测量。通常使用的以1985年国际价格计量并使用购买力平价调整为当地货币进而每天1美元的标准，被《1990年世界发展报告》选用，因为它当时是典型的低收入国所选择的贫困线。早期版本的《世界发展指标》使用宾夕法尼亚大学世界表格中的购买力平价，将本币计量的价值折算为具有同等购买力的美元计量。后期的版本则使用由世界银行估算的1993年消费购买力平价估计值进行折算。

国际贫困线进行了最新修订，新采用的购买力平价数据来自2005年轮次的国际比较项目，编制中还使用了扩展的家庭收入及支出的调查数据。新的极端贫困线为每天1.25美元（以2005年购买力平价计算），代表了15个最贫困国人均消费的均值。新的贫困线沿用了极度贫困的标准——世界上最贫困国的代表性贫困线——但使用发展中国家生活成本的最新信息对其进行了更新。由于购买力平价汇率考虑了当地未参与国际贸易的商品和服务的价格，因而对全球贫困进行估计时使用了购买力平价汇率。但购买力平价汇率是为比较国民账户总额而设计的，而并非用以进行国际贫困的比较。因而，还不能确定国际贫困线是否能衡量国家间相同程度的需求或损失。为比较世界上最贫困人群的消费而设计的所谓贫困购买力平价，可能会为比较不同国家的贫困程度提供更好的基础。这些方面的工作正在进行之中。

定义

以当地货币计算的国际贫困线是指以2005年价格计算的每天1.25美元和2.00美元的贫困线标准，并以国际比较项目估计的购买力平价折算因子折合成当地货币进行计量。**调查年份**为基础数据的收集年份，当数据收集横跨两个日历年时，指收集的数据份额较大的一年。**每天生活费用不足1.25美元的人口**和**每天生活费用不足2美元的人口**是指以2005年国际价格计算，每天生活费用不足1.25美元至2美元的人口百分比。由于购买力平价汇率的修订，居民消费价格指数、总福利值、各国贫困率等数据均不能与早期版本中的贫困率进行比较。PovcalNet的在线数据库和工具中包含了最新的具可比性的全部国家时间序列数据。**贫困差距**是与贫困线的差额的均值（非贫困人口记为零），以占贫困线的百分比来表示。这一指标反映了贫困的程度及其发生率。

数据资料来源

贫困估计由世界银行发展研究组组织进行筹划。国际贫困线基于由国家统计局或私人机构在政府或国际机构的监督下进行的全国性代表性家庭调查，并取自政府统计局和世界银行集团的国家部门。关于世界银行最新估计值的数据来源和方法的详细信息，请参阅http://iresearch.worldbank.org/PovcalNet/index.htm。

参考文献

Chen, Shaohua, and Martin Ravallion. 2011. "The Developing World Is Poorer Than We Thought, But No Less Successful in the Fight Against Poverty." *Quarterly Journal of Economics* 125(4): 1577–1625.

Korinek, Anton, Johan A. Mistiaen, and Martin Ravallion. 2007. "An Econometric Method of Correcting for Unit Nonresponse Bias in Surveys." *Journal of Econometrics* 136: 213–35.

Ravallion, Martin, Guarav Datt, and Dominique van de Walle. 1991. "Quantifying Absolute Poverty in the Developing World." *Review of Income and Wealth* 37(4): 345–61.

Ravallion, Martin, Shaohua Chen, and Prem Sangraula. 2009. "Dollar a Day Revisited." *World Bank Economic Review* 23(2): 163–84.

World Bank. 1990. *World Development Report 1990: Poverty.* Washington, D.C.

———. 2000. *Global Economic Prospects and the Developing Countries.* Washington, D.C.

———. 2008. *Poverty Data: A Supplement to World Development Indicators 2008.* Washington, D.C.

———. 2013. *Global Monitoring Report: Rural-Urban Dynamics and the Millennium Development Goals.* Washington, D.C.

人口

本章的指标介绍了全球人口统计趋势和预测，以及教育、医疗卫生、就业、社会保障、贫困等方面的情况。这些指标描绘了一幅立体的人类发展肖像。

本版的数据更新包括2010年全球和区域极端贫困率初值（以每天生活费用不足1.25美元的人口占比为计算标准）。贫困监测数据的可得性、更新频率和质量仍然处于较低水平，部分脆弱的区域、国家和省份情况更糟。虽然随着可获得的国家数据增多，估值可能产生轻微变化，但现在可以清楚地看到：第一项千年发展目标，即在2015年以前削减全球极端贫困率至1990年水平的一半，已经达成。1990年作为千年发展目标的基准年，其极端贫困率为43.1%。而2010年极端贫困率估值已降至20.6%。

除极端贫困率之外，人口这一章还包含了许多其他可以监测千年发展目标完成程度的指标。自联合国于2000年公布千年宣言以后，包括世界银行在内的各个国际组织致力于使用高质量的协同数据监测千年发展目标的完成情况。这些努力既有技术援助，也有财政援助，用来加强国家的统计系统，通过参与联合国千年发展目标指标和若干专题跨机构合作小组的专家组来促进国际合作。这些研讨组将机构中有关问题的专家和优秀的学术专家、当地专家联合在一起。专题跨机构合作，成功地改善了有关儿童死亡率、儿童营养不良以及孕产妇死亡率（这是最具挑战性的计量指标之一）方面的估值。

在2013年版本的人口章节，全球、区域和各收入组别合计的改善儿童营养不良指标由联合国儿童基金会、世界卫生组织、世界银行采用统一的数据集和一致的统计方法来估值。

另一个成果是对监测艾滋病病毒感染率的改善。最初，仅依赖各国自有的监测体系，收集参加产前诊断门诊的孕妇的数据。现在，这个指标的计量方法使用了所有可获得的信息，包括通过全国具有代表性的样本调查得来的血液标本采集数据、衡量抗逆转录病毒疗法和城市化进展情况的模型（见在线数据表2.20中的“关于数据”）。

为了进一步增进对不同国家、不同国家人群之间差异的了解，本章将指标按照地点、国家在社会经济和人口统计学的层面（如性别、年龄、财富五分位数）分类分解。这些数据帮助我们更深入地了解国家内部的差异。2013年版本的新指标包括：按性别划分的五岁以下儿童死亡率、按性别划分的青年劳动力参与率以及来自“世界银行社会保障指标图表集”数据库的众多指标。

要 点

东亚和太平洋地区：不断改善医疗卫生设施和水资源

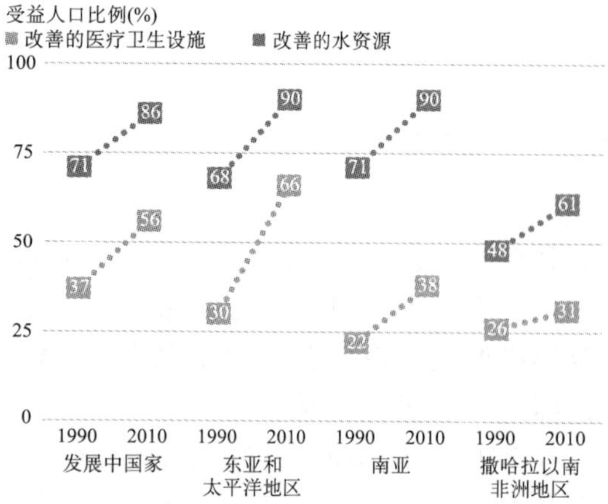

资料来源：在线数据表 2. 16。

在过去的 20 年间，发展中国家中能够受益于不断改善的医疗卫生设施和水资源的人口比例有了实质性提高。东亚和太平洋地区医疗卫生条件改善所惠及的人口比例由 1990 年的 30% 大幅增加至 2010 年的 66%，使其在改善医疗卫生设施和水资源方面所取得的进步高于各国平均水平。南亚在水资源改善方面的进展几乎与东亚和太平洋地区相同，但在改善医疗卫生设施方面的进展仍然较为缓慢。事实上，该地区的进展情况仅略好于撒哈拉以南非洲地区，而后者在过去 20 年中进展相当缓慢。但两个地区在扩大改善水资源惠及面上都取得了一定成果。

欧洲和中亚地区：儿童体重不足患病率的变化

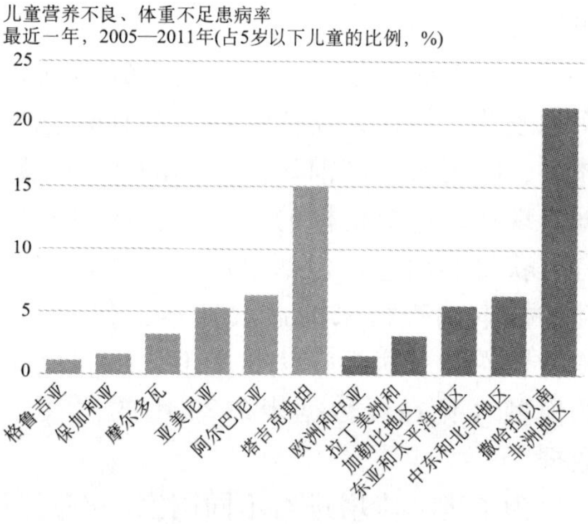

资料来源：在线数据表 2. 18。

儿童营养不良通常与贫困、教育水平低下、缺乏健康服务相关。这增加了儿童死亡的风险，抑制了他们认知的发展，并对其成年时期的健康状况造成不利影响。充足的营养是当前和未来几代人发展、健康和生存的基础。在发展中国家，欧洲和中亚地区儿童体重不足的患病率最低（仅有 1. 5%），但各国之间存在很大差异。摩尔多瓦的儿童患病率为 3. 2%，与拉丁美洲和加勒比地区相似；亚美尼亚的儿童患病率为 5. 3%，与东亚和太平洋地区国家相似；而阿尔巴尼亚的儿童患病率为 6. 3%，与中东和北非国家相似。塔吉克斯坦作为一个低收入国家，儿童患病率最高，达到 15%。

拉丁美洲和加勒比地区：收入不平等水平下降，但仍为世界最高

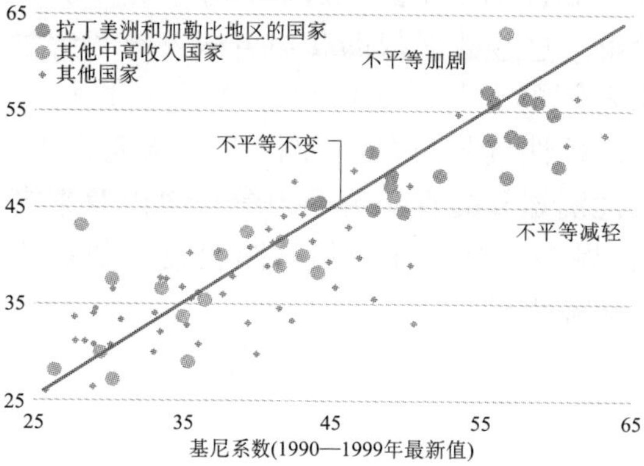

资料来源：在线数据表 2. 18。

基尼系数是判断收入不平等水平的常用指标，用于衡量一个国家人均收入分配情况偏离完全平等分配水平的大小（基尼系数为 0 代表完全平等分配；基尼系数为 100 代表完全不平等分配）。发展中国家在过去 20 年的趋势表明，许多国家已经变得不那么不平等，但该趋势随地区和收入水平不同而变化。在所有中高收入国家中，尽管拉丁美洲和加勒比地区的国家的收入不平等水平明显下降，但仍为世界收入最不平等的地区之一。只有两个中高收入国家和少数中低或更低收入国家的基尼系数高于该地区平均值。

中东和北非地区：许多受过教育的妇女不就业

在中东和北非地区，超过 70% 的女孩受过中学教育（高于大多数发展中国家），但劳动力参与率自 1990 年来就停滞在 20%（低于大多数发展中国家）。劳动力参与率与中学入学率间差距最大的十个国家中有八个国家是位于中东和北非地区。（差距最大的前十个国家中仅有两个不是来自该地区，分别是：哥斯达黎加和斯里兰卡。）这一差距最小的是摩洛哥和也门共和国，但两国的中学入学率是最低的。除妇女是否应该参与经济活动外，妇女在哪里工作以及在什么条件下应该工作的问题也很重要。该地区弱势就业群体中的性别差距也是最大的（见在线数据表 2.4）。

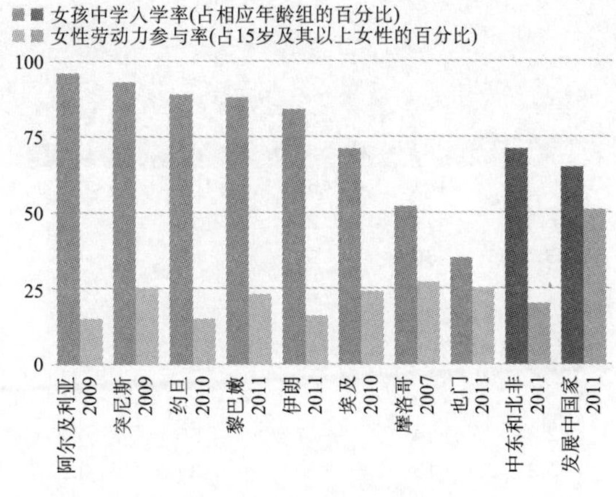

资料来源：在线数据表 2.2 和在线数据表 2.11。

南亚：印度 5 岁以下女孩死亡率高于男孩

5 岁以下女孩与男孩死亡率之比在不同的发展中国家是不同的，但该比率平均为 0.96。在发展中地区中，东亚和太平洋地区国家间该比率存在差异最大。帕劳群岛是一个极端例子，其男孩死亡率比女孩高 2/3。生物学上来讲，男孩比女孩更脆弱，所以 5 岁前男孩死亡率通常高于女孩。这种生物学上的优势可以被某些社会因素逆转，例如，营养和医疗保健的性别不平等、对女性的歧视。印度和所罗门群岛是仅有两个 5 岁以下女孩死亡率高于男孩的发展中国家。在印度，5 岁以前女孩和男孩的死亡率都有所改善，但两者之比自 1990 年来就维持在 1.1 左右。

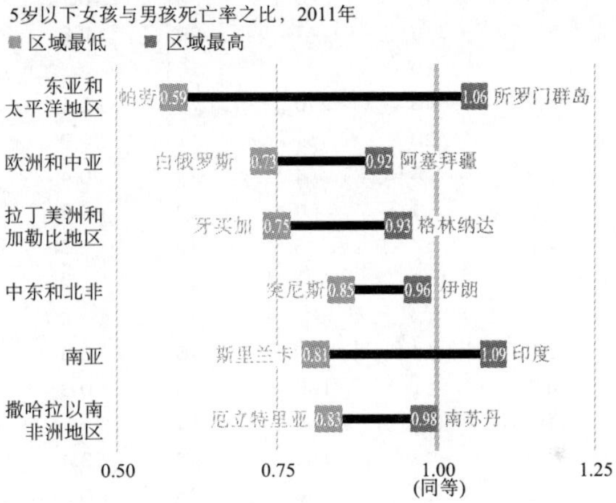

资料来源：在线数据表 2.21。

撒哈拉以南非洲地区：人口转型的方法不同，速度不同

当今撒哈拉以南非洲地区，每 9 个孩子中就有 1 个死于 5 岁之前，而且其人口出生率仍高于其他发展中国家。在过去 40 年中，撒哈拉以南非洲地区国家在人口转型方面有所进展，但各自采用的方法有所不同，速度也存在差别。加蓬的转型进展较快，早在 1980 年其 5 岁以下儿童死亡率和出生率就达到了该地区现在的水平。尼日尔在 1970—1990 年间进展甚微，但 1990 年以后 5 岁以下儿童死亡率和人口出生率迅速下降。1970 年，科特迪瓦死亡率处于平均水平，但出生率过高。直到 1980 年其出生率才快速下降，之后其出生率也很快下降到该地区 2010 年的水平。1970 年，马里 5 岁以下儿童死亡率为各国最高，直到 2010 年才达到了该地区 1990 年的水平。

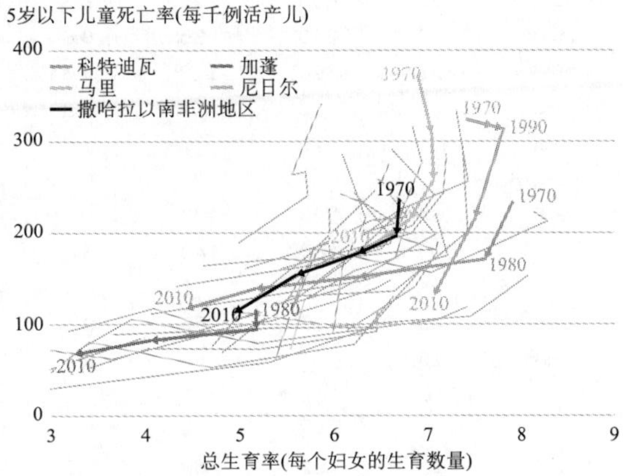

资料来源：在线数据表 2.21。

2 人　口

	儿童营养不良、体重不足患病率 占5岁以下儿童的百分比 2005–2011[a]	5岁以下儿童死亡率 每千例活产儿 2011	孕产妇死亡率 每10万例活产儿（模型估计） 2010	青春期女性生育率 每千名15—19岁少女生育数 2011	艾滋病患病率 占15—49岁人口的百分比 2011	小学毕业率 占相应年龄组的百分比 2011	青年识字率 占15—24岁人口的百分比 2005–2011[a]	劳动力参与率 占15岁及其以上人口的百分比 2011	脆弱性就业 无报酬家庭劳动者和自营工作者占总就业的百分比 2007–2011[a]	失业 占总劳动力的百分比 2007–2011[a]	女性法律工作者、高级官员和管理者 占总数的百分比 2007–2011[a]
阿富汗	..	101	460	103	<0.1	..	..	49	..	..	..
阿尔巴尼亚	6.3	14	27	16	..	..	99	60	..	13.8	..
阿尔及利亚	3.7	30	97	6	..	94	92	44	..	10.0	..
美属萨摩亚群岛	..	..	..	..	..	..	..	..	..	..	..
安道尔	..	3	..	..	..	63	..	..	..	..	..
安哥拉	15.6	158	450	153	2.1	..	73	70	..	..	..
安提瓜和巴布达	..	8	..	..	..	98	..	..	..	..	..
阿根廷	2.3	14	77	55	0.4	..	99	61	19	7.2	..
亚美尼亚	5.3	18	30	34	0.2	83	100	59	38	28.6	22
阿鲁巴岛	..	..	..	28	..	..	99	..	4	5.7	40
澳大利亚	..	5	7	13	0.2	..	..	66	9	5.1	37
奥地利	..	4	4	10	0.4	..	..	61	9	4.1	27
阿塞拜疆	8.4	45	43	32	<0.1	93	100	65	55	5.4	7
巴哈马	..	16	47	29	2.8	..	..	74	..	13.7	52
巴林	..	10	20	15	..	..	100	71	2	..	..
孟加拉国	41.3	46	240	70	<0.1	..	77	71	..	5.0	..
巴巴多斯	..	20	51	41	0.9	111	..	70	..	11.2	47
白俄罗斯	1.3	6	4	21	0.4	104	100	56	..	..	..
比利时	..	4	8	12	0.3	..	..	54	10	7.1	30
伯利兹	4.9	17	53	72	2.3	110	..	65	..	8.2	..
贝宁	20.2	106	350	100	1.2	75	55	73	..	..	..
百慕大	..	..	..	..	..	..	..	..	..	..	..
不丹	12.7	54	180	46	0.3	103[b]	74	72	71	3.1	27
玻利维亚	4.5	51	190	75	0.3	..	99	72	55	3.4	29
波斯尼亚—黑塞哥维那	1.6	8	8	14	..	76	100	46	25	27.6	..
博茨瓦纳	11.2	26	160	45	23.4	..	95	77	..	..	..
巴西	2.2	16	56	76	0.3	..	98	70	25	8.3	36
文莱	..	7	24	23	..	120	100	66	..	..	..
保加利亚	..	12	11	38	<0.1	..	98	54	9	11.2	37
布基纳法索	26.0	146	300	119	1.1	..	39	84	..	3.3	..
布隆迪	35.2	139	800	20	1.3	62	78	83	..	..	..
柬埔寨	29.0	43	250	35	0.6	90	87	83	69	0.2	21
喀麦隆	16.6	127	690	118	4.6	78	83	71	76	3.8	..
加拿大	..	6	12	12	0.3	..	..	67	..	7.4	36
佛得角	..	21	79	72	1.0	95	98	67	..	..	..
开曼群岛	..	..	..	..	..	..	99	..	..	4.0	44
中非共和国	28.0	164	890	100	4.6	43	65	79	..	..	..
乍得	..	169	1,100	143	3.1	38	47	72	..	..	..
海峡群岛	..	..	..	9	..	..	..	..	..	..	..
智利	0.5	9	25	56	0.5	..	99	60	24	7.1	..
中国	3.4	15	37	9	<0.1	..	99	74	..	4.1	..
中国香港	..	..	..	4	..	91	..	59	7	3.4	32
中国澳门	..	..	..	4	..	..	100	72	4	2.6	31
哥伦比亚	3.4	18	92	69	0.5	112	98	67	49	11.6	..
科摩罗	..	79	280	52	<0.1	..	86	58	..	..	..
刚果民主共和国	28.2	168	540	177	..	..	65	71	..	..	..
刚果共和国	11.8	99	560	114	3.3	..	80	71	..	..	..

	儿童营养不良、体重不足患病率 占5岁以下儿童的百分比 2005-2011[a]	5岁以下儿童死亡率 每千例活产儿 2011	孕产妇死亡率 每10万例活产儿（模型估计） 2010	青春期女性生育率 每千名15—19岁少女生育数 2011	艾滋病患病率 占15—49岁人口的百分比 2011	小学毕业率 占相应年龄组的百分比 2011	青年识字率 占15—24岁人口的百分比 2005—2011[a]	劳动力参与率 占15岁及其以上人口的百分比 2011	脆弱性就业 无报酬家庭劳动者和自营工作者占总就业的百分比 2007-2011[a]	失业 占总劳动力的百分比 2007-2011[a]	女性法律工作者、高级官员和管理者 占总数的百分比 2007-2011[a]
哥斯达黎加	1.1	10	40	63	0.3	99	98	63	20	7.7	35
科特迪瓦	29.4	115	400	110	3.0	59	67	67	..	..	..
克罗地亚	..	5	17	13	<0.1	..	100	53	18	13.4	25
古巴	1.3	6	73	44	0.2	99	100	57	..	2.5	..
库拉索岛	..	..	..	..	..	..	..	..	..	..	..
塞浦路斯	..	3	10	6	..	..	100	65	14	7.7	14
捷克共和国	..	4	5	10	<0.1	..	..	59	14	6.7	26
丹麦	..	4	12	5	0.2	..	..	64	6	7.6	28
吉布提	29.6	90	200	20	1.4	57[b]	..	52	..	..	..
多米尼克	..	12	..	..	..	94	..	..	..	..	..
多米尼加共和国	3.4	25	150	105	0.7	92	97	65	37	12.4	31
厄瓜多尔	..	23	110	81	0.4	112	99	68	42	4.2	..
埃及	6.8	21	66	42	<0.1	..	88	49	27	9.0	11
萨尔瓦多	6.6	15	81	77	0.6	101	96	62	38	7.0	29
赤道几内亚	..	118	240	116	4.7	52	98	87	..	..	..
厄立特里亚	..	68	240	56	0.6	..	89	85	..	..	..
爱沙尼亚	..	4	2	18	1.3	..	100	62	5	12.5	36
埃塞俄比亚	29.2	77	350	53	1.4	58	55	84	..	..	..
法罗群岛	..	..	..	..	..	..	..	..	..	..	..
斐济	..	16	26	43	<0.1	103	..	60	..	8.6	..
芬兰	..	3	5	9	<0.1	..	..	60	9	7.7	32
法国	..	4	8	6	0.4	..	..	56	7	9.3	39
法属玻利尼西亚	..	..	..	49	..	..	..	58	..	11.7	..
加蓬	..	66	230	83	5.0	..	98	61	..	..	..
冈比亚	15.8	101	360	69	1.5	66	67	78	..	..	..
格鲁吉亚	1.1	21	67	41	0.2	..	100	64	63	15.1	34
德国	1.1	4	7	7	0.2	..	..	60	7	5.9	30
加纳	14.3	78	350	64	1.5	99[b]	81	69	..	..	..
希腊	1.1	4	3	10	0.2	..	99	55	29	17.7	23
格陵兰	..	..	..	..	..	..	..	..	..	..	..
格林纳达	..	13	24	37	..	..	..	..	..	..	..
关岛	..	..	..	50	..	..	..	61	..	..	..
危地马拉	13.0	30	120	103	0.8	..	87	68	..	4.1	..
几内亚	20.8	126	610	138	1.4	..	63	72	..	..	..
几内亚比绍	17.2	161	790	99	2.5	..	72	73	..	..	..
圭亚那	11.1	36	280	57	1.1	85	..	60	..	21.0	..
海地	18.9	70	350	42	1.8	..	72	65	..	..	..
洪都拉斯	8.6	21	100	87	..	101	95	62	53	4.8	..
匈牙利	..	6	21	14	<0.1	..	99	51	7	10.9	40
冰岛	..	3	5	12	0.3	..	..	75	8	7.1	40
印度	43.5	61	200	77	..	..	81	56	81	3.5	14
印度尼西亚	18.6	32	220	43	0.3	..	99	68	57	6.6	22
伊朗	..	25	21	26	0.2	106	99	45	42	10.5	13
伊拉克	7.1	38	63	88	..	..	83	42	..	..	..
爱尔兰	..	4	6	11	0.3	..	..	61	12	14.4	33
马恩岛	..	..	..	..	..	..	..	..	..	..	..
以色列	..	4	7	14	0.2	..	..	57	7	5.6	32

	儿童营养不良、体重不足患病率 占5岁以下儿童的百分比 2005–2011[a]	5岁以下儿童死亡率 每千例活产儿 2011	孕产妇死亡率 每10万例活产儿（模型估计） 2010	青春期女性生育率 每千名15—19岁少女生育数 2011	艾滋病患病率 占15—49岁人口的百分比 2011	小学毕业率 占相应年龄组的百分比 2011	青年识字率 占15—24岁人口的百分比 2005–2011[a]	劳动力参与率 占15岁及其以上人口的百分比 2011	脆弱性就业 无报酬家庭劳动者和自营工作者占总就业的百分比 2007–2011[a]	失业 占总劳动力的百分比 2007–2011[a]	女性法律工作者、高级官员和管理者 占总数的百分比 2007–2011[a]
意大利	..	4	4	5	0.4	..	100	48	18	8.4	25
牙买加	1.9	18	110	71	1.8	..	95	64	37	12.7	..
日本	..	3	5	6	<0.1	..	..	60	11	4.5	..
约旦	1.9	21	63	24	..	..	99	42	9	12.9	..
哈萨克斯坦	4.9	28	51	26	0.2	108[b]	100	72	30	5.4	38
肯尼亚	16.4	73	360	99	6.2	..	93	67	..	..	..
基里巴斯	..	47	..	..	..	..	..	..	..	..	..
朝鲜	18.8	33	81	1	..	..	100	78	..	..	..
韩国	..	5	16	5	<0.1	..	..	60	25	3.4	10
科索沃	..	..	..	..	..	..	..	..	..	45.4	..
科威特	1.7	11	14	14	..	..	99	68	..	..	..
吉尔吉斯共和国	2.7	31	71	33	0.4	96	100	67	..	8.2	..
老挝	31.6	42	470	32	0.3	93	84	78	..	..	..
拉脱维亚	..	8	34	14	0.7	93	100	61	8	15.4	45
黎巴嫩	5.2	9	25	16	<0.1	87	99	46	28	9.0	8
莱索托	13.5	86	620	63	23.3	68	92	66	..	25.3	..
利比里亚	20.4	78	770	127	1.0	66	77	61	79	3.7	..
利比亚	5.6	16	58	3	..	..	100	53	..	..	..
列支敦士登	..	2	..	..	..	101	..	..	..	..	..
立陶宛	..	6	8	17	<0.1	95	100	59	8	15.4	38
卢森堡	..	3	20	9	0.3	..	..	57	6	4.9	24
前南斯拉夫马其顿共和国	1.8	10	10	19	..	..	99	56	23	31.4	28
马达加斯加	..	62	240	125	0.3	73	65	86	..	..	..
马拉维	13.8	83	460	108	10.0	71	87	83	..	..	..
马来西亚	12.9	7	29	11	0.4	..	98	60	22	3.4	25
马尔代夫	17.8	11	60	11	<0.1	107	99	66	..	..	..
马里	27.9	176	540	172	1.1	55	44	53	83	..	..
马耳他	..	6	8	13	<0.1	..	98	51	9	6.4	23
马绍尔群岛	..	26	..	..	..	97	..	..	..	..	..
毛里塔尼亚	15.9	112	510	73	1.1	..	68	54	..	31.2	..
毛里求斯	..	15	60	33	1.0	..	97	60	15	7.9	23
墨西哥	3.4	16	50	67	0.3	104	98	62	29	5.3	31
密克罗尼西亚联邦	..	42	100	20	..	..	..	..	..	..	..
摩尔多瓦	3.2	16	41	30	0.5	91	99	42	29	6.7	38
摩纳哥	..	4	..	..	..	..	..	..	..	..	..
蒙古	5.3	31	63	19	<0.1	115	96	60	58	..	47
黑山	2.2	7	8	15	..	99[b]	99	..	..	19.7	31
摩洛哥	3.1	33	100	12	0.2	99[b]	79	50	52	8.9	13
莫桑比克	18.3	103	490	129	11.3	56	72	85	..	..	..
缅甸	22.6	62	200	13	0.6	..	96	79	..	..	..
纳米比亚	17.5	42	200	58	13.4	..	93	64	14	37.6	..
尼泊尔	29.1	48	170	90	0.3	..	83	84	..	2.7	..
荷兰	..	4	6	4	0.2	..	..	65	11	4.4	30
新喀里多尼亚	..	..	..	20	..	..	100	58	..	..	..
新西兰	..	6	15	21	<0.1	..	..	68	12	6.5	40
尼加拉瓜	5.7	26	95	106	0.2	..	87	63	47	8.0	..
尼日尔	39.9	125	590	196	0.8	46	37	65	..	..	..

	儿童营养不良、体重不足患病率	5岁以下儿童死亡率	孕产妇死亡率	青春期女性生育率	艾滋病患病率	小学毕业率	青年识字率	劳动力参与率	脆弱性就业	失业	女性法律工作者、高级官员和管理者
	占5岁以下儿童的百分比	每千例活产儿	每10万例活产儿（模型估计）	每千名15—19岁少女生育数	占15—49岁人口的百分比	占相应年龄组的百分比	占15—24岁人口的百分比	占15岁及其以上人口的百分比	无报酬家庭劳动者和自营工作者占总就业的百分比	占总劳动力的百分比	占总数的百分比
	2005-2011[a]	2011	2010	2011	2011	2011	2005-2011[a]	2011	2007-2011[a]	2007-2011[a]	2007-2011[a]
尼日利亚	26.7	124	630	113	3.7	..	72	56	..	..	..
北马里亚纳群岛	..	..	..	..	..	..	..	..	..	..	..
挪威	..	3	7	8	0.2	..	..	66	5	3.3	31
阿曼	8.6	9	32	9	..	107	98	61	..	..	..
巴基斯坦	30.9	72	260	29	<0.1	67	71	53	63	5.0	3
帕劳	..	19	..	..	..	..	..	..	..	..	..
巴拿马	3.9	20	92	77	0.8	101	98	66	29	4.5	46
巴布亚新几内亚	18.1	58	230	63	0.7	..	68	72	..	4.0	..
巴拉圭	3.4	22	99	68	0.3	..	99	72	42	5.6	34
秘鲁	4.5	18	67	50	0.4	97	97	76	40	7.8	19
菲律宾	20.7	25	99	48	<0.1	..	98	64	41	7.0	55
波兰	..	6	5	13	<0.1	..	100	56	18	9.6	38
葡萄牙	..	3	8	13	0.7	..	100	62	16	12.7	33
波多黎各	..	..	20	51	..	..	87	45	..	15.7	43
卡塔尔	..	8	7	16	..	96	97	86	0	0.6	10
罗马尼亚	..	13	27	29	<0.1	..	97	56	32	7.4	31
俄罗斯	..	12	34	25	..	..	100	63	6	6.6	37
卢旺达	11.7	54	340	36	2.9	..	77	86	..	2.4	..
萨摩亚	..	19	100	26	..	98	99	61	..	..	..
圣马力诺	..	2	..	..	..	93	..	..	..	2.6	18
圣多美和普林西比	14.4	89	70	58	1.0	115	95	60	..	..	..
沙特阿拉伯	5.3	9	24	20	..	106	98	50	..	5.4	8
塞内加尔	19.2	65	370	93	0.7	63	65	77	..	..	..
塞尔维亚	1.8	7	12	20	<0.1	99	99	..	27	19.2	33
塞舌尔	..	14	..	..	..	125	99	..	..	..	..
塞拉利昂	21.3	185	890	112	1.6	74	59	68	..	..	..
新加坡	..	3	3	6	<0.1	..	100	67	10	2.9	34
圣马丁岛	..	..	..	..	..	..	..	..	..	..	..
斯洛伐克	..	8	6	17	<0.1	..	..	59	12	13.5	31
斯洛文尼亚	..	3	12	5	<0.1	..	100	59	13	8.2	38
所罗门群岛	11.5	22	93	66	..	..	..	67	..	..	..
索马里	32.8	180	1,000	68	0.7	..	..	57	..	..	..
南非	8.7	47	300	52	17.3	..	98	52	10	24.7	31
南苏丹	..	121	..	..	3.1	..	..	..	..	..	..
西班牙	..	4	6	11	0.4	..	100	59	11	21.6	30
斯里兰卡	21.6	12	35	22	<0.1	..	98	55	42	4.9	24
圣基茨和尼维斯	..	7	..	..	..	93	..	..	..	..	..
圣卢西亚	..	16	35	57	..	93	..	71	..	14.0	..
圣马丁	..	..	..	..	..	..	..	..	..	..	..
圣文森特和格林纳丁斯	..	21	48	55	..	..	..	67	..	..	..
苏丹	31.7	86[d]	730	55	0.4[d]	..	87	54	..	..	..
苏里南	7.5	30	130	36	1.0	88	98	55	..	..	..
斯威士兰	7.3	104	320	71	26.0	77	94	57	..	..	..
瑞典	..	3	4	6	0.2	..	..	64	7	7.5	35
瑞士	..	4	8	4	0.4	..	..	68	9	4.1	33
叙利亚	10.1	15	70	38	..	106	95	43	33	8.4	9
塔吉克斯坦	15.0	63	65	26	0.3	104	100	66	..	..	..

	儿童营养不良、体重不足患病率 占5岁以下儿童的百分比 2005–2011[a]	5岁以下儿童死亡率 每千例活产儿 2011	孕产妇死亡率 每10万例活产儿（模型估计） 2010	青春期女性生育率 每千名15—19岁少女生育数 2011	艾滋病患病率 占15—49岁人口的百分比 2011	小学毕业率 占相应年龄组的百分比 2011	青年识字率 占15—24岁人口的百分比 2005–2011[a]	劳动力参与率 占15岁及其以上人口的百分比 2011	脆弱性就业 无报酬家庭劳动者和自营工作者占总就业的百分比 2007–2011[a]	失业 占总劳动力的百分比 2007–2011[a]	女性法律工作者、高级官员和管理者 占总数的百分比 2007–2011[a]
坦桑尼亚	16.2	68	460	129	5.8	81[b]	77	89	..	..	..
泰国	7.0	12	48	38	1.2	..	98	72	54	0.7	25
东帝汶	45.3	54	300	55	..	72	80	57	70	3.6	..
多哥	20.5	110	300	57	3.4	77	82	81	..	..	..
汤加	..	15	110	19	..	..	99	64	..	..	..
特立尼达和多巴哥	..	28	46	32	1.5	..	100	66	..	4.6	..
突尼斯	3.3	16	56	5	<0.1	..	97	48	..	13.0	..
土耳其	..	15	20	32	<0.1	..	98	50	33	9.8	10
土库曼斯坦	..	53	67	17	..	..	100	61	..	..	..
特克斯和凯科斯群岛	..	..	..	..	..	..	..	..	..	5.4	..
图瓦卢	1.6	30	..	..	..	..	..	..	..	..	..
乌干达	16.4	90	310	131	7.2	55	87	78	..	4.2	..
乌克兰	..	10	32	27	0.8	97	100	59	..	7.9	39
阿拉伯联合酋长国	..	7	12	24	..	..	95	79	1	4.0	10
英国	..	5	12	30	0.3	..	..	62	12	7.8	34
美国	..	8	21	30	0.7	..	..	64	..	8.9	43
乌拉圭	..	10	29	59	0.6	..	99	66	22	6.0	40
乌兹别克斯坦	4.4	49	28	13	..	93	100	61	..	..	..
瓦努阿图	11.7	13	110	51	..	..	94	71	70	4.6	29
委内瑞拉	3.7	15	92	88	0.6	95	99	66	33	8.3	..
越南	20.2	22	59	24	0.5	104	97	77	63	2.0	..
美属维尔京群岛	..	..	..	23	..	..	..	62	..	..	..
西岸和加沙	2.2	22	..	49	..	91	99	41	26	23.7	10
也门	..	77	200	69	0.2	63	85	49	..	14.6	..
赞比亚	14.9	83	440	140	12.5	..	74	79	..	..	..
津巴布韦	10.1	67	570	56	14.9	..	99	86	..	..	..
全世界	**15.7 w**	**51 w**	**210 w**	**53 w**	**0.8 w**	**90 w**	**90 w**	**64 w**	**.. w**	**5.9 w**	
低收入国家	22.6[c]	95	410	92	2.4	68	74	75	..	..	
中等收入国家	16.0[c]	46	190	50	..	..	91	64	..	5.2	
中低收入国家	24.3[c]	62	260	66	..	..	84	58	71	4.9	
中高收入国家	2.9[c]	20	62	30	0.6	..	99	69	..	5.0	
低收入和中等收入国家	17.4[c]	56	230	57	1.0	89	88	65	..	5.2	
东亚和太平洋地区	5.5[c]	21	83	19	0.2	..	99	73	..	4.2	
欧洲和中亚	1.5[c]	21	32	26	..	98	99	59	18	8.0	
拉丁美洲和加勒比地区	3.1[c]	19	81	71	0.4	102	97	66	31	7.7	
中东和北非	6.3[c]	32	81	37	..	90	91	46	..	10.6	
南亚	33.2[c]	62	220	71	..	..	79	57	78	3.5	
撒哈拉以南非洲地区	21.4[c]	109	500	106	4.9	70	72	70	..	..	
高收入国家	1.7[c]	6	14	17	0.4	100	100	60	..	8.1	
欧元区	..	4	6	8	0.3	99	100	57	11	10.1	

a. 最近年份可获得的数据。b. 2012 年的数据。c. 由世界银行的工作人员利用联合国儿童基金会、世界卫生组织以及世界银行的协调数据库和集结法计算得出。d. 不包括南苏丹。

关于数据

本章的许多指标在世界发展指标数据库中可以按照性别、居住地、财富、年龄分类统计显示，但在表格中考虑到空间有限，未能一一列示。

儿童营养不良

良好的营养是生存、健康和发展的基石。营养良好的儿童在学校表现更好，成年后更健康，从而给他们自己的孩子一个更好的人生开端。营养良好的妇女在怀孕和分娩中面对的风险更小，而且使她们孩子的身体成长和心理健康都踏上更坚实的发展道路。营养不良的孩子对传染病的抵抗力较低，更可能死于常见的儿童疾病，如腹泻和呼吸系统感染。经常生病的人，身体的营养状况会越来越差，从而进入一个经常患病、成长缓慢的恶性循环。

体重不足儿童的占比是最常见的衡量儿童营养不良的指标。即使是轻度的体重不足也能增加死亡风险，抑制儿童的认知发展。而且这个问题会通过代际遗传，例如，营养不良的女性更有可能生出体重较低的婴儿。对体重不足儿童流行状况的估值来自于世界卫生组织关于儿童成长和营养不良的国际数据库。这个数据库是通过全国营养调查，并对儿童成长和营养不良的数据进行标准化汇编得到的。为了更好地监测全球儿童的营养不良问题，联合国儿童基金会、世界卫生组织和世界银行共同运用统一的数据库和集算法，得出不同地区、不同收入群体和全世界的2011年的估值和自1990年以来的发展趋势。

5岁以下儿童死亡率

儿童和其他人的死亡率是衡量健康状况的重要指标。当不能获得疾病发病率和患病率时，死亡率可以用来识别弱势群体，而且它们还是最经常被用来比较不同国家社会经济发展情况的指标。

死亡率的主要来源是人口动态登记系统和基于抽样调查或普查的直接或间接估值。一个完整的人口动态登记系统至少覆盖90%有关人口的重要事件，是特定年龄死亡率最好的数据来源。但是完整的人口动态登记系统在发展中国家中是相当少见的。因此，估值必须从抽样调查获得，或把间接估值技术运用到登记、普查或调查数据上（见“基本数据文献”）。调查数据容易产生记忆性偏差。

为了产生具有可比意义的估值，并确保不同机构得出的估值的一致性，由联合国儿童基金会（UNICEF）、世界卫生组织（WHO）、联合国人口署、世界银行、其他高校和科研机构组成的联合国机构间儿童死亡率估算组，开发并采用了一种使用所有可用信息来调和分歧的统计方法。运用参考数据，拟合一个国家特定的死亡率回归模型，可以获得趋势线。（关于儿童死亡率估值的进一步讨论，请参阅2012联合国机构间儿童死亡率估算；更多详细背景数据和图形演示，请登录 www. childmortality. org）。

孕产妇死亡率

孕产妇死亡率的测算容易受到多类错误的影响。在没有完整人口动态登记系统的国家，育龄妇女的死亡或者怀孕状况是不能被公布的，或可能不能知道其死亡原因。即使在具有可靠人口动态登记系统的高收入国家，对产妇死亡情况的误判，已经导致了对孕产妇死亡率的严重低估。通过询问受访者其姐妹存活状况的调查和普查，可以测算孕产妇的死亡率。但是，这是回顾性的，指的是调查前大约五年的那段时期，可能会受记忆性偏差的影响。此外，它们还反映与妊娠有关的死亡（怀孕期间或者42天之内终止妊娠的死亡，不论死亡的原因），需要进行调整以符合孕产妇死亡的严格定义。

表中的孕产妇死亡率是以世界卫生组织、联合国儿童基金会、联合国人口基金和世界银行的测算结果和国家级的时间序列数据为基础，进行建模估算得到的。对于没有完整登记数据但是有其他类型数据的国家、没有数据的国家，孕产妇死亡率是通过一个多元回归模型，运用现有的孕产妇死亡率数据以及包括生育、接生员和国内生产总值在内的社会经济信息来估计的。这种方法与先前估计所用的方法不同，因此，这里给出的数据不能进行跨版本比较。

青春期女性生育率

生殖健康是指与生殖系统及其功能和过程有关的一种身体和精神健康状态。实现生殖健康的方法包括怀孕和分娩过程中的教育和服务、安全有效的避孕以及性传播疾病的预防和治疗。怀孕和分娩过程中的并发症是导致发展中国家育龄妇女死亡和残疾的首要原因。

青春期女性怀孕对母亲和孩子来说都是高风险的，更有可能导致早产、出生体重不足、分娩并发症和死亡。许多青春期女性怀孕是意外造成的，年轻的女孩们可能会放弃教育和工作的机会继续怀孕，或者寻求并不安全的堕胎。估计青春期生育率，是基于人口动态登记系统的；在没有这一系统时，普查或者抽样调查一般被认为是可靠的计量方法。当没有关于特定年龄生育率的实证信息时，我们用模型来测算青春期女性生育率。对于没有人口动态登记系统的国家，生育率一般是根据早年的普查或调查中观察到的趋势来推断。

艾滋病患病率

艾滋病患病率反映了每个国家人口的艾滋病感染率。然而，一国的患病率较低，可能会产生误导。因为它们往往掩饰了那种最初集中于某些地区或人群，然后可能威胁到更广泛人群的流行病。在许多发展中国家，大多数新的传染病发生在青年人群身上，其中，年轻女性更易受感染。

艾滋病患病率的数据来自关于艾滋病的联合国联合计划。对估值数据程序和假设的修改以及更好的国际合作已经使估值结果有所改进。新模型跟踪了艾滋病毒流行的过程和影响，充分利用了关于艾滋病患病趋势的调查和监测数据信息。模型包含了抗逆转录治疗的效果，并考虑到人们减少抗逆转录治疗带来的影响（对艾滋病患病率有很大影响，能使艾滋病人活得更久），并随着时间的推移改变城市化程度（这很重要，因为城市地区患病率较高，而且很多国家在过去20年都出现了城市化进程的加快）。估值考虑到了合理的界限，见 http：//data. worldbank. org，反映了每项估计的确定性。

小学毕业率

许多国家的政府发布关于其教育系统如何运行和发展的统计信息，即有关招生和效率指标的统计数据，如重复率、师生比例和团队进展。小学毕业率，也被称为小学教育最后一年级的总招收率，是衡量教育系统表现的核心指标。它反映了教育系统的覆盖率和学生受教育程度。它是实现千年发展目标和全民教育的关键。然而，小学毕业率高并不一定意味着学生学习水平高。

该指标反映了各国按照《国际教育标准分类》界定的小学周期，范围从三或四年的小学教育（少数国家）到五或六年（大多数国家）到七年（少数国家）。它应该被视为实际小学毕业率的估值上限，因为数据存在局限性，它们没有把最后一学年退学的儿童考虑进去。有很多原因使得小学毕业率超过100%。分子可能包含推迟入学者、在小学教育阶段重复上了一个或多个年级的超龄儿童以及提早入学的儿童，而分母则是小学教育最后一年级的适龄儿童。

青年识字率

15—24岁的青年识字率是衡量学生受教育情况的标准指标。它通过过去十年左右获得基本识字、算数能力的人口比重，反映初等教育的累积成果。但是，在实践中，识字率很难度量。估计识字率，需要在可控的环境下进行普查或调查。许多国家通过人们自己报告的情况来估算识字率。一些国家用教育完成情况作为代理变量，参考受教育年限的不同或完成的程度不同。由于不同国家数据收集的定义和方法存在差别，数据应谨慎使用。一般来说，识字率包含计算能力，即进行简单的算术运算。

青年识字率的数据由联合国教科文组织的统计机构汇编，这些数据基于1985—2011年间各国普查或家庭调查；对于那些没有近期识字率的国家，则采用全球特定年龄段识字率项目模型。

劳动力参与率

劳动力是一个经济体中可以用于生产产品、提供劳务的劳工。它包含目前被雇佣的人、没有被雇佣但正在寻找工作、首次寻找工作的人。但并不是所有参加工作的人都被包含在内，没有被支付薪水的工人、家庭雇工和学生经常被排除在外，一些国家也不计算军队的人数。劳动力的规模随季节性工人的进入和退出而变化。

国际劳工组织通过劳动力调查、普查，企业的普查、调查，以及国家政府的记录（例如，就业交流登记和失业保险计划）来汇集劳动力数据。劳动力调查是国际上可比劳动力数据最全面的来源；来自人口普查的劳动力数据通常基于个人经济状况相关的有限几个问题，因而可探索的余地很小；企业的普查和调查仅仅局限于就业劳动，而不考虑失业工人、小企业工人以及在非正式部门的工人（国际劳工组织，《2001—2002年劳动力市场的关键指标》）。

除了数据来源，还有别的重要因素影响数据的可比性，例如，普查和调查的参考时间段、工作年龄的定义、地理覆盖面。关于国家层面的数据来源、参考时间段或定义，见世界发展指标数据库的脚注或第七版世界劳工组织劳动力市场关键指标数据库。

表格中劳动力参与率的估值来自第七版世界劳工组织劳动力市场关键指标数据库。这些调和估值采用严格的数据选择标准和强化方法，以保证跨国、跨时间的可比性，从而避免以上提到的不一致性。估值主要基于劳动力调查，只有在没有可获得的调查数据时使用其他数据来源（人口普查和国家记录）。由于其他就业数据主要由国家来估计，在比较劳动力参与率和别的就业数据时需要注意。

脆弱性就业

没有薪水的家庭雇工和自佣工在总就业人数中的比例是来自有关就业身份的信息。每一个群体都面临着不同的经济风险，但没有薪水的家庭雇工和自佣工是危险的，即最可能陷入贫穷。他们几乎不可能有正式的工作安排、没有能抵御经济冲击的社会保障和安全网、通常没有足够的储蓄来抵消这些冲击。一个国家没有薪水的家庭雇工占比高，反映出发展缓慢、就业增长很少，而且一般乡村经济占比较大。

脆弱性就业数据来自劳动力和一般家庭样本调查、普查和官方估计。除了在计算劳动参与率提及的局限性之外，还有其他原因限制了数据的可比性。例如，经济合作与发展组织提供的信息只与国民就业相关，这可能低估了“雇员”和“不按身份分类的工人”，特别是在那些拥有庞大军队的国家。尽管没有薪水的家庭雇工和自佣工的分类不受影响，但他们的相对份额受影响。

失业

国际劳工组织将失业定义为失业人口占经济上活跃人口的比重。经济上活跃人口包括当前没有工作但仍能工作且正在寻找工作，包括已经失去工作和自己辞职的人。一些失业是不可避免的。在任何时候，总有一些人会暂时失去工作。一些雇主寻找更适合的工人，一些工人寻找更好的工作。那些失业通常称为摩擦失业，它是劳动力市场正常运行的结果。

失业随着时间的变化可能反映了劳动力供需情况的变化，但它们也可能反映报告惯例的变化。在没有失业或福利的国家，人们在一个易受伤害的就业环境中勉强维持生活；在安全保障网高度发达的国家，工人可以等待更有吸引力、更令人满意的岗位。但是，持续的高失业率反映了资源配置的严重失效。

如何界定正在寻找工作的人，对待暂时被解雇或第一次寻找工作的人，不同国家的处理方法不同。在许多发展中国家，很难计量农业中的失业和就业人口。调查时间可能最大化农业中季节性失业的影响。由于难以追踪非正式部门的活动，他们的就业情况也很难量化。

失业数据来自于劳动力样本调查、一般家庭样本调查、普查和官方估计。政府的记录，例如，社会保险统计和就业办公室统计并不包含在内，因为它们覆盖面有局限性。

由于一系列原因，女性可能被排除在失业统计外。女性遭受更多歧视，遭受更多来自结构性、社会性和文化上的壁垒，从而阻碍了她们寻找工作。同时，女性负责照顾孩子、老人和家庭事务，她们在很短的参考期内可能无法工作。女性进行兼职或短暂工作也可能被认为是就业，尽管这些工作并不稳定或者她们积极寻找更安全的工作。

女性法律工作者、高级官员和管理者

尽管近几十年来取得了许多进展，性别不平等现象在生活中的许多方面仍然存在，而且在发展中国家最为盛行。教育、医疗、营养和政治权利方面的不平等与福利、生产力和经济增长息息相关，因而影响很大。不平等在很小的时候就已经出现，例如，男孩通常比女孩享有更好的教育和医疗条件。女性在如法律工作者、高级官员和管理者等高级岗位中的比重，大体表明了女性在劳动力和社会中的地位和角色。尽管近期有改善的迹象，女性仍然很难获得政府中具有决策权的岗位。

定义

儿童营养不良、体重不足患病率是指年龄体重低于0至59个月国际参照人口中位数两个标准差的5岁以下儿童百分比。数据是基于世界卫生组织（WHO）在2006年发布的儿童成长标准。**5岁以下儿童死亡率**是指规定年份出生的儿童在年满5岁前死亡的概率，但须以现有年龄死亡率为准。这一概率来自于生命表格，表示为每1000名活产婴儿的比率。**孕产妇死亡率（模型估计）**是指每10万例活产中从妊娠开始到产后42天内因与妊娠有关的各种原因造成的孕产妇死亡数。**青春期女性生育率**是指每千名15—19岁女性的生育数量。**艾滋病患病率**是指相关年龄组中感染艾滋病毒人口的百分比。**小学毕业率**是指在初等教育最后一年级新入学的人数（注册人数减去重修人数）（不论年龄）除以人口中法定毕业年龄儿童。不考虑在初级教育最后一年中辍学的学生。**青年识字率**是指15—24岁人口中能够在日常生活中理解和读写简单论述的人口占比。**劳动力参与率**是指15岁或更大年龄人口在特定参照时间段通过工作或找工作活跃在劳动力市场的比重。**脆弱性就业**是指就业人口中未被支付报酬的家庭雇工和自佣工的比重。**失业**是指劳动力中没有工作但可以获得工作并且正在寻找工作的人口比重。劳动力和失业的定义在不同国家可能是不同的。**女性法律工作者、高级官员和管理者**是指法律工作者、高级官员和管理人员中女性比重（国际职业分类中88个栏目的第1个）。

数据资料来源

有关儿童营养不良的数据来自于世界卫生组织（WHO）关于儿童成长和营养不良的全球数据库（www.who.int/nutgrowthdb/en/）。5岁以下儿童死亡率来自联合国儿童死亡率估计小组（2012），主要基于家庭调查、普查和重要的登记数据。孕产妇死亡率的模型估值是来自于WHO和其他（2012）。青春期女性生育率的数据是来自于联合国人口司（2011），年度数据是用世界银行发展数据组的插值替换。艾滋病患病率数据来自UNAIDS（2012）。小学毕业率和识字率是来自联合国教科文组织统计研究所（www.uis.unesco.org）。劳动力参与率、脆弱性就业、失业以及女性法律工作者、高级官员和管理者的数据来自于国际劳工组织第七版劳动力市场关键指标的数据库。

参考文献

De Onis, Mercedes, Monika Blössner, Elaine Borghi, Richard Morris, and Edward A. Frongillo. 2004. "Methodology for Estimating Regional and Global Trends of Child Malnutrition." *International Journal of Epidemiology* 33: 1260–70.

ILO (International Labour Organization).Various years. *Key Indicators of the Labour Market.* Geneva: International Labour Office.

UNAIDS (Joint United Nations Programme on HIV/AIDS). 2012. *Global Report: UNAIDS Report on the Global AIDS Epidemic 2012.* Geneva.

UNICEF (United Nations Children's Fund), WHO (World Health Organization), and World Bank. 2012. *Joint Child Malnutrition Estimates—Levels and Trends.* www.who.int/nutgrowthdb/jme_unicef_who_wb.pdf. New York: UNICEF.

UN Inter-agency Group for Child Mortality Estimation. 2012. *Levels and Trends in Child Mortality: Report 2012.* New York.

United Nations Population Division. 2011. *World Population Prospects: The 2010 Revision.* New York: United Nations, Department of Economic and Social Affairs.

WHO (World Health Organization), UNICEF (United Nations Children's Fund), UNFPA (United Nations Population Fund), and World Bank. 2012. *Trends in Maternal Mortality: 1990 to 2010.* Geneva: WHO.

World Bank. n.d. PovcalNet online database. http://iresearch.worldbank.org/PovcalNet. Washington, DC.

在线数据表和指标

若要获取《世界发展指标》在线数据表，请使用网址 http：//wdi. worldbank. org/table/和数据表编号（例如，http://wdi. worldbank. org/table/2. 1）。若要查看特定的在线指标，请使用网址 http：//data. worldbank. org/indicator/和指标编码（例如，http：//data. worldbank. org/Indicator/SP. POP. TOTL）。

2.1 人口动态

人口 ♀♂	SP. POP. TOTL
人口增长率	SP. POP. GROW
0—14 岁的人口 ♀♂	SP. POP. 0014. TO. ZS
15—64 岁的人口 ♀♂	SP. POP. 1564. TO. ZS
65 岁之上的人口 ♀♂	SP. POP. 65UP. TO. ZS
抚养比率，年轻	SP. POP. DPND. YG
抚养比率，老	SP. POP. DPND. OL
粗死亡率	SP. DYN. CDRT. IN
粗出生率	SP. DYN. CBRT. IN

2.2 劳动率结构

劳动力参与率，男性 ♀♂	SL. TLF. CACT. MA. ZS
劳动力参与率，女性 ♀♂	SL. TLF. CACT. FE. ZS
劳动力总数 ♀♂	SL. TLF. TOTL. IN
劳动力年均增长率	..[a,b]
女性劳动力 ♀♂	SL. TLF. TOTL. FE. ZS

2.3 按部门划分的就业

农业，男性 ♀♂	SL. AGR. EMPL. MA. ZS
农业，女性 ♀♂	SL. AGR. EMPL. FE. ZS
工业，男性 ♀♂	SL. IND. EMPL. MA. ZS
工业，女性 ♀♂	SL. IND. EMPL. FE. ZS
服务业，男性 ♀♂	SL. SRV. EMPL. MA. ZS
服务业，女性 ♀♂	SL. SRV. EMPL. FE. ZS

2.4 体面的工作与生产性就业

人口就业率，总数 ♀♂	SL. EMP. TOTL. SP. ZS
人口就业率，年轻人 ♀♂	SL. EMP. 1524. SP. ZS
脆弱性就业，男性 ♀♂	SL. EMP. VULN. MA. ZS
脆弱性就业，女性 ♀♂	SL. EMP. VULN. FE. ZS
就业人口人均 GDP	SL. GDP. PCAP. EM. KD

2.5 失业

失业，男性 ♀♂	SL. UEM. TOTL. MA. ZS
失业，女性 ♀♂	SL. UEM. TOTL. FE. ZS
青年失业，男性 ♀♂	SL. UEM. 1524. MA. ZS
青年失业，女性 ♀♂	SL. UEM. 1524. FE. ZS
长期失业，总数 ♀♂	SL. UEM. LTRM. ZS
长期失业，男性 ♀♂	SL. UEM. LTRM. MA. ZS
长期失业，女性 ♀♂	SL. UEM. LTRM. FE. ZS
根据受教育程度划分的失业，小学 ♀♂	SL. UEM. PRIM. ZS
根据受教育程度划分的失业，中学 ♀♂	SL. UEM. SECO. ZS
根据受教育程度划分的失业，大学 ♀♂	SL. UEM. TERT. ZS

2.6 童工

就业儿童，总数 ♀♂	SL. TLF. 0714. ZS
就业儿童，男性 ♀♂	SL. TLF. 0714. MA. ZS
就业儿童，女性 ♀♂	SL. TLF. 0714. FE. ZS
只从事工作 ♀♂	SL. TLF. 0714. WK. ZS
学习兼工作 ♀♂	SL. TLF. 0714. SW. ZS
农业就业 ♀♂	SL. AGR. 0714. ZS
制造业就业 ♀♂	SL. MNF. 0714. ZS
服务业就业 ♀♂	SL. SRV. 0714. ZS
自我雇佣者 ♀♂	SL. SLF. 0714. ZS
带薪工作者 ♀♂	SL. WAG0714. ZS
无报酬家庭劳动者 ♀♂	SL. FAM. 0714. ZS

2.7 以国家贫困线衡量的贫困率

贫困率，农村	SI. POV. RUHC
贫困率，城市	SI. POV. URHC
贫困率，国家	SI. POV. NAHC
贫困差距，农村	SI. POV. RUGP
贫困差距，城市	SI. POV. URGP
贫困差距，国家	SI. POV. NAGP

2.8 以国际贫困线衡量的贫困率

每天生活费用不足 1.25 美元的人口（经购买力平价换算的 2005 年美元）	SI. POV. DDAY

在1.25美元/天的贫困线上的贫困差距（经购买力平价换算的2005年美元）	SI. POV. 2DAY
每天生活费用不足2美元的人口（经购买力平价换算的2005年美元）	SI. POV. GAPS
在2美元/天的贫困线上的贫困差距（经购买力平价换算的2005年美元）	SI. POV. GAP2

2.9 收入分配或消费分布

基尼系数	SI. POV. GINI
收入或消费的份额，最低的10%人口	SI. DST. FRST. 10
收入或消费的份额，最低的20%人口	SI. DST. FRST. 20
收入或消费的份额，第二个20%人口	SI. DST. 02ND. 20
收入或消费的份额，第三个20%人口	SI. DST. 03RD. 20
收入或消费的份额，第四个20%人口	SI. DST. 04TH. 20
收入或消费的份额，最高的20%人口	SI. DST. 05TH. 20
收入或消费的份额，最高的10%人口	SI. DST. 10TH. 10

2.10 教育投入

学生人均公共支出，小学	SE. XPD. PRIM. PC. ZS
学生人均公共支出，中学	SE. XPD. SECO. PC. ZS
学生人均公共支出，大学	SE. XPD. TERT. PC. ZS
教育公共支出，占GDP的百分比	SE. XPD. TOTL. GD. ZS
教育公共支出，占政府总支出的百分比	SE. XPD. TOTL. GB. ZS
具备教学资格的小学教师 ♀♂	SE. PRM. TCAQ. ZS
小学师生比率	SE. PRM. ENRL. TC. ZS

2.11 受教育的机会

学前教育总入学率 ♀♂	SE. PRE. ENRR
小学总入学率 ♀♂	SE. PRM. ENRR
中学总入学率 ♀♂	SE. SEC. ENRR
大学总入学率 ♀♂	SE. TER. ENRR
小学净入学率 ♀♂	SE. PRM. NENR
中学净入学率 ♀♂	SE. SEC. NENR
调整后的小学净入学率，男性 ♀♂	SE. PRM. TENR. MA
调整后的小学净入学率，女性 ♀♂	SE. PRM. TENR. FE
小学适龄儿童失学，男性 ♀♂	SE. PRM. UNER. MA
小学适龄儿童失学，女性 ♀♂	SE. PRM. UNER. FE

2.12 教育效率

小学一年级总入学率，男性 ♀♂	SE. PRM. GINT. MA. ZS
小学一年级总入学率，女性 ♀♂	SE. PRM. GINT. FE. ZS
读到5年级，男性 ♀♂	SE. PRM. PRS5. MA. ZS
读到5年级，女性 ♀♂	SE. PRM. PRS5. FE. ZS
读到小学最后一年级，男性 ♀♂	SE. PRM. PRSL. MA. ZS
读到小学最后一年级，女性 ♀♂	SE. PRM. PRSL. FE. ZS
小学复读人数，男性 ♀♂	SE. PRM. REPT. MA. ZS
小学复读人数，女性 ♀♂	SE. PRM. REPT. FE. ZS
中学升学率，男性 ♀♂	SE. SEC. PROG. MA. ZS
中学升学率，女性 ♀♂	SE. SEC. PROG. FE. ZS

2.13 毕业率及教育成果

小学毕业率，总数 ♀♂	SE. PRM. CMPT. ZS
小学毕业率，男性 ♀♂	SE. PRM. CMPT. MA. ZS
小学毕业率，女性 ♀♂	SE. PRM. CMPT. FE. ZS
青年识字率，男性 ♀♂	SE. ADT. 1524. LT. MA. ZS
青年识字率，女性 ♀♂	SE. ADT. 1524. LT. FE. ZS
成年人识字率，男性 ♀♂	SE. ADT. LITR. MA. ZS
成年人识字率，女性 ♀♂	SE. ADT. LITR. FE. ZS

2.14 收入和性别引起的教育差距

本表提供了最贫困的1/5人口、最富裕的1/5人口的教育调查数据。	..[b]

2.15 医疗卫生体系

医疗卫生总支出	SH. XPD. TOTL. ZS
公共医疗卫生支出	SH. XPD. PUBL
自付医疗卫生支出	SH. XPD. OOPC. ZS
用于医疗卫生的外部资源	SH. XPD. EXTR. ZS
人均医疗卫生支出，美元	SH. XPD. PCAP
人均医疗卫生支出，PPP换算的美元	SH. XPD. PCAP. PP. KD
医生	SH. MED. PHYS. ZS

护士和接生员	SH. MED. NUMW. P3
社区医疗卫生工作者	SH. MED. CMHW. P3
病床	SH. MED. BEDS. ZS
出生登记的完整性	SP. REG. BRTH. ZS

2.16 疾病防治：范围和质量

获得改善的水源	SH. H2O. SAFE. ZS
获得改善的医疗卫生设施	SH. STA. ACSN
儿童免疫接种率，麻疹	SH. IMM. MEAS
儿童免疫接种率，白喉、百日咳、破伤风	SH. IMM. IDPT
得到医疗保健服务的患急性呼吸道感染儿童	SH. STA. ARIC. ZS
连续服用再水化盐药片的患痢疾儿童	SH. STA. ORCF. ZS
在经处理过的蚊帐内睡眠的儿童	SH. MLR. NETS. ZS
服用疟疾药物的发烧儿童	SH. MLR. TRET. ZS
肺结核治愈率	SH. TBS. CURE. ZS
肺结核诊断率	SH. TBS. DTEC. ZS

2.17 生殖健康

总生育率	SP. DYN. TFRT. IN
青春期女性生育率	SP. ADO. TFRT
意外怀孕的女性	SP. UWT. TFRT
避孕普及率	SP. DYN. CONU. ZS
接受产前护理的孕妇	SH. STA. ANVC. ZS
在熟练医护人员护理下的分娩	SH. STA. BRTC. ZS
孕产妇死亡率，国家估计数	SH. STA. MMRT. NE
孕产妇死亡率，模型估计数	SH. STA. MMRT
孕产妇死亡的终身风险	SH. MMR. RISK

2.18 营养与成长

营养不良患病率	SN. ITK. DEFC. ZS
体重不足患病率，男性 ♀♂	SH. STA. MALN. MA. ZS
体重不足患病率，女性 ♀♂	SH. STA. MALN. FE. ZS
发育迟缓患病率，男性 ♀♂	SH. STA. STNT. MA. ZS
发育迟缓患病率，女性 ♀♂	SH. STA. STNT. FE. ZS
瘦弱患病率，男性 ♀♂	SH. STA. WAST. MA. ZS
瘦弱患病率，女性 ♀♂	SH. STA. WAST. FE. ZS
儿童超重患病率，男性 ♀♂	SH. STA. OWGH. MA. ZS
儿童超重患病率，女性 ♀♂	SH. STA. OWGH. FE. ZS

2.19 营养摄取和补给

出生时体重不足的婴儿	SH. STA. BRTW. ZS
完全母乳喂养	SH. STA. BFED. ZS
食用加碘盐的比例	SN. ITK. SALT. ZS
维生素 A 补充率	SN. ITK. VITA. ZS
5 岁以下儿童贫血患病率	SH. ANM. CHLD. ZS
孕妇贫血患病率	SH. PRG. ANEM

2.20 健康风险因素与未来挑战

吸烟率，男性 ♀♂	SH. PRV. SMOK. MA
吸烟率，女性 ♀♂	SH. PRV. SMOK. FE
肺结核患病率	SH. TBS. INCD
糖尿病患病率	SH. STA. DIAB. ZS
艾滋病患病率	SH. DYN. AIDS. ZS
女性占 15 岁以上感染人数的百分比 ♀♂	SH. DYN. AIDS. FE. ZS
艾滋病患病率，青年男性 ♀♂	SH. HIV. 1524. MA. ZS
艾滋病患病率，青年女性 ♀♂	SH. HIV. 1524. FE. ZS
抗逆转录病毒治疗范围	SH. HIV. ARTC. ZS
传染性疾病、孕育期疾病、围产期疾病和营养状况导致的死亡	SH. DTH. COMM. ZS
非传染性疾病导致的死亡	SH. DTH. NCOM. ZS
伤害导致的死亡	SH. DTH. INJR. ZS

2.21 死亡率

出生时的预期寿命 ♀♂	SP. DYN. LE00. IN
新生儿死亡率	SH. DYN. NMRT
婴儿死亡率	SP. DYN. IMRT. IN
5 岁以下儿童死亡率，总数 ♀♂	SH. DYN. MORT
5 岁以下儿童死亡率，男性 ♀♂	SH. DYN. MORT. MA
5 岁以下儿童死亡率，女性 ♀♂	SH. DYN. MORT. FE
成人死亡率，男性 ♀♂	SP. DYN. AMRT. MA
成人死亡率，女性 ♀♂	SP. DYN. AMRT. FE

2.22 收入带来的健康差距

本表提供了最贫困的 1/5 人口、最富裕的 1/5 人口的健康调查数据。	..[b]

♀♂ 在《世界发展指标》数据库中，可以获取按性别分类的数据。

a. 取自《世界发展指标》数据库外的数据。

b. 可以在线获得数据表的一部分，但不能得单个指标。

环境

3

千年发展目标要求将环境的可持续发展纳入国家政策和规划之中并挽回环境损失。世界能否维持下去，在很大程度上取决于其能否管理好自然资源。本章中的指标将对资源使用、人类活动对自然及环境的影响进行衡量。其中包括对环境产品（森林、水、可耕种的土地）及环境恶化（污染、森林砍伐、栖息地缩小和生物多样性的丧失）的衡量。这些指标表明日益增长的人口和经济扩张已越来越依赖于对土地、水、森林、矿产和能源的需求。但能够提高生产率的新技术及更好的政策可以确保未来的发展在环境及社会上的可持续性。

世界为减轻气候变化的影响所做出的努力最能体现出风险与机遇交织。预计本世纪内，伴随着降水模式的变化，气温将持续升高，同时气候相关的大事件将更加频繁和严重，并将延续更长时间，如洪水和干旱等，都将给农业和粮食生产造成风险，影响水的供应。贫困国家和世界上最贫困的人口将最容易受到气候变化的伤害。

《2012 年世界发展指标》包括气候变化的两张新表。第一张表格给出了经济部门二氧化碳排放量的数据，这些数据来源于国际能源机构的年度时间序列统计。第二张表格包含关于气候变化、影响程度及恢复能力的国别指标。

本节中其他指标描述了土地利用、农业和粮食生产、森林和生物多样性、濒危物种、水资源、能源的使用效率、电力的生产和使用、温室气体的排放、城市化、交通拥堵、空气污染、政府的义务和自然资源租金。

这些指标尽可能地取自国际材料并经过标准化，以便进行国家间的比较。但生态系统跨越国界，不同的国家拥有的自然资源可能有所不同。例如，水资源在一个国家的某些地区可能是丰富的，但在其他地方则可能稀缺，而且国家之间经常分享水资源。土地生产率和最优土地使用量可能会随地区的不同而不尽相同，而相距遥远的地区可能拥有共同的特点。温室气体排放和气候变化以全球为单位进行测量，但其影响仅由当地人民承担，并会改变人们的生活和机遇。在地方、国家以及超国家的层面上对环境现象及其影响进行测量，仍是实现长期可持续发展的一项重大挑战。

要　点

东亚和太平洋地区：更多的人口可获得改善的卫生防疫设施

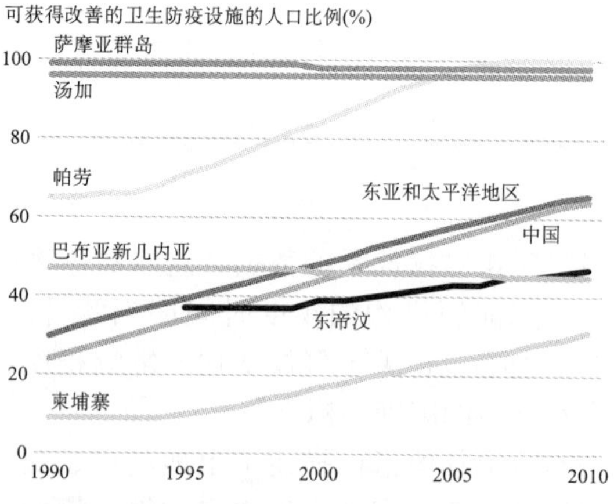

资料来源：表格3。

东亚和太平洋地区获得改善的卫生防疫设施的人口比例已提高了一倍多。这项了不起的成就为超过7亿的人口提供了基础医疗卫生设施，其中大部分都在中国。由于中国人口众多，因而它在东亚和太平洋地区的均值计算中占主导地位。但也有一些国家的提升速度超过了中国，比如，帕劳，2010年其医疗卫生设施实现了全民覆盖。另一个极端是柬埔寨，只有31%的人口能够享受这一福利。

欧洲和中亚：总排放量减小，但人均二氧化碳排放量居高不下

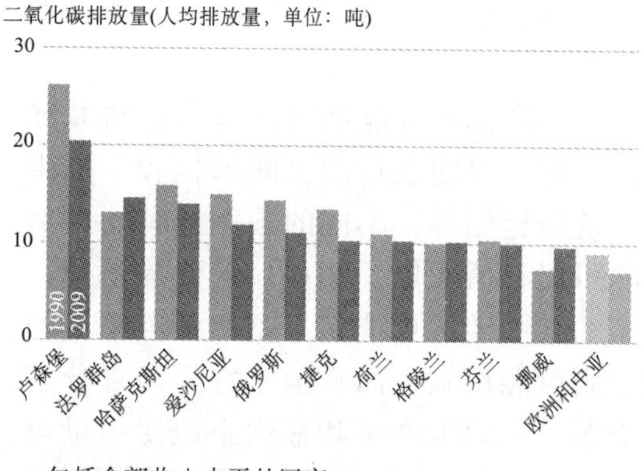

a. 包括全部收入水平的国家。

资料来源：在线数据表3.8。

二氧化碳排放多为能源生产和使用的副产品，在每年公布的温室气体排放量中所占比重最大。温室气体与全球变暖、环境破坏均有所关联，并包括二氧化碳、甲烷、一氧化二氮和其他工业气体（氢氟碳化物、全氟碳化物和六氟化硫）。2009年全球共排放约320亿吨二氧化碳，比1990年增长了44%。欧洲和中亚地区的二氧化碳排放量较上年同期下降25 %，但人均排放量在发展中地区间仍是最高的。过去20年中，其他温室气体的排放量也有所上升。2010年，全球排放量的估计值为：75亿吨甲烷当量二氧化碳，29亿吨二氧化氮及10亿吨其他工业气体。

拉丁美洲和加勒比地区：清洁高效能源的领导者

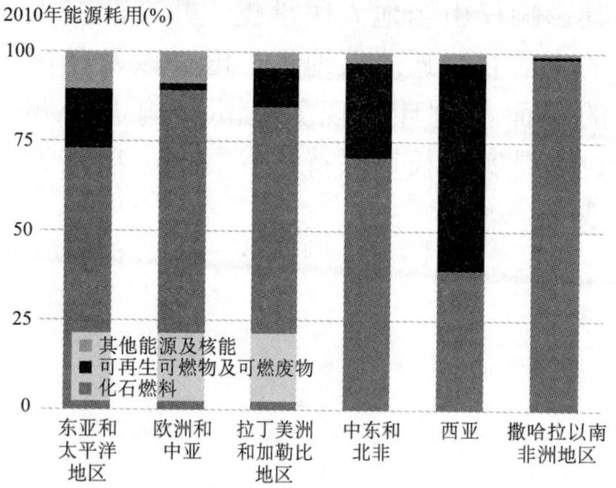

资料来源：在线数据表3.6和在线数据表3.8。

拉丁美洲和加勒比地区仍是世界上能源使用效率最高的地区，这由国内生产总值与能源消耗的比率来衡量。2010年，拉丁美洲国家每千克标准油平均产出7.70美元（以购买力平价换算的2005年美元计），较1990年增长12%。秘鲁、哥伦比亚、巴拿马、哥斯达黎加和乌拉圭是该地区最高效的能源用户。取自非碳能源资源的清洁能源包括替代能源（地热、太阳能和水电）和核能，其使用量正在增加，2010年清洁能源的使用占世界能源的9.2%，但在拉丁美洲和加勒比地区，这一数字为10.4%，居发展中地区之首。尽管二氧化碳排放量的增长在放缓，但在1990—2009年间该地区的排放量仍然上涨并超过57%。墨西哥、巴西、委内瑞拉、阿根廷和哥伦比亚是最大的排放国。

中东和北非：最缺水的地区

世界上可利用淡水总量约为 42 万亿立方米，但分布极不均匀。中东和北非是水资源最紧缺的地区，仅拥有不到全球 1% 的可再生淡水资源。该地区淡水总量为 2, 260 亿立方米，人均仅为 673 立方米，是发展中地区中最低的。相比之下，拉丁美洲和加勒比地区占有 32 % 的世界水资源，人均 22, 810 立方米；欧洲和中亚地区占 12%，人均 12, 516 立方米；东亚和太平洋地区占 21%，人均 4, 446 立方米。

2011年国内可再生淡水资源(%)

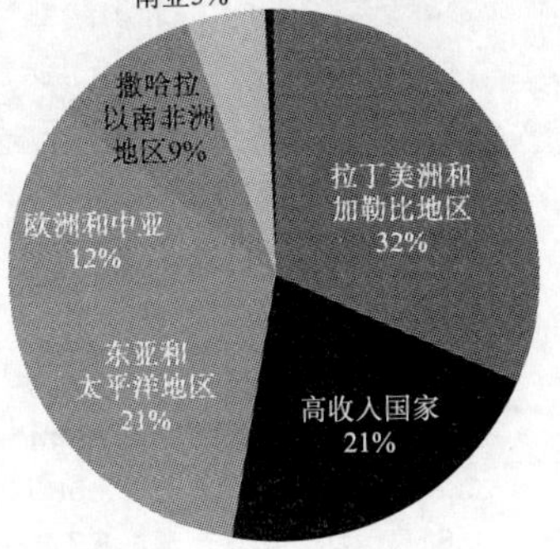

资料来源：在线数据表 3. 5。

南亚：拥有世界上污染最严重的几座城市

全世界当以南亚的空气污染最为严重，污染程度通过测定直径不到 10 微米（PM10）的细悬浮颗粒的浓度来确定，这种颗粒可以渗透到呼吸道，严重损害健康。PM10 数据用以衡量平均每年城镇居民接触到的室外颗粒物浓度。过去 20 年间，全球范围内空气污染已从每立方米 78 微克降至 41 微克。在发展中地区中浓度最高的是南亚（62）、中东和北非（59）。然而，城市的 PM10 浓度数据表明在发展中地区间撒哈拉以南非洲地区的大部分城市具有较高的污染程度。即便如此，撒哈拉以南非洲地区的可吸入颗粒物浓度（PM10）已经显著下降，在 1990—2010 年期间降幅为 65%。

直径10微米以下的颗粒物，2010年
(微克/立方米)

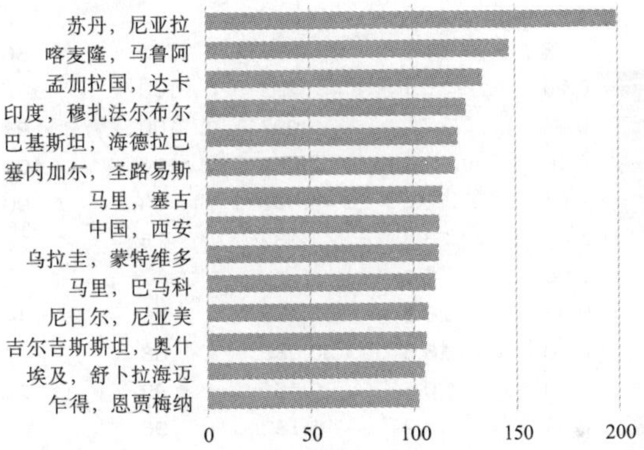

资料来源：在线数据表 3. 13 和在线数据表 3. 14。

撒哈拉以南非洲地区：使用生物能源做饭和取暖带来了健康危害

许多穷人靠来自植物原料的生物能源或动物粪便做饭和取暖。每年因室内空气污染造成的死亡人数达数百万，其中主要是由室内颗粒物污染造成的。许多儿童死于急性呼吸道感染，这是源于燃烧木材、作物秸秆和动物粪便引起的呼吸道感染（世界卫生组织，2004）。取自这些来源的能源占世界 8 亿多低收入居民所使用能源总量的 66%。撒哈拉以南非洲地区使用可燃可再生能源和废物，占能源使用总量的一半以上，在过去 20 年中已经上升了近 3%。在该地区，大约有 67 % 的人口无法使用任何电气，完全靠生物能源和煤炭做饭和取暖，而且使用量仍在不断增加。

可再生可燃物及可燃废物，2010年(占能源需求的百分比)

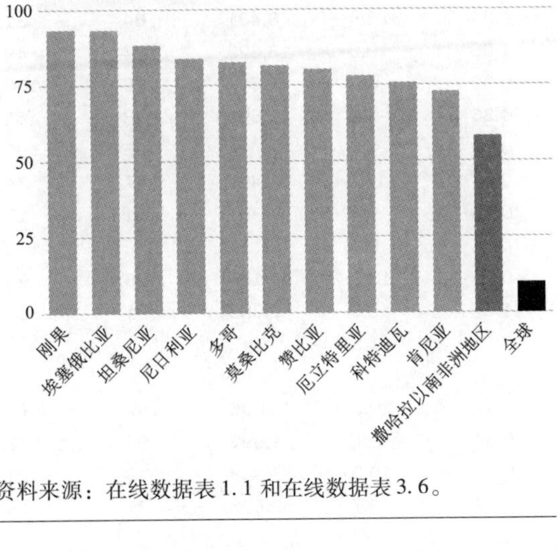

资料来源：在线数据表 1. 1 和在线数据表 3. 6。

	森林面积减少[a] 年均百分比 2000–2010	国家保护区 陆地和海洋保护区占领土面积的百分比 2010	可再生内陆淡水资源 人均立方米 2011	获得改善的水资源 占总人口的百分比 2010	获得改善的卫生防疫设施 占总人口的百分比 2010	城市人口 年均增长百分比 1990–2011	颗粒物浓度 每立方米中10微米以下的颗粒物的毫克数（以城市人口为权重） 2010	二氧化碳排放量 百万吨 2009	能源使用量 人均千克石油当量 2010	发电量 10亿千瓦时 2010
阿富汗	0.00	0.4	1,335	50	37	4.0	30	6.3	..	..
阿尔巴尼亚	−0.10	8.4	8,364	95	94	2.4	38	3.0	648	7.6
阿尔及利亚	0.57	6.2	313	83	95	2.6	69	121.3	1,138	45.6
美属萨摩亚群岛	0.19	16.7	..	..	..	1.9	..	..	..	..
安道尔	0.00	6.1	3,663	100	100	0.9	18	0.5	..	..
安哥拉	0.21	12.1	7,544	51	58	4.1	58	26.7	716	5.3
安提瓜和巴布达	0.20	1.0	580	..	..	1.0	13	0.5	..	..
阿根廷	0.81	5.3	6,771	..	..	1.0	57	174.7	1,847	125.3
亚美尼亚	1.48	8.0	2,212	98	90	0.3	45	4.5	791	6.5
阿鲁巴岛	0.00	0.0	..	100	..	0.8	..	2.3	..	..
澳大利亚	0.37	12.5	22,039	100	100	1.3	13	400.2	5,653	241.5
奥地利	−0.13	22.9	6,529	100	100	0.7	27	62.3	4,034	67.9
阿塞拜疆	0.00	7.1	885	80	82	1.8	27	49.1	1,307	18.7
巴哈马	0.00	1.0	58	..	100	1.5	..	2.6	..	..
巴林	−3.55	0.7	3	..	..	4.9	44	24.2	7,754	13.2
孟加拉国	0.18	1.6	698	81	56	3.0	115	51.0	209	42.3
巴巴多斯	0.00	0.1	292	100	100	1.4	35	1.6	..	..
白俄罗斯	−0.43	7.2	3,927	100	93	0.4	6	60.3	2,922	34.9
比利时	−0.16	13.2	1,089	100	100	1.2	21	103.6	5,586	93.8
伯利兹	0.67	20.6	44,868	98	90	3.0	12	0.4	..	..
贝宁	1.04	23.3	1,132	75	13	4.2	48	4.9	413	0.2
百慕大	0.00	5.1	..	..	..	0.7	..	0.5	..	..
不丹	−0.34	28.3	105,653	96	44	3.9	20	0.4	..	..
玻利维亚	0.50	18.5	30,085	88	27	2.2	57	14.5	737	6.9
波斯尼亚—黑塞哥维那	0.00	0.6	9,461	99	95	0.9	21	30.1	1,703	17.1
博茨瓦纳	0.99	30.9	1,182	96	62	2.2	64	4.4	1,128	0.5
巴西	0.50	26.0	27,551	98	79	1.2	18	367.1	1,363	515.7
文莱	0.44	29.6	20,939	..	..	2.2	44	9.3	8,308	3.9
保加利亚	−1.53	8.9	2,858	100	100	−1.7	40	42.8	2,370	46.0
布基纳法索	1.01	14.2	737	79	17	6.2	65	1.7	..	..
布隆迪	1.40	4.8	1,173	72	46	4.9	24	0.2	..	..
柬埔寨	1.34	23.4	8,431	64	31	2.1	42	4.6	355	1.0
喀麦隆	1.05	9.0	13,629	77	49	3.3	59	6.7	363	5.9
加拿大	0.00	6.2	82,647	100	100	1.2	15	513.9	7,380	607.8
佛得角	−0.36	0.2	599	88	61	2.1	..	0.3	..	..
开曼群岛	0.00	1.5	..	96	96	0.9	..	0.5	..	..
中非共和国	0.13	17.7	31,425	67	34	2.6	35	0.2	..	..
乍得	0.66	9.4	1,301	51	13	3.0	83	0.4	..	..
海峡群岛	..	0.5	..	..	..	0.8	..	..	..	..
智利	−0.25	13.3	51,188	96	96	1.1	46	66.7	1,807	60.4
中国	−1.57	16.0	2,093	91	64	3.0	59	7,687.1	1,807	4,208.3
中国香港	..	41.8	..	..	..	0.1	..	37.0	1,951	38.3
中国澳门	..	..	..	..	..	2.2	..	1.5	..	..
哥伦比亚	0.17	20.5	45,006	92	77	1.7	19	71.2	696	56.8
科摩罗	9.34	..	1,592	95	36	2.9	30	0.1	..	..
刚果民主共和国	0.20	10.0	13,283	45	24	4.3	35	2.7	360	7.9
刚果共和国	0.07	9.7	53,626	71	18	3.0	57	1.9	363	0.6

	森林面积减少[a] 年均百分比 2000-2010	国家保护区 陆地和海洋保护区占领土面积的百分比 2010	可再生内陆淡水资源 人均立方米 2011	获得改善的水资源 占总人口的百分比 2010	获得改善的卫生防疫设施 占总人口的百分比 2010	城市人口 年均增长百分比 1990-2011	颗粒物浓度 每立方米中10微米以下的颗粒物的毫克数(以城市人口为权重) 2010	二氧化碳排放量 百万吨 2009	能源使用量 人均千克石油当量 2010	发电量 10亿千瓦时 2010
哥斯达黎加	−0.93	17.6	23,780	97	95	2.2	27	8.3	998	9.6
科特迪瓦	−0.15	21.8	3,813	80	24	3.5	30	6.6	485	6.0
克罗地亚	−0.19	9.5	8,562	99	99	0.2	22	21.5	1,932	14.0
古巴	−1.66	5.3	3,387	94	91	−0.1	15	31.6	975	17.4
库拉索岛	..	..	..	..	..	..	..	..	..	..
塞浦路斯	−0.09	4.5	699	100	100	1.4	27	8.2	2,215	5.4
捷克共和国	−0.08	15.1	1,253	100	98	−0.3	16	108.1	4,193	85.3
丹麦	−1.14	4.1	1,077	100	100	0.6	15	45.7	3,470	38.8
吉布提	0.00	0.0	331	88	50	2.0	28	0.5	..	..
多米尼克	0.58	3.7	..	..	..	0.1	20	0.1	..	..
多米尼加共和国	0.00	24.1	2,088	86	83	2.1	14	20.3	840	15.9
厄瓜多尔	1.81	38.0	29,456	94	92	2.2	19	30.1	836	17.7
埃及	−1.73	6.1	22	99	95	2.1	78	216.1	903	146.8
萨尔瓦多	1.45	1.4	2,850	88	87	1.3	28	6.3	677	6.0
赤道几内亚	0.69	14.0	36,100	..	..	3.2	6	4.8	..	..
厄立特里亚	0.28	3.8	517	*61*	*14*	5.2	61	0.5	142	0.3
爱沙尼亚	0.12	22.6	9,486	98	95	0.1	9	16.0	4,155	13.0
埃塞俄比亚	1.08	18.4	1,440	44	21	3.7	47	7.9	400	5.0
法罗群岛	0.00	..	..	..	..	0.8	11	0.7	..	..
斐济	−0.34	0.2	32,876	98	83	1.7	20	0.8	..	..
芬兰	0.14	8.5	19,858	100	100	0.6	15	53.6	6,787	80.7
法国	−0.39	17.1	3,057	100	100	1.2	12	363.4	4,031	564.3
法属玻利尼西亚	−3.97	0.1	..	100	98	1.1	..	0.9	..	..
加蓬	0.00	14.6	106,892	87	33	2.3	7	1.6	1,418	1.8
冈比亚	−0.41	1.3	1,689	89	68	3.7	60	0.4	..	..
格鲁吉亚	0.09	3.4	12,958	98	95	1.0	49	5.8	700	10.1
德国	0.00	42.3	1,308	100	100	0.2	16	734.6	4,003	622.1
加纳	2.08	14.0	1,214	86	14	3.6	22	7.4	382	8.4
希腊	−0.81	9.9	5,133	100	98	0.3	27	94.9	2,440	57.4
格陵兰	0.00	40.1	..	100	100	0.2	..	0.6	..	..
格林纳达	0.00	0.1	..	..	97	1.3	19	0.2	..	..
关岛	0.00	3.6	..	100	99	1.3	..	..	..	..
危地马拉	1.40	29.5	7,400	92	78	3.4	51	15.2	713	8.8
几内亚	0.54	6.4	22,110	74	18	3.8	55	1.2	..	..
几内亚比绍	0.48	26.9	10,342	64	20	3.6	48	0.3	..	..
圭亚那	0.00	4.8	318,766	94	84	0.5	20	1.6	..	..
海地	0.76	0.1	1,285	69	17	3.8	35	2.3	229	0.6
洪都拉斯	2.06	13.9	12,371	87	77	3.1	34	7.7	601	6.7
匈牙利	−0.62	5.1	602	100	100	0.4	15	48.7	2,567	37.4
冰岛	−4.99	13.2	532,892	100	100	0.4	18	2.0	16,882	17.1
印度	−0.46	4.8	1,165	92	34	2.5	52	1,979.4	566	959.9
印度尼西亚	0.51	6.4	8,332	82	54	2.5	60	451.8	867	169.8
伊朗	0.00	6.9	1,718	96	100	1.3	56	602.1	2,817	233.0
伊拉克	−0.09	0.1	1,068	79	73	2.8	88	109.0	1,180	50.2
爱尔兰	−1.53	1.2	10,707	100	99	2.7	13	41.6	3,218	28.4
马恩岛	0.00	..	..	..	..	0.5	..	..	..	..
以色列	−0.07	15.1	97	100	100	1.9	21	67.2	3,005	58.6

	森林面积减少[a] 年均百分比 2000–2010	国家保护区 陆地和海洋保护区占领土面积的百分比 2010	可再生内陆淡水资源 人均立方米 2011	获得改善的水资源 占总人口的百分比 2010	获得改善的卫生防疫设施 占总人口的百分比 2010	城市人口 年均增长百分比 1990–2011	颗粒物浓度 每立方米中10微米以下的颗粒物的毫克数（以城市人口为权重） 2010	二氧化碳排放量 百万吨 2009	能源使用量 人均千克石油当量 2010	发电量 10亿千瓦时 2010
意大利	−0.90	15.9	3,005	100	..	0.7	21	400.8	2,815	298.8
牙买加	0.11	7.3	3,475	93	80	0.4	27	8.6	1,131	4.2
日本	−0.05	10.9	3,364	100	100	0.9	24	1,101.1	3,898	1,110.8
约旦	0.00	1.9	110	97	98	2.5	30	22.5	1,191	14.8
哈萨克斯坦	0.17	2.5	3,886	95	97	1.3	18	225.8	4,595	82.6
肯尼亚	0.33	11.7	497	59	32	4.4	30	12.4	483	7.5
基里巴斯	0.00	22.6	..	..	..	1.8	..	0.1	..	..
朝鲜	2.00	3.9	2,740	98	80	0.6	52	75.1	761	21.7
韩国	0.11	3.0	1,303	98	100	1.1	30	509.4	5,060	496.7
科索沃	..	..	..	..	..	..	..	..	1,372	5.2
科威特	−2.57	1.1	0	99	100	2.9	91	80.2	12,204	57.0
吉尔吉斯共和国	−1.07	6.9	8,873	90	93	1.5	35	6.7	536	11.4
老挝	0.49	16.6	30,280	67	63	4.7	45	1.8	..	..
拉脱维亚	−0.34	16.4	8,133	99	78	−8.4	12	6.7	1,971	6.6
黎巴嫩	−0.45	0.4	1,127	100	..	0.9	25	21.0	1,526	15.7
莱索托	−0.47	0.5	2,384	78	26	3.7	38	..	..	..
利比里亚	0.67	1.6	48,443	73	18	4.1	31	0.5	..	..
利比亚	0.00	0.1	109	..	97	1.3	65	62.9	3,013	31.6
列支敦士登	0.00	42.4	..	..	..	0.5	24	..	..	..
立陶宛	−0.68	14.4	5,135	92	86	−8.0	16	12.8	2,107	5.0
卢森堡	0.00	20.0	1,930	100	100	2.5	12	10.1	8,343	3.2
前南斯拉夫马其顿共和国	−0.41	4.9	2,616	100	88	0.4	17	11.3	1,402	7.3
马达加斯加	0.45	2.5	15,810	46	15	4.8	28	1.8	..	..
马拉维	0.97	15.0	1,049	83	51	4.1	29	1.1	..	..
马来西亚	0.54	13.7	20,098	100	96	2.5	18	198.3	2,558	125.3
马尔代夫	0.00	..	94	98	97	4.1	28	1.0	..	..
马里	0.61	2.4	3,788	64	22	4.9	111	0.6	..	..
马耳他	0.00	1.7	121	100	100	0.1	..	2.5	2,013	2.1
马绍尔群岛	0.00	0.6	..	94	75	1.9	..	0.1	..	..
毛里塔尼亚	2.66	1.1	113	50	26	3.0	68	2.1	..	..
毛里求斯	1.00	0.7	2,139	99	89	0.4	16	3.8	..	..
墨西哥	0.30	11.9	3,563	96	85	1.6	30	446.2	1,570	271.0
密克罗尼西亚联邦	−0.04	0.1	..	..	..	0.9	..	0.1	..	..
摩尔多瓦	−1.77	1.4	281	96	85	1.4	36	4.5	731	3.6
摩纳哥	0.00	98.1	..	100	100	0.1	..	..	..	..
蒙古	0.73	13.4	12,428	82	51	2.9	96	14.5	1,189	4.5
黑山	0.00	11.5	..	98	90	0.4	..	3.1	1,303	4.2
摩洛哥	−0.23	1.5	899	83	70	1.6	23	48.8	517	22.3
莫桑比克	0.54	14.8	4,191	47	18	3.1	22	2.6	436	16.7
缅甸	0.93	5.2	20,750	83	76	2.5	40	11.1	292	7.5
纳米比亚	0.97	14.7	2,651	93	32	3.3	42	3.6	702	1.5
尼泊尔	0.70	17.0	6,501	89	31	3.8	27	3.5	341	3.2
荷兰	−0.14	15.2	659	100	100	0.9	30	169.7	5,021	118.1
新喀里多尼亚	0.00	23.9	..	..	..	1.4	48	3.0	..	..
新西兰	−0.01	20.0	74,230	100	..	0.9	11	32.1	4,166	44.8
尼加拉瓜	2.01	36.8	32,318	85	52	1.9	21	4.5	542	3.7
尼日尔	0.98	7.1	218	49	9	5.0	96	1.2	..	..

	森林面积减少[a] 年均百分比 2000–2010	国家保护区 陆地和海洋保护区占领土面积的百分比 2010	可再生内陆淡水资源 人均立方米 2011	获得改善的水资源 占总人口的百分比 2010	获得改善的卫生防疫设施 占总人口的百分比 2010	城市人口 年均增长百分比 1990–2011	颗粒物浓度 每立方米中10微米以下的颗粒物的毫克数（以城市人口为权重） 2010	二氧化碳排放量 百万吨 2009	能源使用量 人均千克石油当量 2010	发电量 10亿千瓦时 2010
尼日利亚	3.67	12.6	1,360	58	31	3.8	38	70.2	714	26.1
北马里亚纳群岛	0.53	28.4	..	98	..	0.5	..	..	..	..
挪威	–0.80	10.9	77,124	100	100	1.6	16	47.1	6,637	124.1
阿曼	0.00	9.3	492	89	99	2.6	95	41.1	7,188	19.8
巴基斯坦	2.24	9.8	311	92	48	2.7	91	161.2	487	94.5
帕劳	–0.18	4.8	..	85	100	1.6	..	0.2	..	..
巴拿马	0.36	11.5	41,275	*93*	*69*	2.3	45	7.8	1,073	7.5
巴布亚新几内亚	0.48	1.4	114,203	40	45	2.8	16	3.5	..	..
巴拉圭	0.97	5.4	14,311	86	71	2.6	64	4.5	742	54.1
秘鲁	0.18	13.1	54,966	85	71	1.5	42	47.4	667	35.9
菲律宾	–0.75	5.0	5,050	92	74	2.2	17	68.6	434	67.7
波兰	–0.31	21.8	1,391	..	*90*	0.8	33	298.9	2,657	157.1
葡萄牙	–0.11	6.1	3,600	99	100	0.1	18	57.4	2,213	53.7
波多黎各	–1.76	4.4	1,915	..	..	–0.3	15	..	..	..
卡塔尔	0.00	1.4	30	100	100	6.3	20	70.3	12,799	28.1
罗马尼亚	–0.32	7.8	1,978	*89*	*73*	–0.2	11	79.5	1,632	60.3
俄罗斯	0.00	9.2	30,169	97	70	0.6	15	1,574.4	4,927	1,036.1
卢旺达	–2.38	10.0	868	65	55	4.6	21	0.7	..	..
萨摩亚	0.00	1.2	..	96	98	–0.5	..	0.2	..	..
圣马力诺	0.00	..	..	..	..	0.7	8	..	..	..
圣多美和普林西比	0.00	..	12,936	89	26	2.9	28	0.1	..	..
沙特阿拉伯	0.00	29.9	85	..	..	2.5	96	432.8	6,168	240.1
塞内加尔	0.49	23.5	2,021	72	52	3.4	77	4.6	272	3.0
塞尔维亚	–0.99	6.0	1,158	99	92	0.2	..	46.3	2,141	37.4
塞舌尔	0.00	0.9	..	..	..	0.1	..	0.7	..	..
塞拉利昂	0.69	4.3	26,678	55	13	3.2	39	1.4	..	..
新加坡	0.00	3.4	116	100	100	2.1	23	31.9	6,456	45.4
圣马丁岛	..	..	..	..	..	..	..	..	..	..
斯洛伐克	–0.06	23.2	2,334	100	100	–0.7	13	33.9	3,280	27.5
斯洛文尼亚	–0.16	13.1	9,095	99	100	0.1	26	15.3	3,520	16.2
所罗门群岛	0.25	0.1	80,939	..	..	4.8	31	0.2	..	..
索马里	1.07	0.5	628	29	23	3.6	26	0.6	..	..
南非	0.00	6.9	886	91	79	1.9	18	499.0	2,738	256.6
南苏丹	..	..	..	..	..	4.7	..	..	..	..
西班牙	–0.68	7.6	2,408	100	100	0.4	24	288.2	2,773	299.9
斯里兰卡	1.12	15.0	2,530	91	92	1.6	65	12.7	478	10.8
圣基茨和尼维斯	0.00	0.8	452	99	96	1.5	15	0.3	..	..
圣卢西亚	–0.07	2.0	..	96	65	–2.6	31	0.4	..	..
圣马丁	0.00	..	..	..	..	..	..	..	..	..
圣文森特和格林纳丁斯	–0.27	1.2	..	..	..	0.8	22	0.2	..	..
苏丹	0.08	4.2	672	58	26	2.6[c]	137	14.3	371	7.8
苏里南	0.01	12.2	166,220	92	83	1.5	20	2.5	..	..
斯威士兰	–0.84	3.0	2,472	71	57	1.0	30	1.0	..	..
瑞典	–0.30	10.0	18,097	100	100	0.9	10	43.7	5,468	148.5
瑞士	–0.38	24.9	5,106	100	100	1.2	20	41.6	3,349	66.1
叙利亚	–1.29	0.6	343	90	95	2.5	54	65.3	1,063	46.4
塔吉克斯坦	0.00	4.1	9,096	64	94	1.6	29	2.8	336	16.4

	森林面积减少[a] 年均百分比 2000-2010	国家保护区 陆地和海洋保护区占领土面积的百分比 2010	可再生内陆淡水资源 人均立方米 2011	获得改善的水资源 占总人口的百分比 2010	获得改善的卫生防疫设施 占总人口的百分比 2010	城市人口 年均增长百分比 1990-2011	颗粒物浓度 每立方米中10微米以下的颗粒物的毫克数(以城市人口为权重) 2010	二氧化碳排放量 百万吨 2009	能源使用量 人均千克石油当量 2010	发电量 10亿千瓦时 2010
坦桑尼亚	1.13	26.9	1,817	53	10	4.8	19	7.0	448	4.4
泰国	0.02	17.3	3,229	96	96	1.7	53	271.7	1,699	159.5
东帝汶	1.40	6.4	6,986	69	47	4.2	..	0.2	..	..
多哥	5.13	11.0	1,868	61	13	3.4	27	1.5	446	0.1
汤加	0.00	9.4	..	100	96	0.9	..	0.2	..	..
特立尼达和多巴哥	0.32	9.6	2,852	94	92	2.3	97	47.8	15,913	8.5
突尼斯	−1.86	1.3	393	*94*	*85*	1.5	23	25.2	913	16.1
土耳其	−1.11	1.9	3,083	100	90	2.5	35	277.8	1,445	211.2
土库曼斯坦	0.00	3.0	275	..	98	1.9	36	48.2	4,226	16.7
特克斯和凯科斯群岛	0.00	3.5	..	100	..	2.6	..	0.2	..	..
图瓦卢	0.00	0.2	..	98	85	1.0	..	..	..	..
乌干达	2.56	10.3	1,130	72	34	5.9	10	3.5	..	..
乌克兰	−0.21	3.6	1,162	98	94	−0.1	15	272.2	2,845	188.6
阿拉伯联合酋长国	−0.24	4.7	19	100	98	5.3	89	156.8	8,271	97.7
英国	−0.31	18.1	2,311	100	100	0.9	13	474.6	3,252	378.0
美国	−0.13	13.7	9,044	99	100	1.0	18	5,299.6	7,164	4,354.4
乌拉圭	−2.14	0.3	17,515	100	100	0.5	112	7.9	1,241	10.8
乌兹别克斯坦	−0.20	2.3	557	87	100	2.8	31	116.5	1,533	51.7
瓦努阿图	0.00	0.5	..	90	57	3.7	14	0.1	..	..
委内瑞拉	0.60	50.2	24,674	..	..	1.7	10	184.8	2,669	118.3
越南	−1.65	4.6	4,092	95	76	3.1	54	142.3	681	94.9
美属维尔京群岛	0.80	1.5	..	..	..	0.1	..	..	..	..
西岸和加沙	−0.10	0.6	207	85	92	3.3	..	2.2	..	..
也门共和国	0.00	0.7	85	55	53	4.9	34	24.0	298	7.8
赞比亚	0.33	36.0	5,952	61	48	5.3	27	2.0	628	11.3
津巴布韦	1.88	28.0	961	80	40	2.7	34	8.9	764	8.1
全世界	**0.11 w**	**11.9 w**	**6,115 s**	**88 w**	**63 w**	**2.1 w**	**41 w**	**32,042.2[d] w**	**1,851 w**	**21,448.9 w**
低收入国家	0.61	10.0	5,125	65	37	3.6	54	229.8	363	197.4
中等收入国家	0.08	12.0	5,819	90	59	2.3	46	17,344.8	1,310	10,122.1
中低收入国家	0.31	8.8	3,121	87	47	2.6	53	3,884.9	667	2,138.2
中高收入国家	0.02	13.1	8,550	93	73	2.1	42	13,460.8	1,948	7,981.7
低收入和中等收入国家	0.15	11.6	5,722	86	56	2.4	47	17,574.2	1,210	10,344.7
东亚和太平洋地区	−0.44	13.3	4,446	90	66	2.9	55	8,936.9	1,520	4,888.8
欧洲和中亚	−0.04	7.7	12,498	96	84	0.9	21	2,863.0	3,015	1,884.3
拉丁美洲和加勒比地区	0.45	19.8	22,810	94	79	1.5	28	1,533.7	1,312	1,356.4
中东和北非	−0.15	4.0	673	89	88	2.1	59	1,320.9	1,372	638.4
南亚	−0.29	5.6	1,197	90	38	2.7	62	2,215.6	519	1,120.1
撒哈拉以南非洲地区	0.48	11.6	4,455	61	31	3.8	41	724.0	683	441.4
高收入国家	−0.04	12.7	8,195	100	100	1.0	22	12,727.0	5,000	11,163.7
欧元区	−0.31	16.5	2,933	100	100	0.6	18	2,456.1	3,633	2,352.4

a. 负值表明森林面积的增加。b. 由于数据不可靠，不包括来自其他国家的河水流量。c. 不包括南苏丹。d. 包括未分配给特定国家的排放量。

关于数据

环境资源对于促进经济增长和减少贫困有着重要作用，但经济增长会对环境产生新的压力。滥伐森林、具有生物多样性的栖息地的缩小、水资源枯竭、污染、城市化以及不断增加的能源需求在发展战略的制定过程中均是必须考虑的因素。

森林减少

森林为许多物种提供了栖息地，并能够吸附二氧化碳。如果管理得当，森林也能够为管理和使用森林资源的人们提供生计。粮食及农业组织（2010）使用森林的标准定义对2010年森林覆盖率进行统计，并对1990年和2000年森林覆盖率的估计值进行了调整。本章使用的数据不区分天然林与种植林，粮食及农业组织仅为发展中国家提供这一分项数据。因此，数据可能低估了一些国家天然林消失的速率。

栖息地保护和生物多样性

滥伐森林是导致生物多样性丧失的重要原因，栖息地保护对阻止这一趋势至关重要。保护工作主要着力于对生物多样性高的区域的保护。世界保护监测中心（WCMC）和联合国环境规划署（UNEP）编制了保护区的数据。定义、报告准则以及报告期间的差异限制了各国间的可比性。使用六类国际自然及自然资源保护联合会（IUCN）对1,000公顷及以上土地的分类——限制大众进入的科学保护区及自然保护区，对国家或世界意义重大且实质上未受到人类活动影响的国家公园，独特的自然遗迹和自然景观，人工管理的自然保护区和野生动物保护区，受保护的景观（可能包括人文景观），以及为保证长期保护及保持生态多样性而进行管理以便生态系统可持续使用的地区——以及未经IUCN分类的陆地保护区来定义国家保护区。指定一个区域作为保护区并不意味着保护生效。对于保护区面积小于1,000公顷的小国，定义中的面积限制常常会导致对保护区的低估。由于数据采集一致性和采集方法的不同，不同国家间的数据质量存在很大出入。有些国家较其他国家更频繁地对信息进行更新，有些国家对覆盖范围有更精确的数据，而许多国家则会低估保护区的数量或范围。

淡水资源

淡水资源的数据来源于对径流流入河流和地下水补给的估计。这些估计值取自不同资料，涉及不同年份，所以不同国家间的比较应该谨慎。间歇性地收集数据可能会隐藏每年相当规模的可再生水资源总量的变化。数据并不区分各国自身水资源可利用量的季节性和地理性变化。小国及处于干旱和半干旱地区国家的数据不如大国和降雨量充沛国家的数据可靠。

水和卫生防疫设施

安全饮用水的供给和排泄物的卫生处理，是改善人类健康和保护环境的两大最重要手段。改善卫生防疫设施能防止人类、动物和昆虫接触排泄物。

改善的水资源可获得性的数据衡量了能得到可供本国使用的水资源的人口比例，数据来源于由政府提供给世界卫生组织和联合国儿童基金会联合监测项目的用户调查和估计。覆盖率基于家庭用户提供的信息而非来自服务供应商，因为服务供应商可能提供包括无机能系统的信息。从改善的水源获得的饮用水并不能确保安全或足够，因为调查时并没有测试这些特征。虽然有关获得改善的水资源的信息广泛使用，但这是非常主观的；尽管世卫组织做出了正式定义（见“定义”），但“安全”、“改善”、“足够的”和“合理的”在不同的国家可能有着不同的含义。甚至在高收入的国家，处理过的水可能也并不能保证可供安全饮用。源自改善后水源仅代表与供应系统有所联系；而并未考虑质量和服务成本的变化。

城市化

不存在任何一套一致的、公认的标准来区分城市与农村地区，并用于进行人口统计。大多数国家依定居地的大小或特征进行分类。有些国家基于特定基础设施的数量和服务定义城市与农村地区。其他国家则基于行政安排指定城市与农村地区。因为数据基于各国的定义，不同国家间比较时应该谨慎。

空气污染

室内和室外空气污染是影响人类健康的主要元凶。世界上一半的人口靠牛粪、木材、农作物废弃物，或煤来满足基本的能源需求。使用这些燃料在明火或未装烟囱的炉子上做饭及取暖，会导致室内空气污染，每年造成160万人死亡——相当于每20秒死亡一人。在许多城市地区，空气污染是环境对健康的主要威胁。长期暴露在高浓度烟尘和小颗粒之中，会对健康造成影响，导致呼吸系统疾病、肺癌和心脏疾病等。颗粒物污染或颗粒物与二氧化硫混合都将对健康造成巨大伤害。

颗粒物数据是指远离空气污染“热点”，如工业区和运输通道地区的居民区年均颗粒物浓度的估计值。数据由世界银行农业及环境服务部对居民超过10万的城市环境中的颗粒物质浓度的年均值进行估计得到。

污染物浓度对周边环境情况比较敏感，即使在同一城市的各监测站都可能记录到不同值。因此，这些数据应仅作为衡量总体空气质量的指标，在进行比较时应该谨慎。数据支持对不同国家城镇居民所面临的颗粒污染物相对危险性进行比较。城市户外颗粒物污染主要源自交通及工业排放，但非人为来源如沙尘暴等也可能是某些城市颗粒物污染的主要组成部分。各国的技术和污染控制是颗粒物情况的重要决定因素。目前世卫组织制定的空气质量标准是直径小于10微米的颗粒物年均浓度不超过20微克每立方米。

二氧化碳排放量

二氧化碳排放是温室气体的主要来源，会导致全球变暖，威胁人类和自然栖息地的安全。化石燃料燃烧和水泥生产是人为二氧化碳排放的主要来源，由美国能源部二氧化碳信息分析中心（CDIAC）利用来自联合国统计局的世界能源数据集和美国矿业水泥制造局数据集进行计算。二氧化碳排放量通常按照碳元素进行计算和报告，而后将其乘以3.667（碳转化为二氧化碳的质量比）转换为实际二氧化碳的质量。虽然全球二氧化碳排放量的估计误差可能控制在10%以内（以全球燃料化学和使用均值计算），但各国估计值可能有较大范围的误差。使用持续的时间序列估计的趋势往往要比单个数值准确。CDIAC每年都会结合最近的调查结果及修正，对1949年以来的全部时间序列进行重新计算。由于在参与国之间分摊燃料存在难度，因而估计中不包括国际运输中船舶和飞机使用的燃料。

能源使用量

发展中经济体中能源用量的增长与现代部门——工业、机动化交通以及城市地区——的发展密切相关，但也反映出该国的气候、地理和经济因素。低收入和中等收入经济体的能源使用量正在快速增长，而高收入经济体的人均能源使用量更是前者的五倍。

能源利用总量是指转换为二次能源燃料（如电力和精制石油产品）之前的初级能源的使用量。它包括从可燃性可再生能源和废物（包括固体生物质和动物产品的能源，生物质气体和液体，以及工业和市政垃圾）中提取的能量。生物质是指一切直接用作燃料或转化为燃料、热量或电力的植物物质。可燃性可再生能源和废物的数据往往基于小型调查或其他不完全信息的，从而只能描述大致的发展情况，在各国之间并不具有严格的可比性。国际能源署的报告中包括对各国的注解，并对其中的一些差异进行了解释（详见“数据资料来源”）。所有形式的能源——初级能源和初级电力——均被折算为石油当量。假定核电力转换为石油当量的名义热效率为33%，水力发电的转换率为100%。

发电量

能源的使用对于改善人民的生活水平非常重要。但发电也会造成环境破坏。这种损害是否会发生在很大程度上取决于发电的方式。例如，燃烧煤炭发电较之燃烧等量的天然气释放两倍的二氧化碳——全球变暖的主要原因。核能不会产生二氧化碳排放，但会产生其他危险的废物。

国际能源机构（IEA）对数据及用于发电的能源投入数据进行了整理汇编。非经济合作与发展组织（OECD）成员国的数据则基于对该国能源数据的调整，以使之与经合组织成员国政府填写的年度调查表相一致。此外，有时需对关键数据丢失的部分做出估计以得到总量数据，同时也需按照定义做出调整以弥补差异。国际能源机构在对国家统计局，石油公司，电力公司，国家能源专家进行咨询后对这些项目做出估计。IEA偶尔会对时间序列进行修改，以反映政治上的变化。例如，IEA已经建立了前苏联国家的历史能源统计。此外，其他国家的能源统计近年来已在覆盖范围或方法上做出了系列改变，而更多详尽的能源账项也已投入使用。因此，时间序列存在着不可避免的中断。

定义

森林面积减少是指将自然林区永久转换作其他用途，包括农业、牧场、定居点和基础设施。滥伐区域不包括记录在册但会进行再生或由薪材收集，酸性降水或森林火灾所造成损毁的区域。**国家保护区**是指受保护的陆地和海洋区域占总领土面积的百分比，包括所有已知位置和范围的国家级保护区。所有划定和类别上重叠的区域，缓冲区和多角形区域均被移除，所有未标明日期的保护区均算作过期。**可再生内陆淡水资源**是指一国源自降水的河流及地下水的年均流量。发源于一国境外的自然流入流量及地表径流和地下水回灌之间重叠的水资源需排除在外。**获得改善的水资源**是指能从合适的改善水源获取足够水资源的人口比例。其中改善水源指宅内或院内自来水；公用水龙头或蓄水塔；管井或钻井；受保护的大口井或泉水；以及雨水收集。未改善水源包括无保护的大口井和泉水、车载小缸或桶、瓶装水以及油罐车。合适是指每人每天可以距住宅1公里之内的水源获得至少20升可用水。**获得改善的卫生防疫设施**衡量获得改善的卫生防疫设施的人口百分比，要求人们至少能够使用足够的排泄物处置设施（私人或共用均可，但非公用），能够有效防止人类、动物、昆虫与粪便接触（不必包括污水净化设施）。改善设施的范围包含从简单但有围墙的坑式厕所到连接排水的冲洗厕所。为保证有效，设施必须建设合理并进行适当维护。**城市人口**是指各国定义为城市并向联合国进行报告的地区的年中人口数与世界银行总人口估计值的比例。**颗粒物浓度**是指能够穿透进入呼吸道并严重损害健康的，直径小于10微米（PM10）的细微悬浮粒子浓度。在居民超过10万的城市中，住宅区的颗粒物浓度是城市人口加权平均的PM10数据。**二氧化碳排放量**是指由化石燃料燃烧和水泥制造产生的排放量，包括固体、液体、气体燃料和天然气燃烧时排放的二氧化碳。**能源使用量**是指转换为二次能源前初级能源的使用量，相当于本国产量加上进口量及库存变化，减去出口量和用于国际运输的船舶和飞机的燃料。**发电量**需对同一发电站全部发电机组的终端进行测定。除水电、煤炭、石油、天然气和核能发电外，其中还包含地热、太阳能、风能、潮汐和波浪发电以及可燃性可再生能源及废物发电。其产量包括为发电而专门设计的电厂以及热电联产电厂生产的电力。

数据资料来源

关于森林砍伐的数据来自于联合国粮食及农业组织（2010）和联合国粮食及农业组织的数据网站。关于保护区的数据，来自联合国环境规划署和世界保护监测中心的在线数据库，这些数据均基于国家主管部门，国家立法部门及国际协定。淡水资源的数据来自联合国粮食及农业组织AQUASTAT数据库。水资源和卫生防疫设施的可获得性数据来自世界卫生组织和联合国儿童基金会（2012）。城市人口数据来自于联合国人口署（2011）。颗粒物浓度的数据为世界银行估计值。二氧化碳排放量数据来自二氧化碳信息分析中心。能源使用量和发电量来自国际能源署的电子文档及国际能源机构的年度出版刊物，包括《非经济合作与发展组织成员国能源统计》，《非经济合作与发展组织成员国能源平衡表》，《经济合作与发展组织成员国能源统计》和《经济合作与发展组织成员国能源平衡表》。

参考文献

CDIAC (Carbon Dioxide Information Analysis Center). n.d. Online database. http://cdiac.ornl.gov/home.html. Oak Ridge National Laboratory, Environmental Science Division, Oak Ridge, TN.

FAO (Food and Agriculture Organization of the United Nations). 2010. *Global Forest Resources Assessment 2010.* Rome.

———. n.d. AQUASTAT. Online database. www.fao.org/nr/water/aquastat/data/query/index.html. Rome.

IEA (International Energy Agency). Various years. *Energy Balances of Non-OECD Countries.* Paris.

———.Various years. *Energy Balances of OECD Countries.* Paris.

———. Various years. *Energy Statistics of Non-OECD Countries.* Paris.

———.Various years. *Energy Statistics of OECD Countries.* Paris.

UNEP (United Nations Environment Programme) and WCMC (World Conservation Monitoring Centre). 2012. Online databases www.unep-wcmc-apps.org/species/dbases/about.cfm. Nairobi.

United Nations Population Division. 2011. *World Urbanization Prospects: The 2011 Revision.* New York: United Nations, Department of Economic and Social Affairs.

WHO (World Health Organization). 2004. *Inheriting the World: The Atlas of Children's Health and the Environment.* www.who.int/ceh/publications/atlas/en/index.html. Geneva.

WHO (World Health Organization) and UNICEF (United Nations Children's Fund). 2012. *Progress on Sanitation and Drinking Water.* Geneva: WHO.

3 环 境

在线数据表和指标

若要获取《世界发展指标》在线数据表，请使用网址 http：//wdi. worldbank. org/table/和数据表编号（例如，http：//wdi. worldbank. org/table/3. 1）。若要查看特定的在线指标，请使用网址 http：//data. worldbank. org/indicator/和指标编码（例如，http：//data. worldbank. org/Indicator/SP. RUR. TOTL. ZS）。

3.1 农村环境和土地使用

农村人口	SP. RUR. TOTL. ZS
农村人口增长	SP. RUR. TOTL. ZG
土地面积	AG. LND. TOTL. K2
森林面积	AG. LND. FRST. ZS
永久性作物用地	AG. LND. CROP. ZS
耕地	AG. LND. ARBL. ZS
人均耕地（公顷）	AG. LND. ARBL. HA. PC

3.2 农业投入

农业用地，占土地面积的百分比	AG. LND. AGRI. ZS
农业用地，占灌溉用地的百分比	AG. LND. IRIG. AG. ZS
年均降雨量	AG. LND. PRCP. MM
谷物生产用地	AG. LND. CREL. HA
化肥消费量，占化肥产量的百分比	AG. CON. FERT. PT. ZS
化肥消费量，千克/公顷耕地	AG. CON. FERT. ZS
农业就业	SL. AGR. EMPL. ZS
拖拉机	AG. LND. TRAC. ZS

3.3 农业产出和生产率

作物生产指数	AG. PRD. CROP. XD
粮食生产指数	AG. PRD. FOOD. XD
牲畜生产指数	AG. PRD. LVSK. XD
谷物产量	AG. YLD. CREL. KG
单位工人的农业增加值	EA. PRD. AGRI. KD

3.4 森林面积减少和生物多样性

森林面积	AG. LND. FRST. K2
年均森林面积减少量	. . a，b
濒危物种，哺乳动物	EN. MAM. THRD. NO
濒危物种，鸟类	EN. BIR. THRD. NO
濒危物种，鱼类	EN. FSH. THRD. NO
濒危物种，高等植物	EN. HPT. THRD. NO
陆地保护区	ER. LND. PTLD. ZS
海洋保护区	ER. MRN. PTMR. ZS

3.5 淡水

可再生内陆淡水资源	ER. H2O. INTR. K3
人均可再生内陆淡水资源	ER. H2O. INTR. PC
年度淡水使用量，立方米	ER. H2O. FWTL. K3
年度淡水使用量，占内陆资源的百分比	ER. H2O. FWTL. ZS
年度淡水使用量，农业用水所占百分比	ER. H2O. FWAG. ZS
年度淡水使用量，工业用水所占百分比	ER. H2O. FWIN. ZS
年度淡水使用量，生活用水所占百分比	ER. H2O. FWDM. ZS
水生产率，GDP/水使用量	ER. GDP. FWTL. M3. KD
获得改善的水资源，占农村人口的百分比	SH. H2O. SAFE. RU. ZS
获得改善的水资源，占城市人口的百分比	SH. H2O. SAFE. UR. ZS

3.6 能源生产与使用

能源生产量	EG. EGY. PROD. KT. OE
能源使用量	EG. USE. COMM. KT. OE
能源使用量，年均增长	. . a，b
人均能源使用量	EG. USE. PCAP. KG. OE
化石燃料	EG. USE. COMM. FO. ZS
易燃可再生物资和废弃物	EG. USE. CRNW. ZS
替代能源和核能生产量	EG. USE. COMM. CL. ZS

3.7 电力生产、资源与使用

发电量	EG. ELC. PROD. KH
煤炭资源	EG. ELC. COAL. ZS
天然气资源	EG. ELC. NGAS. ZS
石油资源	EG. ELC. PETR. ZS
水能资源	EG. ELC. HYRO. ZS
可再生资源	EG. ELC. RNWX. ZS
核能资源	EG. ELC. NUCL. ZS
电力使用	EG. ELC. ACCS. ZS

3.8 能源依存度、效率与二氧化碳的排放

净能源进口量	EG. IMP. CONS. ZS
单位能源使用量产生的 GDP	EG. GDP. PUSE. KO. PP. KD
二氧化碳排放量，总数	EN. ATM. CO2E. KT
二氧化碳排放量，碳密度	EN. ATM. CO2E. EG. ZS
二氧化碳排放量，人均	EN. ATM. CO2E. PC

二氧化碳排放量，千克/GDP（经购买力平价换算的2005年美元）	EN. ATM. CO2E. PP. GD. KD

3.9 温室气体排放的趋势

二氧化碳排放量，年均增长	..[a,b]
二氧化碳排放量，变动百分比	..[a,b]
沼气排放量，总数	EN. ATM. METH. KT. CE
沼气排放量，变动百分比	..[a,b]
沼气排放量，来自能源生产	EN. ATM. METH. EG. ZS
沼气排放量，农业	EN. ATM. METH. AG. ZS
一氧化碳排放量，总数	EN. ATM. NOXE. KT. CE
一氧化碳排放量，变动百分比	..[a,b]
一氧化碳排放量，能源和工业	EN. ATM. NOXE. EI. ZS
一氧化碳排放量，农业	EN. ATM. NOXE. AG. ZS
其他温室气体排放量，总数	EN. ATM. GHGO. KT. CE
其他温室气体排放量，变动百分比	..[a,b]

3.10 各部门排放的二氧化碳

发电和供暖	EN. CO2. ETOT. ZS
制造业和建筑业	EN. CO2. MANF. ZS
住宅建筑、商业和公共服务	EN. CO2. BLDG. ZS
交通	EN. CO2. TRAN. ZS
其他部门	EN. CO2. OTHX. ZS

3.11 气候变化、外部影响和适应力

平均日最低/最高气温	..[b]
预计年度气温	..[b]
预计年度凉爽日和寒冷夜变化	..[b]
预计年度炎热日和温暖夜变化	..[b]
预计年度降雨量	..[b]
海拔5米及其以下的陆地面积	AG. LND. EL5M. ZS
海拔5米及其以下陆地居住人口	EN. POP. EL5M. ZS
受干旱、洪水和极端气温影响的人口	EN. CLC. MDAT. ZS
减灾进步分值	EN. CLC. DRSK. XQ

3.12 城市化

城市人口	SP. URB. TOTL
城市人口，占总人口的百分比	SP. URB. TOTL. IN. ZS
城市人口，年均增长	SP. URB. GROW
人口在百万以上的城市的居住人口	EN. URB. MCTY. TL. ZS
最大城市居住人口	EN. URB. LCTY. UR. ZS
获得改善的卫生防疫设施的人口，占城市人口的百分比	SH. STA. ACSN. UR
获得改善的卫生防疫设施的人口，占农村人口的百分比	SH. STA. ACSN. RU

3.13 交通与拥挤

机动车，每千人拥有量	IS. VEH. NVEH. P3
机动车，每公里道路的数量	IS. VEH. ROAD. K1
客车	IS. VEH. PCAR. P3
道路密度	IS. ROD. DNST. K2
道路部门的能源消耗量，占总消费的百分比	IS. ROD. ENGY. ZS
人均道路部门的能源消耗量	IS. ROD. ENGY. PC
柴油消耗量	IS. ROD. DESL. PC
汽油消耗量	IS. ROD. SGAS. PC
超级汽油的零售价格	EP. PMP. SGAS. CD
柴油的零售价格	EP. PMP. DESL. CD
加权颗粒物浓度（以城市人口为权重）	EN. ATM. PM10. MC. M3

3.14 空气污染

本表提供了主要城市的空气污染数据。	..[b]

3.15 自然资源对国内生产总值的贡献

自然资源总租金	NY. GDP. TOTL. RT. ZS
石油租金	NY. GDP. PETR. RT. ZS
天然气租金	NY. GDP. NGAS. RT. ZS
煤炭租金	NY. GDP. COAL. RT. ZS
矿产租金	NY. GDP. MINR. RT. ZS
森林租金	NY. GDP. FRST. RT. ZS

a. 取自《世界发展指标》数据库外的数据。

b. 可以在线获得数据表的一部分，但不能获得单个指标。

经济

本章的数据展现了全球经济状况以及200多个国家和地区的经济活动，包括其生产、贸易及消费。这些数据包含了对宏观经济运行情况、经济稳定性，以及经污染、减值和资源耗减调整后的广义收入和储蓄的测度。

2012年，全球经济增速达2.3%，总产值达71万亿美元，其中，发展中国家比重上升至32.3%。2013年全球经济增速有望维持在2.4%左右。2012年，中低收入经济体经济增速约为5.1%，2013年这一数据有望达到5.5%。高收入经济体2012年及2013年两年的增速为1.3%，低于此前的预期水平。

自2012年8月起，国际货币基金组织在其主要统计类出版物中正式开始使用《国际收支手册（第六版）》（BPM6）体系。2013年4月起，世界银行也将在其在线数据库及出版物中使用BPM6。2005年以前的国际收支数据将与BPM6保持一致。2008年以前的BPM5数据可在《世界发展指标》档案库中进行查阅。

BPM6体系中的变化会对国际收支平衡表中的某些项目产生影响。在经常项目中，“贸易”——向非常住人口购买商品，转而卖给其他非常住人口，而不增加经济中商品总量的行为——将由服务项下重新分类至商品项下；而为非本人所有的实物投入所进行的制造、保养及修理服务，将由商品项下重新分类至服务项下。在资本项目中，直接投资中的逆向投资将重新分类并以毛额计数，在国际收支平衡表和国际投资头寸表中用以反映资产与负债情况。对经常项目、资本项目及金融项目的余额账户的计量均未做出改变。外汇储备水平以及错误与遗漏项目亦未做出调整。

对许多经济体而言，主要总和及平衡项目将不会有重大调整。“待加工半成品”项目统计方法的变化使服务项目的进出口额（等于制造服务的收入或支出额）增加，同时也使商品项目的总进出口额发生更大幅度的减少（由于其中去除了不涉及所有权交换的商品交易估算额），而商品及服务项目的贸易净额可能并不受到影响。对于许多采用BPM6体系的经济体来说，直接对外投资中逆向投资的统计方法的改变，将使其国际投资头寸表中资产及负债均发生明显增加，而其净国际收支头寸则并不受到影响。

完整的国际收支平衡表统计方法可通过国际货币基金组织官方网站进行查询（www.imf.org/external/np/sta/bop/bop.htm）。

要　点

东亚和太平洋地区：服务业有着较大的增长潜力

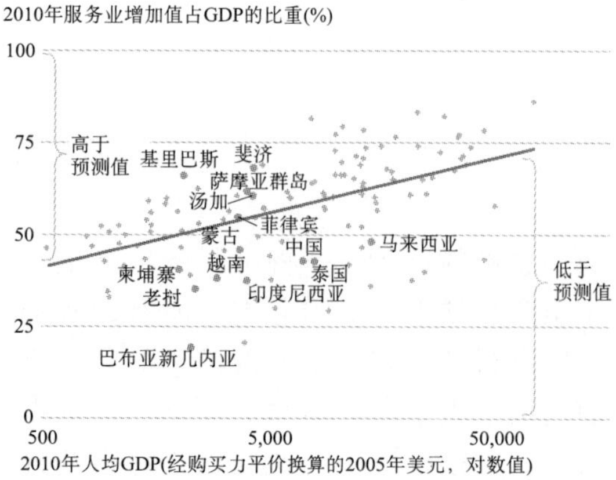

资料来源：世界发展指标数据库。

近年来，制造业对许多东亚和太平洋地区经济体的国内生产总值（GDP）贡献颇大，约占GDP总量的50%，并为8.5%的GDP增速贡献了3.7个百分点。作为对强大内需水平的反映，在其他地区，服务业的持续发展与收入增加的长期趋势密切相连。然而，虽然近年来许多东亚和太平洋地区经济体的服务业规模不断扩大，但其水平仍低于根据平均收入水平计算的预测值。这反映了该地区国家制造业发展程度相对成熟。同时，这也可能是限制发展高附加值的现代服务业（信息及通讯技术、金融及专业商业服务）所造成的结果。仅包括菲律宾在内的少数几个东亚和太平洋地区国家发展出着力于出口现代服务业的稳健产业（世界银行，2012a；亚洲开发银行，2012）。

欧洲和中亚：食品及能源价格波动带来的挑战

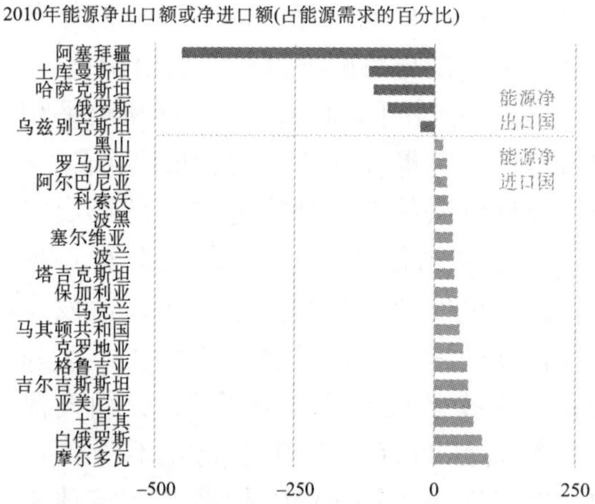

资料来源：在线数据表3.9。

总体来看，欧洲及中亚是能源净出口地区，但区域内许多经济体对进口能源有着较强的依赖性，因而易受突发价格变化的冲击。阿塞拜疆、哈萨克斯坦、俄罗斯、土库曼斯坦以及乌兹别克斯坦是重要的出口国，将获益于国际能源价格的上涨。但进口能源分别占摩尔多瓦、白俄罗斯、土耳其、亚美尼亚以及吉尔吉斯斯坦总能源需求的96%、84%、69%、64%和59%。进口能源主要是石油，但白俄罗斯、克罗地亚、波兰和塞尔维亚同时也对电力有着强劲的进口需求。一旦油价上涨，该地区许多经济体都将面临国际收支账户头寸的锐减。而且由于使用生物质燃料替代石油燃料，许多经济体也会受到食品价格上涨的冲击。

拉丁美洲和加勒比地区：受全球不确定性影响

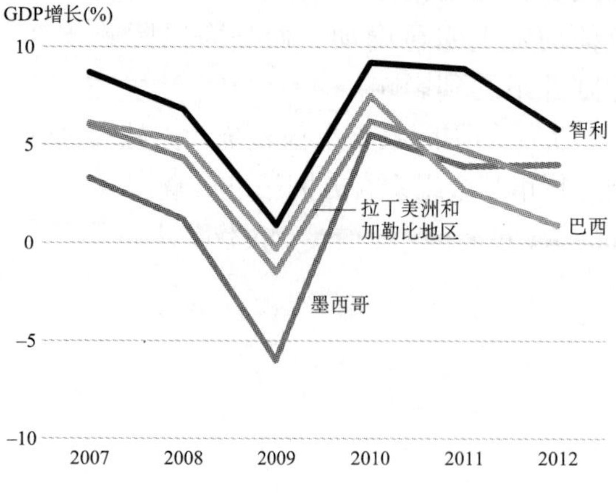

资料来源：在线数据表4.1。

较之2011年，2012年拉丁美洲和加勒比地区的GDP增长率下降了1.7个百分点，跌至3.0%，在发展中国家地区中跌幅第二，仅次于欧洲和中亚（跌幅达2.8%）。该地区GDP增速放缓主要归咎于内需增速的降低及外部环境的恶化。作为区域内最大的经济体，巴西经济增速的降低最为严重，全球不确定性因素以及之前为控制通货膨胀风险而采取的紧缩性财政、货币和信贷政策，均产生了较大影响，对私人投资的冲击尤甚。智利的经济增速保持上涨趋势，经济增长旺盛，仅在2011年有轻微的放缓。中美洲及加勒比海地区经济增速有一定程度的放缓，其中墨西哥（区域内第二大经济体）得益于美国制造业的强力复苏，2012年GDP增速小幅上涨至4%（De la Torre、Didier和Pienknagura，2012；世界银行，2013）。

中东和北非：复苏缓慢

2011—2012 年，大多数中东和北非国家宏观经济基础削弱，经济增速放缓，政府采取扩张性财政政策以应对社会压力。飙高的油价加剧了石油进口国的经常性项目和财政赤字，尤其是那些政府对能源消耗进行补贴的国家。全球形势造成了国内压力的加剧，地区冲突的外溢效应更使得约旦、黎巴嫩和摩洛哥等石油进口国的情况雪上加霜。埃及、突尼斯以及也门等后革命时代经济体正逐渐由阿拉伯之春的动乱中恢复过来。但是，全球经济疲软的阴影仍笼罩在恢复过程上空。上述三个国家的转型还远没有完成，而改革进程中的不确定性将对私人投资继续造成限制（世界银行，2012b）。

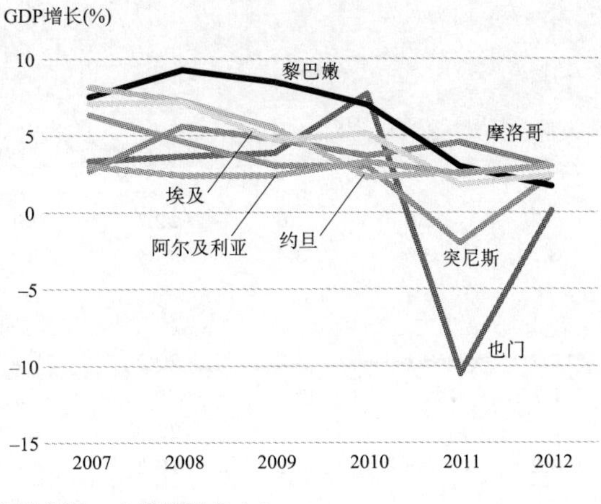

资料来源：在线数据表 4. 1。

南亚：税收低迷

南亚国家税收收益创异常低值。该地区中央政府税收收益平均占 GDP 总量的 10%—15%，这一数字在同等发展中经济体为 20%，在发达经济体则更高。大多数南亚国家的主要税收收益来自增值税。一些国家正在改变其税收结构——比如，印度正在征收商品及服务税——但主要问题在于增值税及收入税的征缴率过低。大多数南亚国家税收法律落后，制度安排不足，难以应对其经济中日益增加的复杂性因素。南亚国家需要进一步完善其基础设施建设，提高教育和医疗等社会服务水平，而这些都需要扎实的财政支出增加和更好的税收收入来源（世界银行，2012c）。

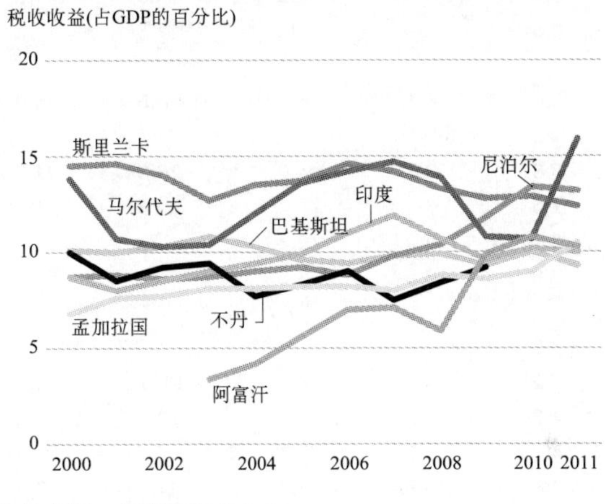

资料来源：在线数据表 5. 6。

撒哈拉以南非洲地区：全球经济不确定下的增长张力

2011—2012 年，尽管全球经济萧条，撒哈拉以南的非洲地区经济状况仍然保持坚挺。强劲的内需、较高的商品价格、增长的出口量（得益于自然资源的进一步开发）以及汇款流量的稳步增加推动了 2012 年该地区经济的增长。2000—2011 年间，撒哈拉以南非洲地区的 GDP 增速平均达到 4. 9%，在发展中地区之中名列第三。除去地区内最大的经济体南非之外，2012 年该地区 GDP 产值增加了 5. 8%，其中 1/3 的国家增速均超过 6%。区域内经济增速并不平衡，多数低收入国家增速稳定，而中等收入国家则增速较慢，比如与全球经济联系较为紧密的南非等国家，以及受到政局不稳影响的马里等国家（国际货币基金组织，2012；世界银行，2013）。

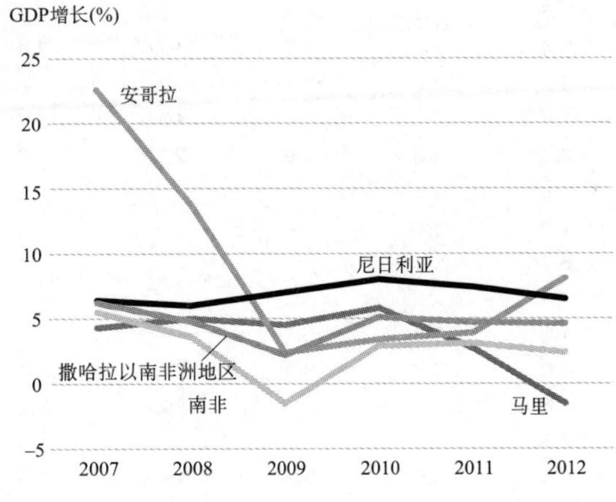

资料来源：在线数据表 4. 1。

4 经 济

	国内生产总值			总储蓄	调整后的净储蓄	经常账户余额	中央政府现金盈余或赤字	中央政府债务	消费价格指数	广义货币
	年均增长百分比	估计值	预测值	占GDP的百分比	占GNI的百分比	占GDP的百分比	占GDP的百分比	占GDP的百分比	上涨百分比	占GDP的百分比
	2000—2011	2011—2012	2012—2013	2011	2011	2011	2011	2011	2011	2011
阿富汗	..	..	..	..	..	..	–0.6	..	5.7	35.8
阿尔巴尼亚	5.2	0.8	1.6	12.7	0.9	–12.1	..	..	3.5	81.8
阿尔及利亚	3.7	3.0	3.4	*48.4*	*25.3*	10.4	–0.3	..	4.5	64.6
美属萨摩亚群岛	..	..	..	..	..	..	..	..	..	..
安道尔	*5.9*	..	..	..	..	..	..	..	..	..
安哥拉	12.2	8.1	7.2	20.2	–21.4	12.5	..	..	13.5	35.9
安提瓜和巴布达	2.7	1.7	2.4	*26.8*	..	–10.7	..	..	3.5	101.4
阿根廷	..	..	..	22.3	11.3	0.0	..	..	..	28.8
亚美尼亚	8.2	6.8	4.3	19.3	8.7	–10.8	–2.7	..	7.7	29.5
阿鲁巴岛	..	..	..	..	..	..	..	..	4.4	..
澳大利亚	3.1	..	..	*22.9*	*6.8*	*–2.8*	–3.7	30.7	3.4	105.8
奥地利[a]	1.8	..	..	25.5	16.4	0.5	–2.2	75.0	3.3	..
阿塞拜疆	16.0	2.0	4.2	45.9	7.5	27.0	1.4	*6.4*	7.9	27.8
巴哈马	0.5	..	..	*11.5*	..	–14.0	–3.5	..	3.2	80.5
巴林	*6.3*	..	..	*30.1*	*9.6*	*3.4*	..	..	–0.4	*91.2*
孟加拉国	6.0	6.1	6.0	36.5	25.0	0.2	–0.9	..	10.7	68.7
巴巴多斯	*0.9*	..	..	*16.9*	..	*–5.3*	*–8.6*	*104.4*	9.4	*152.3*
白俄罗斯	7.8	2.8	4.0	26.3	17.6	–10.5	1.9	44.2	53.2	40.5
比利时[a]	1.5	..	..	22.3	14.1	–1.4	–3.6	91.0	3.5	..
伯利兹	3.7	4.0	2.8	..	..	–2.2	*–1.6*	..	–2.5	76.0
贝宁	3.8	3.5	3.8	*13.1*	*7.7*	*–8.1*	–1.4	..	2.7	40.0
百慕大	*1.9*	..	..	..	..	..	..	..	..	..
不丹	8.5	..	..	..	..	..	*0.5*	*56.8*	8.8	67.1
玻利维亚	4.2	4.7	4.4	26.1	6.9	2.2	..	..	9.8	68.7
波斯尼亚–黑塞哥维那	4.2	..	..	13.1	..	–8.8	–1.2	..	3.7	56.7
博茨瓦纳	4.0	5.8	5.1	*27.7*	*20.4*	*0.3*	–1.7	..	8.9	37.8
巴西	3.8	0.9	3.4	17.2	6.8	–2.1	–2.6	52.8	6.6	74.4
文莱	1.2	..	..	*50.9*	*10.1*	*37.1*	..	..	2.0	67.2
保加利亚	4.3	0.8	1.8	23.6	13.7	0.4	–2.0	15.5	4.2	75.6
布基纳法索	5.8	6.4	6.7	*15.6*	*5.5*	*–4.6*	–2.4	..	2.8	29.0
布隆迪	3.5	4.1	4.3	1.7	–6.1	–12.2	..	..	9.7	24.2
柬埔寨	8.4	6.6	6.7	10.6	3.4	–5.5	–4.2	..	5.5	39.1
喀麦隆	3.2	4.6	4.8	*12.2*	*0.8*	*–3.8*	..	..	2.9	23.1
加拿大	1.9	..	..	19.6	6.7	–2.8	–1.3	53.8	2.9	..
佛得角	6.2	4.8	4.9	22.2	16.7	–16.0	*–3.7*	..	4.5	77.0
开曼群岛	..	..	..	..	..	..	..	..	..	..
中非共和国	1.3	3.8	4.0	..	..	..	..	..	1.3	19.2
乍得	8.7	..	..	..	..	..	..	..	–4.9	13.8
海峡群岛	*0.5*	..	..	..	..	..	..	..	..	..
智利	4.1	5.8	5.1	*24.9*	*5.4*	*1.8*	1.3	..	3.3	76.1
中国	10.8	7.9	8.4	52.7	36.4	2.8	..	..	5.4	180.1
中国香港	4.6	..	..	29.4	18.1	5.2	*4.1*	*35.5*	5.3	328.2
中国澳门	12.5	..	..	*55.9*	..	*42.7*	25.0	..	5.8	101.9
哥伦比亚	4.5	3.5	3.8	19.1	1.3	–3.0	0.3	53.2	3.4	39.9
科摩罗	1.9	2.5	3.5	..	..	..	..	..	0.9	34.9
刚果民主共和国	5.6	6.6	8.2	..	..	..	*3.8*	..	..	16.8
刚果共和国	4.5	4.7	5.6	..	..	..	..	..	1.3	27.0

	国内生产总值			总储蓄	调整后的净储蓄	经常账户余额	中央政府现金盈余或赤字	中央政府债务	消费价格指数	广义货币
	年均增长百分比	估计值	预测值	占GDP的百分比	占GNI的百分比	占GDP的百分比	占GDP的百分比	占GDP的百分比	上涨百分比	占GDP的百分比
	2000—2011	2011—2012	2012—2013	2011	2011	2011	2011	2011	2011	2011
哥斯达黎加	4.8	4.6	4.0	14.7	9.0	−5.3	−3.5	..	4.9	49.8
科特迪瓦	1.0	8.2	7.0	12.7	4.1	2.0	..	..	4.9	40.5
克罗地亚	2.6	..	..	19.9	10.7	−0.7	−4.6	..	2.3	72.9
古巴	6.1	..	..	..	..	..	..	..	..	..
库拉索岛	..	..	..	..	..	..	..	..	..	..
塞浦路斯[a]	2.9[b]	..	..	8.8[b]	4.6[b]	−4.7	−6.3	114.0	3.3	..
捷克共和国	3.7	..	..	21.7	12.6	−2.9	−4.4	38.1	1.9	73.9
丹麦	0.8	..	..	23.5	15.0	5.7	−2.0	50.6	2.8	74.0
吉布提	4.0	..	..	..	..	−6.8	..	..	4.4	89.7
多米尼克	3.5	0.4	1.2	5.0	−3.7	−17.5	..	..	2.4	86.7
多米尼加共和国	5.7	3.0	4.3	8.4	−1.7	−8.1	−2.9	..	8.5	33.4
厄瓜多尔	4.8	4.5	3.9	22.8	−3.2	−0.4	..	..	4.5	35.6
埃及	5.0	2.4	3.2	16.9	1.4	−2.4	−10.1	..	10.1	76.1
萨尔瓦多	2.0	1.8	2.3	8.9	0.7	−4.6	−2.2	48.0	5.1	45.7
赤道几内亚	14.4	..	..	..	..	..	..	..	6.9	11.5
厄立特里亚	0.9	7.5	6.0	..	..	..	..	..	..	114.7
爱沙尼亚[a]	3.9	..	..	25.1	16.3	2.2	1.0	7.1	5.0	59.8
埃塞俄比亚	8.9	7.8	7.5	27.3	17.6	−2.6	−1.4	..	33.2	..
法罗群岛	..	..	..	..	..	−0.7	..	..	..	..
斐济	1.2	..	..	..	..	−13.0	..	..	8.7	66.3
芬兰[a]	1.9	..	..	19.7	11.5	−1.2	−0.5	47.8	3.4	..
法国[a]	1.2	..	..	17.9	9.0	−2.0	−5.2	93.9	2.1	..
法属玻利尼西亚	..	..	..	..	..	..	..	..	..	..
加蓬	2.4	4.7	3.5	..	..	..	..	..	1.3	22.1
冈比亚	3.4	3.9	10.7	12.1	6.6	7.5	..	..	4.8	54.9
格鲁吉亚	6.6[c]	4.9[c]	5.1[c]	13.9[c]	4.9[c]	−11.8	−1.2	32.6	49.4	29.3
德国[a]	1.1	..	..	23.9	13.8	5.6	−0.4	55.6	2.1	..
加纳	6.3	7.5	7.8	8.8	−6.6	−8.9	−4.0	..	8.7	30.8
希腊[a]	1.8	..	..	5.4	−5.5	−9.9	−9.8	106.5	3.3	..
格陵兰	1.7	..	..	..	..	..	..	..	..	..
格林纳达	2.2	..	..	−5.7	..	−26.6	−3.0	..	3.0	94.3
关岛	..	..	..	..	..	..	..	..	..	..
危地马拉	3.6	3.1	3.2	10.7	0.9	−3.1	−2.8	24.6	6.2	45.5
几内亚	2.6	4.8	5.0	−6.5	−27.7	−22.8	..	..	21.4	36.4
几内亚比绍	2.5	−2.8	3.0	..	..	−8.5	..	..	5.0	40.5
圭亚那	2.5	..	..	14.5	−1.3	−7.1	..	..	5.0	65.8
海地	0.7	2.2	6.0	24.6	17.0	−4.6	..	..	8.4	47.2
洪都拉斯	4.4	3.3	3.7	17.9	11.0	−8.6	−2.6	..	6.8	52.2
匈牙利	1.9	..	..	20.6	13.0	0.9	3.6	80.9	4.0	63.7
冰岛	2.7	..	..	7.3	0.9	−6.9	−5.3	119.3	4.0	96.3
印度	7.8	5.5	5.9	34.6	22.5	−3.0	−3.7	48.5	8.9	76.7
印度尼西亚	5.4	6.1	6.3	31.8	17.1	0.2	−1.1	26.2	5.4	38.8
伊朗	5.4	..	..	..	..	..	0.5	..	20.6	45.0
伊拉克	1.1	..	..	..	..	22.7	..	..	2.9	54.9
爱尔兰[a]	2.4	..	..	14.0	5.5	1.2	−13.5	106.0	2.6	..
马恩岛	6.2	..	..	..	..	..	..	..	..	..
以色列	3.6	..	..	14.7	6.3	0.1	−4.4	..	3.5	104.5

	国内生产总值			总储蓄	调整后的净储蓄	经常账户余额	中央政府现金盈余或赤字	中央政府债务	消费价格指数	广义货币
	年均增长百分比	估计值	预测值	占GDP的百分比	占GNI的百分比	占GDP的百分比	占GDP的百分比	占GDP的百分比	上涨百分比	占GDP的百分比
	2000—2011	2011—2012	2012—2013	2011	2011	2011	2011	2011	2011	2011
意大利[a]	0.4	..	..	16.4	6.8	−3.1	−3.5	110.8	2.7	..
牙买加	..	..	..	8.4	1.3	−14.3	−5.1	..	7.5	50.8
日本	0.7	..	..	21.7	10.4	2.0	−8.3	175.0	−0.3	239.2
约旦	6.5	3.0	3.3	13.4	5.8	−12.0	−6.8	61.9	4.4	129.6
哈萨克斯坦	8.0	5.0	5.5	29.7	−4.3	7.5	7.7	9.9	8.3	35.4
肯尼亚	4.4	4.3	4.9	13.5	11.3	−9.9	−4.6	..	14.0	51.0
基里巴斯	0.4	..	..	..	..	..	..	..	..	..
朝鲜	..	..	..	..	..	..	..	..	..	..
韩国	4.0	..	..	31.5	22.2	2.4	1.8	..	4.0	78.1
科索沃	5.2	..	..	..	..	..	..	..	7.3	41.0
科威特	6.0	..	..	48.7	12.2	29.6	25.0	..	4.7	56.9
吉尔吉斯共和国	4.4	1.0	8.5	18.2	5.6	−6.1	−4.8	..	16.5	..
老挝	7.3	8.2	7.5	16.3	−1.7	−2.5	−0.9	..	7.6	35.9
拉脱维亚	4.1	5.3	3.0	26.1	18.5	−2.2	−2.9	42.5	4.4	47.0
黎巴嫩	5.0	1.7	2.8	11.5	0.8	−12.1	−5.9	..	4.0	242.0
莱索托	3.8	4.3	5.2	15.1	..	−21.4	..	..	5.0	37.9
利比里亚	6.0	..	..	30.4	23.0	−48.9	0.0	..	8.5	38.2
利比亚	5.4	..	..	..	..	15.0	..	..	2.5	58.0
列支敦士登	2.5	..	..	..	..	..	..	..	..	..
立陶宛[a]	4.7	3.3	2.5	17.5	9.6	−1.4	−5.2	43.7	4.1	47.6
卢森堡	2.9	..	..	22.0	12.4	7.1	−0.4	16.8	3.4	..
前南斯拉夫马其顿共和国	3.3	0.0	1.0	25.6	14.9	−3.0	..	..	3.9	55.7
马达加斯加	3.2	2.2	4.5	..	..	..	..	..	9.5	24.9
马拉维	5.1	4.1	5.4	13.5	9.8	−13.6	..	..	7.6	35.7
马来西亚	4.9	5.1	5.0	34.6	20.6	11.0	−4.8	51.8	3.2	138.5
马尔代夫	7.2	..	..	..	..	−23.9	−16.7	68.4	12.8	63.7
马里[a]	5.1	−1.5	3.5	8.5	−5.2	−12.6	−2.5	..	2.9	29.1
马耳他	1.8	..	..	9.5	..	−0.2	−2.8	86.5	2.7	..
马绍尔群岛	1.5	..	..	..	..	..	..	..	..	..
毛里塔尼亚	5.6	4.8	5.2	..	..	..	..	..	5.7	32.8
毛里求斯	3.9	3.3	3.6	13.8	4.8	−12.6	−1.1	36.3	6.5	103.3
墨西哥	2.1	4.0	3.3	26.6	12.4	−1.0	..	..	3.4	31.4
密克罗尼西亚联邦	0.0	..	..	..	..	..	..	..	..	38.2
摩尔多瓦	5.1[d]	1.0[d]	3.0[d]	13.0[d]	10.2[d]	−11.3	−1.8	23.8	7.7	49.9
摩纳哥	4.3	..	..	..	..	..	..	..	..	..
蒙古	7.4	11.8	16.2	31.1	−5.5	−31.5	−3.1	46.9	9.5	57.8
黑山	4.2	..	..	..	..	..	..	..	3.2	47.4
摩洛哥	4.8[e]	3.0[e]	4.4[e]	28.1[e]	20.2[e]	−8.0	−4.1	56.3	0.9	112.4
莫桑比克	7.5	7.5	8.0	12.4	5.6	−19.1	..	..	10.4	38.8
缅甸	..	..	..	..	..	..	..	..	5.0	..
纳米比亚	4.9	4.2	4.3	18.6	14.6	−1.2	..	..	5.0	66.6
尼泊尔[a]	3.9	4.2	4.0	34.2	27.9	1.5	−1.0	33.8	9.5	75.7
荷兰	1.5	..	..	26.1	15.1	9.7	−3.9	66.0	2.4	..
新喀里多尼亚	..	..	..	..	..	..	..	..	..	..
新西兰	2.0	..	..	18.8	11.2	−4.2	−7.3	63.6	4.4	95.8
尼加拉瓜	3.2	4.0	4.2	19.0	11.2	−14.0	0.5	..	8.1	34.5
尼日尔	4.2	12.0	6.8	..	..	−25.1	..	..	2.9	21.4

	国内生产总值			总储蓄	调整后的净储蓄	经常账户余额	中央政府现金盈余或赤字	中央政府债务	消费价格指数	广义货币
	年均增长百分比	估计值	预测值	占GDP的百分比	占GNI的百分比	占GDP的百分比	占GDP的百分比	占GDP的百分比	上涨百分比	占GDP的百分比
	2000—2011	2011—2012	2012—2013	2011	2011	2011	2011	2011	2011	2011
尼日利亚	6.8	6.5	6.6	..	..	3.6	..	..	10.8	33.6
北马里亚纳群岛	..	..	..	..	..	..	..	..	..	..
挪威	1.6	..	..	37.7	19.2	14.5	14.7	20.4	1.3	..
阿曼	4.9	..	..	..	..	14.3	−0.8	5.1	4.1	35.7
巴基斯坦	4.9	3.8	3.9	20.4	9.3	−1.1	−6.5	..	11.9	38.0
帕劳	0.3	..	..	..	..	..	..	..	..	..
巴拿马	7.2	10.0	7.5	17.7	9.4	−14.5	..	..	5.9	98.1
巴布亚新几内亚	4.3	8.0	4.0	20.3	..	−6.7	..	..	8.4	49.9
巴拉圭	4.1	−1.0	8.5	10.6	3.6	−1.1	1.1	..	8.3	45.0
秘鲁	6.2	6.3	5.8	23.4	5.4	−1.9	1.3	19.5	3.4	35.8
菲律宾	4.9	6.0	6.2	25.1	14.6	3.1	−1.8	..	4.6	59.8
波兰	4.3	..	..	16.9	9.2	−4.9	−4.3	..	4.2	58.0
葡萄牙	0.5	..	..	11.7	−1.6	−6.5	−4.0	92.6	3.7	..
波多黎各	0.0	..	..	..	..	..	..	..	..	..
卡塔尔	13.6	..	..	..	..	..	2.9	..	1.9	49.2
罗马尼亚	4.4	0.6	1.6	24.8	14.4	−4.4	−4.9	..	5.8	37.3
俄罗斯	5.1	3.5	3.6	30.3	7.2	5.3	3.4	9.5	8.4	52.7
卢旺达	7.9	7.7	7.5	11.3	4.5	−7.5	..	..	5.7	..
萨摩亚	2.6	..	..	..	..	−11.9	..	..	5.2	47.2
圣马力诺	3.2	..	..	..	..	..	..	..	2.6	..
圣多美和普林西比	..	..	..	..	..	−43.5	..	..	11.9	35.8
沙特阿拉伯	3.7	..	..	46.8	3.8	27.5	..	..	5.0	57.2
塞内加尔	4.1	3.7	4.8	21.8	17.3	−4.7	..	..	3.4	40.2
塞尔维亚	3.7	..	..	16.4	..	−8.4	−4.2	..	11.1	44.7
塞舌尔	2.9	3.3	4.2	..	..	−21.4	5.6	75.3	2.6	57.9
塞拉利昂	6.6	25.0	11.1	9.8	−6.0	−37.9	−4.6	..	16.2	21.6
新加坡	6.0	..	..	46.6	35.7	23.3	9.8	112.7	5.3	135.7
圣马丁岛	..	..	..	..	..	..	..	..	..	..
斯洛伐克	5.1	..	..	16.5	7.2	0.0	−4.9	45.6	3.9	..
斯洛文尼亚[a]	2.9	..	..	21.4	13.2	0.0	−6.0	..	1.8	..
所罗门群岛	4.9	5.3	4.0	..	..	−30.1	..	..	7.3	40.8
索马里	..	..	..	..	..	..	..	..	..	..
南非	3.7	2.4	2.7	16.4	1.5	−3.4	−4.4	..	5.0	76.1
南苏丹	..	−2.0	11.0	..	..	..	..	..	..	..
西班牙[a]	2.1	..	..	18.2	9.1	−3.5	−3.5	55.2	3.2	..
斯里兰卡	5.8	6.1	6.8	22.1	13.4	−7.8	−6.4	..	6.7	38.1
圣基茨和尼维斯	2.5	..	..	23.4	..	−8.6	2.6	..	5.9	138.3
圣卢西亚	2.9	0.7	1.2	11.8	..	−22.5	..	..	2.8	91.3
圣马丁	..	..	..	..	..	..	..	..	..	..
圣文森特和格林纳丁斯	3.1	1.2	1.5	−4.8	−12.2	−30.2	−3.7	..	4.0	67.8
苏丹	7.1[f]	3.0[f]	3.2[f]	20.9[f]	0.1[f]	0.2	..	..	13.0	24.5
苏里南	4.9	4.0	4.5	..	..	5.8	..	..	17.7	47.5
斯威士兰	2.4	−2.0	1.0	−0.5	−5.1	−10.0	..	..	6.1	29.6
瑞典	2.3	..	..	26.2	18.7	6.5	0.5	38.2	3.0	86.6
瑞士	1.9	..	..	32.1	22.0	7.5	..	..	0.2	167.8
叙利亚	5.0	..	..	16.8	−5.7	−0.6	..	..	4.8	73.9
塔吉克斯坦	8.0	..	..	23.2	16.4	−12.1	..	..	12.4	..

	国内生产总值			总储蓄	调整后的净储蓄	经常账户余额	中央政府现金盈余或赤字	中央政府债务	消费价格指数	广义货币
	年均增长百分比	估计值	预测值	占GDP的百分比	占GNI的百分比	占GDP的百分比	占GDP的百分比	占GDP的百分比	上涨百分比	占GDP的百分比
	2000—2011	2011—2012	2012—2013	2011	2011	2011	2011	2011	2011	2011
坦桑尼亚	7.0	6.5	6.8	20.3	10.5	–16.6	..	..	12.7	34.7
泰国	4.2	4.7	5.0	*31.0*	*20.8*	*4.1*	–1.2	30.2	3.8	128.2
东帝汶	5.6	..	..	..	..	..	..	..	13.5	30.6
多哥	2.6	4.0	4.4	*12.2*	*5.3*	*–6.3*	–1.1	..	3.6	48.5
汤加	1.0	..	..	*3.9*	..	*–17.0*	..	..	6.3	39.0
特立尼达和多巴哥	5.6	..	..	..	..	*19.9*	*–4.8*	*21.3*	5.1	*65.1*
突尼斯	4.4	2.4	3.2	15.9	5.8	–7.3	–3.7	44.0	3.6	67.6
土耳其	4.7	2.9	4.0	14.1	4.0	–10.0	–1.3	45.9	6.5	54.7
土库曼斯坦	8.7	..	..	..	..	..	..	..	..	..
特克斯和凯科斯群岛	..	..	..	..	..	..	..	..	..	..
图瓦卢	1.1	..	..	..	..	..	..	..	..	..
乌干达	7.7	3.4	6.2	20.8	11.2	–13.5	–3.9	42.7	18.7	26.5
乌克兰	4.3	0.5	2.2	16.0	6.2	–5.5	–2.3	27.1	8.0	52.1
阿拉伯联合酋长国	4.8	..	..	..	..	..	..	..	0.9	62.4
英国	1.7	..	..	12.9	2.7	–1.9	–7.7	101.2	4.5	165.7
美国	1.6	..	..	11.7	0.9	–3.2	–9.3	81.8	3.2	89.8
乌拉圭	4.0	4.0	4.0	16.5	5.9	–3.1	–0.6	46.6	8.1	44.6
乌兹别克斯坦	7.3	8.0	6.5	..	..	..	..	..	..	..
瓦努阿图	3.9	2.0	2.5	..	..	–15.2	..	..	0.9	84.2
委内瑞拉	4.4	5.2	1.8	30.7	1.4	8.6	..	..	26.1	36.6
越南	7.3	5.2	5.5	33.1	17.4	0.2	..	..	18.7	109.3
美属维尔京群岛	..	..	..	..	..	..	..	..	..	..
西岸和加沙	..	..	..	..	..	..	..	..	*2.8*	..
也门共和国	3.6	0.1	4.0	*8.3*	*–10.0*	–3.0	..	..	16.4	30.1
赞比亚	5.7	6.7	7.1	27.8	4.0	1.1	*–1.5*	..	6.4	23.4
津巴布韦	–5.1	5.0	6.0	..	..	..	..	..	..	..
全世界	**2.7 [w]**	**2.3 [w]**	**2.4 [w]**	**19.4 [w]**	**6.7 [w]**					
低收入国家	5.5	5.6	6.1	*26.5*	*15.6*					
中等收入国家	6.4	4.9	5.5	30.0	*15.1*					
中低收入国家	6.2	4.8	5.5	*28.1*	*13.4*					
中高收入国家	6.5	5.0	5.5	31.0	*15.6*					
低收入和中等收入国家	6.4	4.9	5.5	29.9	*15.1*					
东亚和太平洋地区	9.4	7.5	7.9	47.7	*30.3*					
欧洲和中亚	5.2	3.0	3.6	22.9	*6.2*					
拉丁美洲和加勒比地区	3.9	3.0	3.6	21.5	*8.6*					
中东和北非	*4.7*	0.2	2.4	..	..					
南亚	7.3	5.4	5.7	*33.3*	*21.2*					
撒哈拉以南非洲地区	4.9	4.6	4.9	*16.8*	*–2.4*					
高收入国家	1.6	1.3	1.3	17.6	*5.7*					
欧元区	1.2	–0.4	–0.1	20.1	*8.6*					

a. 作为欧洲货币联盟的成员，这些国家共同使用单一货币——欧元。b. 指塞浦路斯共和国政府控制的地区。c. 不包括阿布哈兹和南奥塞梯。d. 不包括德涅斯特河沿岸地区。e. 包括前西班牙的撒哈拉地区。f. 2011 年 7 月 9 日之后，不再包括南苏丹。g. 仅仅为坦桑尼亚大陆的数据。

关于数据

将经济数据根据统计惯例的不同分别整理：国民收入和生产核算账户、国际收支平衡表、政府财政统计以及国际金融统计。统一国民收入和生产核算账户，国际收支平衡表以及政府财政统计三系统中概念的工作已经取得了一定进展，但不同国家之间的落实情况仍有不同。比如，尽管联合国推荐使用2008年版国民经济核算体系（2008 SNA）编制国民核算账户，但仍有许多国家使用早期的版本，甚者还在使用1968年版。国际货币基金组织（IMF）最近出版了最新的国际收支手册（BPM6），但许多国家仍在使用之前的版本。同样，政府财政统计的规范和定义也于2001年进行了更新，但有些国家仍在报告中使用1986年的版本。有关不同国家采用的统计方法，参阅“基本数据文献”。

经济增长

经济体的经济增长是以其总产出的变化或居民实际收入的变化来度量的。2008年版SNA提供了三种计算经济增长的合理指标：国内生产总值（GDP）、国内实际总收入以及国民实际总收入。下面对经济增长的介绍将仅采用GDP法。

GDP增长率及GDP组成的计算使用最小二乘法，对国家采用以本币计不变价格数据，对地区及不同收入组别采用以美元计不变价格数据。以本币计数据换算成美元时采用共同基年的汇率。GDP增长率为年度平均值并且代表复合增长率。增长率的计算方法将在“统计方法”中给出介绍。对增长率的预测来自世界银行（2013）。

国民经济核算账户基础的重新确定

重新确定国民经济核算账户的基础将改变已测定的经济增长率并破坏数据序列，对数据的一致性造成影响。当一国重新确定其国民经济账户的基础时，通常会重新分配不同组成部分的权重，从而更准确地反映当前的生产或者产出的消耗模式。新的基年应该能够代表经济的正常运转情况——基年中不应该有重大的冲击或改变。一些发展中国家已有很多年没有对其国民经济核算的基础进行重新确定。沿用旧的基年可能会得到错误的结论，因为内隐价格及产量权重的相关性和适用性都在逐渐下降。

为得到具可比性的不变价格数据序列用以计算总量，世界银行根据产业起源重新调节了GDP和附加值的共同基年。2013年的《世界发展指标》将继续使用2000年作为基年。由于重新调节将改变构成地区及不同收入组别总量的内隐权重，本书中的总增长率与过去使用不同基年时的数据不具有可比性。

国民经济核算基础的重新确定可能会造成重新调节后的GDP与重新调节后各组成部分的加总值不一致。为避免增长率出现扭曲，这一差值将不做调节。因此，按不同组成部分加权得到的增长率通常与GDP增长率不相等。

调整后的净储蓄

调整后的净储蓄用来衡量经济中全部资产进行减值和耗减后一国的真实财富值。如果一国调整后的净储蓄额为正数，并且调整的计算中涵盖了足够广泛的资产，则经济学理论表明，该国的社会福利现值正在增加。相反地，调整后净储蓄额持续为负数，表明社会福利的现值正在减小，也就是说经济处于不可持续的发展路径上。

调整后的净储蓄额是在标准的国民经济核算中总储蓄额之上，经过四步调整得到的：第一步，扣除生产性资产消耗的固定资产的估计值，得到净储蓄额。第二步，在净储蓄额之上加上当期用于教育的公共开支（在标准国民经济核算中这些开支被算入消费）。第三步，扣除对各种自然资源耗损的估计值，用以反映资产的生产过程中的减值情况。第四步，为二氧化碳的排放与当地环境污染造成的损失做出扣减。对自然资源的耗损及环境的恶化做出计算后，调整后的净储蓄额超出了SNA中对储蓄及净储蓄额的定义。

国际收支平衡表

国际收支平衡表记录了经济体与世界其他经济体的交易情况。国际收支平衡表账户分为两类：经常项目账户用于记录产品、服务、营业收入和非营业收入的交易情况；资本和金融项目用于记录资本转移、非生产性非金融资产的买卖以及金融资产和负债的交易情况。经常项目余额是最具分析价值的国际收支失衡指标之一。

建立国际收支平衡表账户最主要的目的之一就是为了表明是否需要对国际收支失衡做出调整。出于分析目的而做出的区分要以最能表明需要进行调整的失衡水平为参考。关于这一目的及其他相关分析目的存在许多常用的定义。贸易余额是指商品进出口之间的差额。从分析角度来看，将商品和服务区分开来并没有意义。比如，一家送货公司挣得一单位外币与商品出口企业挣得的一单位外币对国际收支平衡表的作用没有区别。尽管如此，贸易余额仍具有实用性，因为通常它是最能及时反映经常账户余额趋势的指标。在通常情况下，海关对商品贸易数据的提供要远早于服务贸易的数据。

自2012年8月起，世界货币基金组织将在其主要统计类出版物中正式开始使用《国际收支手册（第六版）》（BPM6）体系。自2013年4月起，世界银行也将在其在线数据库及出版物中使用BPM6。2005年以前的国际收支数据将与BPM6保持一致。2008年以前的BPM5数据可在《世界发展指标》档案库中进行查阅。

完整的国际收支平衡表统计方法可以通过国际货币基金组织官方网站进行查询（www. imf. org/external/np/sta/bop/bop. htm）。

政府财政

中央政府现金盈余或赤字是政府运作的可持续性的简要度量方法，与国民经济核算账户中的储蓄与净资本转移应收额之和以及2001年世界货币基金组织更新的《政府财政统计手册》中的净营业余额均具有可比性。

2001年版的手册与1993年版的SNA保持一致，推荐使用权责发生制原则，对所有对资产、负债、收入以及费用产生影响的经济活动进行关注，而不仅仅关注那些出现现金收付的活动。权责发生制将股票的全部变化入账，因此，会计期末的股票数据等于期初数据加上期间的变动。1986年版的手册则仅考虑债务股。

对于大多数国家来说，中央政府的财政数据均合并入一个账户，但另外有些国家的中央政府则只有预算账户。仅统计预算数据的国家参见“基本数据文献”。由于预算账户可能并不包含全部中央政府单位（比如，社会保障基金），因而，其反映的信息可能并不完善。联邦国家的中央政府账户所反映的财政信息就不完善。

政府收入及费用的数据由世界货币基金组织向成员国发放问卷和经济合作与发展组织（OECD）共同收集。虽然世界货币基金组织努力推行数据收集的标准化，但是统计数据仍然不够完整和及时，在国家间不具有可比性。

政府财政统计数据以本币计量。各指标均以GDP占比的形式体现。许多国家的政府财政均以财政年度为单位出具报告；有关国家财政年度期末的信息，参阅“基本数据文献”。

金融账户

记录货币供给的货币与金融账户处于一国金融系统的核心位置。普遍使用的货币供给的定义有以下几种。M1是最狭义的货币供给，包含了大众持有的货币及在银行的活期存款。M2包含了M1及银行的定期存款和储蓄存款额，这两种存款提款需要提前告知。M3包含了M2及各种货币市场工具，比如，银行发行的大额存单、外币计价的银行存款以及在非银行金融机构的存款。不管如何定义，货币是银行系统的负债，由于具有交换媒介、价值尺度以及价值贮藏的特殊职能，而有别于其他任何类型的银行负债。

经济中价格水平的普遍的持续性上涨称为通货膨胀。经济中商品和服务的平均价格的上涨与个别商品和服务价格的相对变化有所不同。一般来说，随着价格水平的整体上涨，相对价格的结构将发生变化，但只有价格的普遍性上涨而不仅是相对价格的变化，才会构成通货膨胀。消费价格指数是一种常用的通货膨胀计量方法，它衡量了代表性家庭购买的一篮子代表性商品和服务的价格。消费价格指数通常以消费价格的定期调查结果为基准进行计算。其他价格指数均或多或少地源自当前及不变价格序列指数。

消费价格指数的统计更频繁，因而更具时效性。其计算方法很明确，使用既定的一篮子消费性商品和服务价格的调查结果。不过，应该注意对消费价格指数的解释。不同国家之间的消费价格调查，对家庭、一篮子商品以及地理（城镇或乡村）、收入群体范围的定义千差万别。另外，权重是通过家庭消费调查结果确定的，而由于发展中国家经费不足，调查的频率较低，进而削弱了不同时期间数据的可比性。消费价格指数对于衡量国内通货膨胀水平十分有效，但是在国家间进行比较的价值较低。

定义

国内生产总值（GDP）以购买价格计算，是经济体内全体居民厂商的总附加值与产出计价时未包含的产品税（抵减补贴）的总和。计算GDP时无须扣除资本资产成品的减值及自然资源的耗减。附加值是指加总产业中全部产出并扣减中期投入后的净产出额。**总储蓄**是国民总收入与公共及私人消费之间的差值，再加上经常项目转移净额的结果。**调整后的净储蓄**衡量了扣除资本收益后，某套特定资产的价值变化。调整后的净储蓄额是净储蓄额加上教育开支，减去能源耗损、矿产耗损、净森林耗损以及二氧化碳和颗粒物排放造成的污染后所得到的结果。**经常账户余额**是在商品及服务净出口额的总和中，扣减营业收入及非营业收入的结果。**中央政府现金盈余或赤字**是在收入（包含拨款）中减掉费用，再减掉非金融资产的净收购额后的结果。在

2005年之前的版本中，非金融资产包含在收入和支出项下，并以毛额计价。这种现金盈余或赤字与之前的总预算余额（仍然遗漏了贷款减掉偿还额，作为金融项目，这部分包含在金融资产净收购额项下）类似。**中央政府债务**是指某一特定日期，政府在固定期限内负担的全部直接合同义务存量。其中包括国内及国外债务，比如，货币存款、证券和贷款。中央政府债务是在政府负债总额上扣减政府持有的股票及金融衍生品后的结果。由于负债是存量而非流量，中央政府债务代表了特定日期，通常是财政年度最后一天时的债务额。**消费价格指数**反映了代表性消费者购买一篮子固定或定期（比如，每年）调整的商品及服务的价格变化。通常使用拉斯佩雷斯公式进行计算。**广义货币**（IFS line 35L..ZK）包含了银行外的货币；持有者非中央政府的活期存款；除中央政府外居民部门的定期存款、储蓄存款以及外币存款；银行支票和旅行支票以及其他证券，如大额存单及商业票据。

数据资料来源

大多数国家的GDP数据通过访问各国国家统计局、中央银行以及常驻世界银行的代表团获得；某些特定高收入经济体的数据来自于OECD统计结果。总储蓄额数据来自于世界银行的国民经济核算文件。调整后的净储蓄额数据基于Hamilton和Clemens（1999年）的理论支持，使用联合国统计署发布的《国民账户统计数据：主要总表及明细表》中，预测至2010年的固定资本消费数据进行计算；教育支出数据来自于联合国教科文组织统计研究所的在线数据库，其中遗漏的数据由世界银行专家估计补齐；森林、能源及矿产资源的耗减数据基于世界银行的资料和统计方法；有关二氧化碳所造成的破坏的数据来自Fankhauser（1994）的分析；地区环境污染的数据来自Pandey等（2006）的分析。经常账户余额数据来自于国际货币基金组织出版的《国际收支统计年鉴》和《国际金融统计》。中央政府财政数据来自国际货币基金组织发布的政府财政统计数据库。消费价格指数数据来自国际货币基金组织出版的《国际金融统计》。广义货币数据来自国际货币基金组织出版的《国际金融统计》及每年的《国际金融统计年鉴》。

参考文献

Asian Development Bank. 2012. *Asian Development Outlook 2012 Update: Services and Asia's Future Growth.* Manila.

De la Torre, Augusto, Tatiana Didier, and Samuel Pienknagura. 2012. *Latin America Copes with Volatility, the Dark Side of Globalization.* Washington, DC: World Bank.

Fankhauser, Samuel. 1994. "The Social Costs of Greenhouse Gas Emissions: An Expected Value Approach." *Energy Journal* 15 (2): 157–84.

Hamilton, Kirk, and Michael Clemens. 1999. "Genuine Savings Rates in Developing Countries." *World Bank Economic Review* 13 (2): 333–56.

IMF (International Monetary Fund). 2001. *Government Finance Statistics Manual.* Washington, DC.

———. 2012. *Regional Economic Outlook: Sub-Saharan Africa—Maintaining Growth in an Uncertain World, October 2012.* Washington, DC. www.imf.org/external/pubs/ft/reo/2012/afr/eng/sreo1012.htm.

Pandey, Kiran D., Katharine Bolt, Uwe Deichmann, Kirk Hamilton, Bart Ostro, and David Wheeler. 2006. "The Human Cost of Air Pollution: New Estimates for Developing Countries." World Bank, Development Research Group and Environment Department, Washington, DC.

United Nations Statistics Division. Various years. *National Accounts Statistics: Main Aggregates and Detailed Tables. Parts 1 and 2.* New York: United Nations.

World Bank. 2011. *The Changing Wealth of Nations: Measuring Sustainable Development for the New Millennium.* Washington, DC.

———. 2012a. *East Asia and Pacific Economic Update 2012, Volume 2: Remaining Resilient.* Washington, DC.

———. 2012b. *Middle East and North Africa Region Economic Developments and Prospects, October 2012: Looking Ahead After a Year in Transition.* Washington, DC.

———. 2012c. *South Asia Economic Focus—A Review of Economic Developments in South Asian Countries: Creating Fiscal Space through Revenue Mobilization.* Washington, DC.

———. 2013. *Global Economic Prospects, Volume 6, January 13: Assuring Growth over the Medium Term.* Washington, DC.

———. Various years. *World Development Indicators.* Washington, DC.

4 经 济

在线数据表和指标

若要获取《世界发展指标》在线数据表，请使用网址 http：//wdi. worldbank. org/table/和数据表编号（例如，http：//wdi. worldbank. org/table/4. 1）。若要查看特定的在线指标，请使用网址 http：//data. worldbank. org/indicator/和指标编码（例如，http：//data. worldbank. org/Indicator/NY. GDP. MKTP. KD. ZG）。

4. 1 产出的增长

国内生产总值	NY. GDP. MKTP. KD. ZG
农业	NV. AGR. TOTL. KD. ZG
工业	NV. IND. TOTL. KD. ZG
制造业	NV. IND. MANF. KD. ZG
服务业	NV. SRV. TETC. KD. ZG

4. 2 产出结构

国内生产总值	NY. GDP. MKTP. CD
农业	NV. AGR. TOTL. ZS
工业	NV. IND. TOTL. ZS
制造业	NV. IND. MANF. ZS
服务业	NV. SRV. TETC. ZS

4. 3 制造业结构

制造业增加值	NV. IND. MANF. CD
食品、饮料和烟草	NV. MNF. FBTO. ZS. UN
纺织品和服装	NV. MNF. TXTL. ZS. UN
机械和交通设备	NV. MNF. MTRN. ZS. UN
化工	NV. MNF. CHEM. ZS. UN
其他制造业	NV. MNF. OTHR. ZS. UN

4. 4 商品出口结构

商品出口	TX. VAL. MRCH. CD. WT
粮食	TX. VAL. FOOD. ZS. UN
农业原材料	TX. VAL. AGRI. ZS. UN
燃料	TX. VAL. FUEL. ZS. UN
矿砂与金属	TX. VAL. MMTL. ZS. UN
制成品	TX. VAL. MANF. ZS. UN

4. 5 商品进口结构

商品进口	TM. VAL. MRCH. CD. WT
粮食	TM. VAL. FOOD. ZS. UN
农业原材料	TM. VAL. AGRI. ZS. UN
燃料	TM. VAL. FUEL. ZS. UN
矿砂与金属	TM. VAL. MMTL. ZS. UN
制成品	TM. VAL. MANF. ZS. UN

4. 6 服务业出口结构

商业服务出口	TX. VAL. SERV. CD. WT
运输	TX. VAL. TRAN. ZS. WT
旅游	TX. VAL. TRVL. ZS. WT
保险和金融服务	TX. VAL. INSF. ZS. WT
计算机、信息、通讯和其他商业服务	TX. VAL. OTHR. ZS. WT

4. 7 服务业进口结构

商业服务进口	TM. VAL. SERV. CD. WT
运输	TM. VAL. TRAN. ZS. WT
旅游	TM. VAL. TRVL. ZS. WT
保险和金融服务	TM. VAL. INSF. ZS. WT
计算机、信息、通讯和其他商业服务	TM. VAL. OTHR. ZS. WT

4. 8 需求结构

家庭最终消费支出	NE. CON. PETC. ZS
一般政府最终消费支出	NE. CON. GOVT. ZS
资本形成总值	NE. GDI. TOTL. ZS
货物和服务出口	NE. EXP. GNFS. ZS
货物和服务进口	NE. IMP. GNFS. ZS
储蓄总额	NY. GNS. ICTR. ZS

4. 9 消费和投资的增长

家庭最终消费支出	NE. CON. PRVT. KD. ZG
人均家庭最终消费支出	NE. CON. PRVT. PC. KD. ZG
一般政府最终消费支出	NE. CON. GOVT. KD. ZG
资本形成总额	NE. GDI. TOTL. KD. ZG
货物和服务出口	NE. EXP. GNFS. KD. ZG
货物和服务进口	NE. IMP. GNFS. KD. ZG

4. 10 对国民收入更全面的衡量

国内生产总值	NY. GDP. MKTP. CD
国民总收入	NY. GNP. MKTP. CD
固定资产消耗	NY. ADJ. DKAP. GN. ZS
自然资源消耗	NY. ADJ. DRES. GN. ZS
调整后的净国民收入	NY. ADJ. NNTY. CD
国内生产总值，增长百分比	NY. GDP. MKTP. KD. ZG
国民总收入，增长百分比	NY. GNP. MKTP. KD. ZG
调整后的净国民收入，增长百分比	NY. ADJ. NNTY. KD. ZG

4. 11 对储蓄更全面的衡量

总储蓄	NY. ADJ. ICTR. GN. ZS
固定资产消耗	NY. ADJ. DKAP. GN. ZS
教育支出	NY. ADJ. AEDU. GN. ZS
净森林消耗	NY. ADJ. DFOR. GN. ZS
能源消耗	NY. ADJ. DNGY. GN. ZS
矿产消耗	NY. ADJ. DMIN. GN. ZS
二氧化碳损害	NY. ADJ. DCO2. GN. ZS
当地污染损害	NY. ADJ. DPEM. GN. ZS
调整后的净储蓄	NY. ADJ. SVNG. GN. ZS

4.12 中央政府的财政

收入	GC. REV. XGRT. GD. ZS
支出	GC. XPN. TOTL. GD. ZS
现金盈余或赤字	GC. BAL. CASH. GD. ZS
净债务，国内债务	GC. FIN. DOMS. GD. ZS
净债务，外债	GC. FIN. FRGN. GD. ZS
债务和利息支付，总债务	GC. DOD. TOTL. GD. ZS
债务和利息支付，利息	GC. XPN. INTP. RV. ZS

4.13 中央政府的支出

货物和服务	GC. XPN. GSRV. ZS
员工报酬	GC. XPN. COMP. ZS
利息支付	GC. XPN. INTP. ZS
补贴和其他转移支付	GC. XPN. TRFT. ZS
其他支出	GC. XPN. OTHR. ZS

4.14 中央政府的收入

所得税、利得税和资本收益税	GC. TAX. YPKG. RV. ZS
货物和服务税	GC. TAX. GSRV. RV. ZS
国际贸易税	GC. TAX. INTT. RV. ZS
其他税款	GC. TAX. OTHR. RV. ZS
社会缴款	GC. REV. SOCL. ZS
赠款和其他收入	GC. REV. GOTR. ZS

4.15 货币指标

广义货币	FM. LBL. BMNY. ZG
对国内经济的债权	FM. AST. DOMO. ZG. M3
对中央政府的债权	FM. AST. CGOV. ZG. M3
存款利率	FR. INR. DPST
贷款利率	FR. INR. LEND
实际利率	FR. INR. RINR

4.16 汇率和价格

官方汇率	PA. NUS. FCRF
购买力平价转换因子	PA. NUS. PPP
购买力平价转换因子与市场汇率的比率	PA. NUS. PPPC. RF
实际有效汇率	PX. REX. REER
GDP 隐含平减指数	NY. GDP. DEFL. KD. ZG
消费价格指数	FP. CPI. TOTL. ZG
批发价格指数	FP. WPI. TOTL

4.17 经常账户收支

货物和服务出口	BX. GSR. GNFS. CD
货物和服务进口	BM. GSR. GNFS. CD
初次收入余额	BN. GSR. FCTY. CD
二次收入余额	BN. TRF. CURR. CD
经常账户余额	BN. CAB. XOKA. CD
储蓄总额	FI. RES. TOTL. CD

政府与市场

5

本章涵盖的指标包括：私人部门投资和发展状况、公共部门在促进投资和增长中发挥的作用以及增长和发展必需的基础设施质量和配备情况。这些指标对商业环境、政府职能、金融系统的发展、基础设施、信息和通讯技术、科技、政府及其政策落实情况以及低效制度下国家的不良状况等问题进行了刻画。

对私人参与投资的基础设施项目进行的统计，表明了私人部门在提供公共服务和打破财政约束方面做出的贡献。比如，自2006年起，私人对移动通讯部门投资的增长已超过了50%，2011年总额达到了1,585亿美元。

融资渠道、信贷配备、服务费用以及证券市场的数据能帮助我们更好地了解金融业的发展状况。2011年，较之其他发展中地区，欧洲和中亚拓宽了融资渠道，平均每10万人拥有19家商业银行分行和47台自动柜员机。对证券市场的统计表明了全球金融危机造成的影响：上市公司的资本由2007年的64.6万亿美元缩水至2008年的34.9万亿美元，至2011年仅恢复至46.8万亿美元。

经济的健康状况不仅反映在宏观经济指标上，也在法律、规章以及制度安排上有所体现。对投资机会进行衡量的公司，关注改善商业环境的政府，以及为经济运行状况寻找解释的经济学家，都对商业环境的判断和度量有所影响，也反映了限制因素对生产力和就业岗位的制约。《世界发展指标》数据库囊括了全球工商企业运营项目中有关商业环境的企业调查和专家评估结果。

本章中还包括了反映交通运输和电力部门规模以及新兴信息技术普及情况的数据。为了成为具有国际竞争力的出口商，许多发展中国家均需对其公路、铁路、港口以及航空运输设施进行完善和提高。大力发展电力行业，满足不断发展的城市化及工业化带来的用电需求，同时还要避免过高的社会、经济以及环境成本，这已经成为发达国家和发展中国家共同面对的最严峻的挑战之一。数据表明，1995—2010年间，发展中国家的人均电力消费翻了一番，达到1,660千瓦时。

随着移动电话行业的发展以及互联网在全球范围内的普及，信息和通讯技术是发展的基础性要素这一观点正受到越来越多的认可。《世界发展指标》中包含的数据反映了这一行业的快速发展。比如，全球持有手机的人口比重已由2001年的16%升高到2011年的85%，同一期间内，互联网用户比重也由8%上升到33%。

东亚和太平洋地区：专利申请量在增加，特别是中国

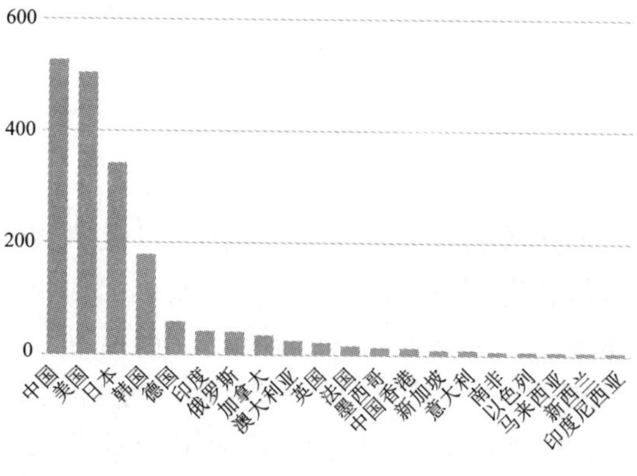

资料来源：在线数据表5.13。

2011年，尽管世界经济形势仍然低迷，全球知识产权申报却有极大增长。专利申报的需求由20世纪80年代的80万份增长至2011年的214万份，首次突破200万大关。继2009年下降4%之后，专利申请量在2010年和2011年强势反弹，年均增长率高达7%。世界知识产权组织（2012）数据显示，根据收到的专利申请量计算，2011年中国拥有全球规模最大的专利局。中国共收到了526,412份申请，同时期美国收到503,582份，日本收到342,610份。2011年，在全球最忙碌的20家专利局中，有7家都位于东亚和太平洋地区，该地区申请量占全球总量的58%。

欧洲和中亚：集装箱运输崛起

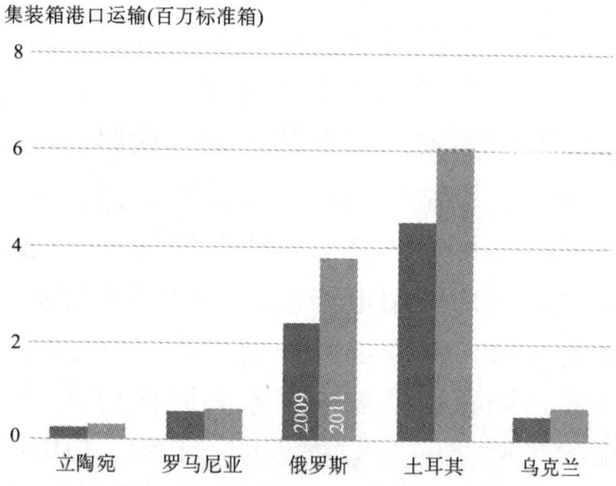

资料来源：在线数据表5.10。

集装箱港口运输多数是针对中高附加值商品的运输，其规模在一定程度上反映了一国的经济状况，尽管转运过程中的收益大部分会流向终点码头经营者以及船舶及集装箱的辅助性服务行业，而非流入该国。经历2008年金融危机之后，2009年全球集装箱运输额跌至4.72亿，较2008年下跌了9%，对各个港口、运营商以及国家均产生了冲击。但2010年，运输额有所恢复，上涨了15%并回到了危机前的水平。增长主要归功于发展中国家的洲际运输。2011年，俄罗斯（380万）和土耳其（610万）在欧洲和中亚的集装箱运输业中遥遥领先。

拉丁美洲和加勒比地区：谋杀率攀升

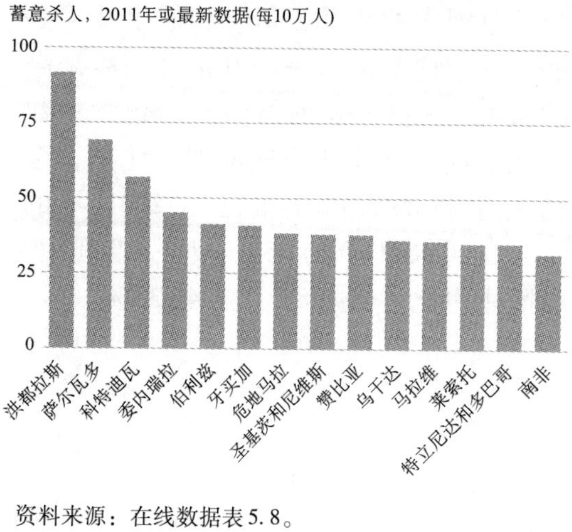

资料来源：在线数据表5.8。

拉丁美洲和加勒比地区和撒哈拉以南非洲地区的谋杀率非常高，这使得这些地区死于武装冲突的人数不断增加。根据《日内瓦宣言》中关于武装暴力和发展（2011）的内容，1/4的暴卒分布于14个国家中，平均每10万人中就有超过30人死于非命，其中半数都集中在拉丁美洲和加勒比地区。在其中许多国家，谋杀而非武装冲突才是导致暴卒的最主要因素。暴卒率与社会经济发展的关系表明，谋杀率在收入悬殊、特别贫困以及饥饿肆虐地区较高。加强法治建设的国家谋杀率有所下降。

中东和北非：军事支出比例继续走高

由于期望国家首脑能够带来开放的政府和有效的治理，中东和北非的民众于2010年年底至2011年发动了阿拉伯之春运动。虽然目前预测这场动乱带来的影响还为时尚早，军事支出及武器进口的增加却有迹可循。自2010年到2011年，除中东及北非外的所有地区均削减了军事支出占GDP的比重。阿尔及利亚将军事支出由2010年GDP的3.5%，提高到2011年的4.6%，突尼斯则由2010年的1.2%提高到2011年的1.3%。两个高收入经济体，沙特阿拉伯（GDP比重的8.4%）和以色列（6.8%）的军事支出最高，紧随其后的分别是伊拉克（5.1%）、约旦（4.7%）和黎巴嫩（4.4%）。

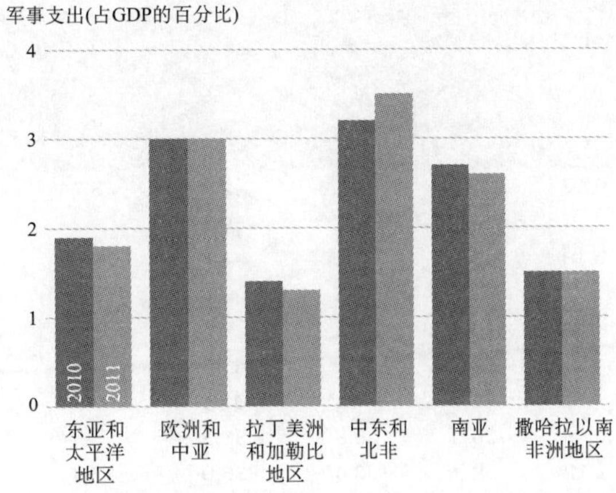

资料来源：在线数据表5.7。

南亚：移动电话使用量迅速增加

自2002年起，移动电话的使用量几乎每两年翻一番，至今已超过2002年固定电话的使用量。截至2011年年底，全球移动电话总量达到59亿部，平均人手一部。发展中国家稍有落后，不过也正在赶超。撒哈拉以南非洲地区每100人仅拥有53部移动电话，尽管一度非常落后，但现在该地区的增长率已达到了11年前高收入经济体的增长水平。南亚地区也仅落后8年。近年来，南亚的移动电话使用范围在发展中地区中取得了最大幅度增长，至2011年，南亚每100人拥有移动电话69部，较2005年增长8%。

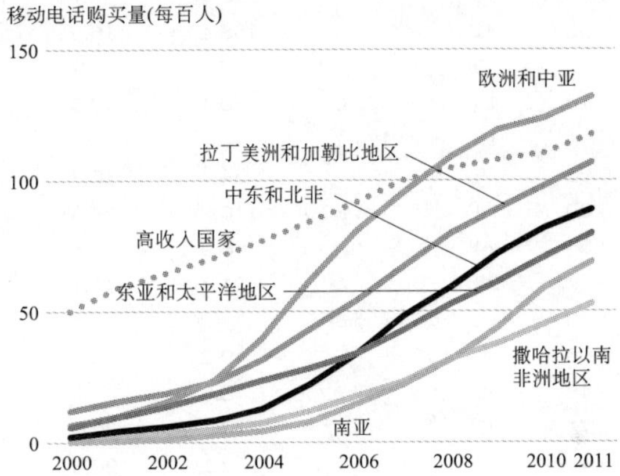

资料来源：在线数据表5.11。

撒哈拉以南非洲地区：政策带动增长

世界银行创立的国家政策及制度评估（CPIA）得分反映了国家在推动经济增长和减少贫困人口方面的表现。撒哈拉以南非洲地区的数据表明，2006—2011年，CPIA平均得分与GDP平均增长率间存在着正相关性。2011年，该地区国际开发协会成员国平均CPIA得分为3.2（总分由1（低）到6（高））。该地区的平均水平掩盖了地区间的巨大差异，厄立特里亚和津巴布韦得分仅为2.2，而佛得角得分为则4.0。对一些国家来说，当前的政策环境是近年来的最好水平。2011年，有13个国家的得分增加值超过0.1，20个国家得分不变，5个国家有0.1甚至超过0.1的下降（世界银行，2012）。

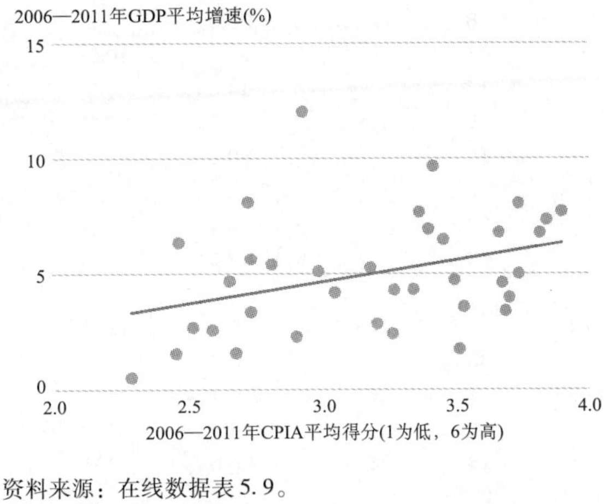

资料来源：在线数据表5.9。

5 政府与市场

	商业准入密度	创办企业所需要的时间	股票市场资本总额	银行部门提供的国内信贷	中央政府征收的税收收入	军事支出	人均耗电量	移动电话用量	互联网用户	高科技出口
	每千名15—64岁人员	天	占GDP的百分比	占GDP的百分比	占GDP的百分比	占GDP的百分比	千瓦时	每百人	占人口的百分比	占制成品出口的百分比
		2012年6月	2011	2011	2011	2011	2010	2011	2011	2011
阿富汗	0.12	7	..	–2.9	8.7	4.7	..	54	5	..
阿尔巴尼亚	0.96	4	..	69.1	..	1.5	1,770	96	49	0.5
阿尔及利亚	0.19	25	..	–4.7	39.4[b]	4.6	1,026	99	14	0.2
美属萨摩亚群岛	..	..	..	..	..	..	..	..	..	..
安道尔	..	..	..	..	..	..	..	75	81	..
安哥拉	..	68	..	17.9	..	3.5	248	48	15	..
安提瓜和巴布达	..	21	..	101.4	..	..	..	196	82	0.0
阿根廷	0.46	26	9.8	31.3	..	0.7	2,904	135	48	8.0
亚美尼亚	1.12	8	0.4	36.0	17.0	4.0	1,606	104	32	2.6
阿鲁巴岛	..	..	..	..	..	..	..	123	57	4.6
澳大利亚	6.17	2	86.9	145.1	20.6[b]	1.9	10,286	108	79	13.0
奥地利	0.56	25	19.7	135.3	18.4[b]	0.9	8,356	155	80	11.9
阿塞拜疆	0.63	8	..	20.0	12.7	4.9	1,603	109	50	1.3
巴哈马	..	31	..	108.1	16.8	..	..	86	65	0.0
巴林	..	9	89.0	75.2	..	3.4	9,814	128	77	0.2
孟加拉国	0.10	19	21.0	70.4	10.0	1.3	279	56	5	..
巴巴多斯	..	18	124.1	136.3	27.2	..	..	127	72	13.7
白俄罗斯	0.91	5	..	34.4	16.3	1.1	3,564	112	40	2.6
比利时	3.00	4	44.8	116.9	24.6[b]	1.1	8,388	117	78	10.0
伯利兹	4.54	44	..	66.9	22.3	1.1	..	70	14	0.4
贝宁	..	26	..	21.7	15.7[b]	1.0	90	85	4	0.5
百慕大	..	..	26.6	..	..	..	..	136	88	..
不丹	0.06	36	..	49.2	9.2	..	..	66	21	0.1
玻利维亚	0.48	50	17.2	48.6	..	1.5	616	83	30	13.7
波斯尼亚－黑塞哥维那	0.71	37	..	57.7	20.9[b]	1.4	3,110	85	60	3.0
博茨瓦纳	9.44	61	23.7	7.1	20.8	2.1	1,586	143	7	0.9
巴西	2.38	119	49.6	98.3	15.7	1.4	2,384	124	45	9.7
文莱	..	101	..	8.1	..	2.5	8,759	109	56	..
保加利亚	7.20	18	15.4	71.4	19.1	1.5	4,476	141	51	7.5
布基纳法索	0.11	13	..	17.6	14.2[b]	1.3	..	45	3	5.9
布隆迪	..	8	..	28.3	..	2.7	..	22	1	8.5
柬埔寨	0.22	85	..	24.2	10.0[b]	1.5	146	96	3	0.1
喀麦隆	..	15	..	14.0	..	1.4	271	52	5	4.9
加拿大	7.56	5	109.8	177.6	11.9[b]	1.4	15,137	80	83	13.4
佛得角	..	11	..	80.6	19.8	0.5	..	79	32	0.6
开曼群岛	..	..	..	..	..	..	..	168	69	..
中非共和国	..	22	..	25.4	..	2.6	..	41	2	0.0
乍得	..	62	..	7.0	..	2.3	..	32	2	..
海峡群岛	..	..	..	..	..	..	..	..	..	..
智利	4.13	8	108.7	71.2	19.1[b]	3.2	3,297	130	54	4.6
中国	..	33	46.3	145.5	10.5	2.0[c]	2,944	73	38	25.8
中国香港	27.67	3	357.8	207.1	13.5[b]	..	5,923	215	75	13.7
中国澳门	..	..	..	–28.1	37.9[b]	..	..	243	58	0.0
哥伦比亚	1.80	13	60.4	65.6	13.9[b]	3.3	1,012	98	40	4.3
科摩罗	..	20	..	21.2	..	..	..	29	6	..
刚果民主共和国	..	58	..	3.3	13.7	1.5	95	23	1	..
刚果共和国	..	161	..	–16.1	..	1.1	145	94	6	3.7

	商业准入密度	创办企业所需要的时间	股票市场资本总额	银行部门提供的国内信贷	中央政府征收的税收收入	军事支出	人均耗电量	移动电话用量	互联网用户	高科技出口
	每千名15—64岁人员	天 2012年6月	占GDP的百分比 2011	占GDP的百分比 2011	占GDP的百分比 2011	占GDP的百分比 2011	千瓦时 2010	每百人 2011	占人口的百分比 2011	占制成品出口的百分比 2011
哥斯达黎加	17.64	60	3.5	53.3	13.8[b]	..	1,855	92	42	40.8
科特迪瓦	..	32	26.1	25.3	..[b]	1.5	210	86	2	15.1
克罗地亚	2.39	9	34.9	90.3	18.4	1.7	3,813	116	71	7.6
古巴	..	..	..	..	..	3.3	1,299	12	23	..
库拉索岛	..	..	..	..	..	..	..	..	..	..
塞浦路斯	24.73	8	11.6	330.1	26.1[b]	2.2	4,675	98	58	27.3
捷克共和国	2.84	20	17.7	67.4	13.7	1.1	6,321	123	73	16.0
丹麦	4.55	6	53.8	205.4	33.8[b]	1.5	6,327	128	90	13.9
吉布提	..	37	..	32.3	..	3.7	..	21	7	0.1
多米尼克	3.30	13	..	57.9	..	..	..	164	51	0.0
多米尼加共和国	0.96	19	..	43.8	12.7[b]	0.6	1,442	87	36	2.2
厄瓜多尔	..	56	8.8	28.3	..	3.5	1,055	105	31	3.2
埃及	0.13	7	21.2	74.9	14.1	1.9	1,608	101	39	0.7
萨尔瓦多	0.46	17	23.7	66.5	13.5[b]	1.0	855	134	18	5.8
赤道几内亚	..	135	..	−3.0	..	..	..	59	6	..
厄立特里亚	..	84	..	104.0	..	..	52	4	6	..
爱沙尼亚	8.10	7	7.3	85.8	16.0[b]	1.7	6,464	139	77	13.4
埃塞俄比亚	0.03	15	..	37.1	9.3	1.1	54	17	1	2.0
法罗群岛	..	..	..	..	..	..	..	122	81	0.6
斐济	..	58	35.9	114.3	..	1.6	..	84	28	4.5
芬兰	3.60	14	54.4	101.6	20.6[b]	1.5	16,483	166	89	9.3
法国	3.13	7	56.6	133.5	21.3[b]	2.2	7,729	95	80	23.7
法属玻利尼西亚	..	..	..	..	..	..	..	81	49	15.8
加蓬	4.27	58	..	12.2	..	0.9	1,004	117	8	3.0
冈比亚	..	27	..	43.8	..	..	..	79	11	3.3
格鲁吉亚	4.49	2	5.5	34.3	23.9	3.0	1,743	102	37	1.8
德国	1.35	15	32.9	124.8	11.8[b]	1.3	7,215	132	83	15.0
加纳	1.09	12	7.9	27.7	15.0	0.3	298	85	14	1.4
希腊	0.85	11	11.6	153.2	21.3[b]	2.8	5,242	106	53	9.7
格陵兰	..	..	..	..	..	..	..	103	64	..
格林纳达	..	15	..	91.3	18.3	..	..	117	33	11.1
关岛	..	..	..	..	..	..	..	..	51	..
危地马拉	0.64	40	..	39.2	11.0	0.4	567	140	12	4.4
几内亚	..	35	..	32.3	..	..	..	44	1	0.1
几内亚比绍	..	9	..	13.6	..	..	..	56	3	..
圭亚那	..	20	17.1	51.0	..	1.2	..	70	32	0.1
海地	..	105	..	17.4	..	..	24	41	8	..
洪都拉斯	..	14	..	53.3	15.0[b]	1.1	671	104	16	1.3
匈牙利	7.63	5	13.4	75.7	21.0[b]	1.0	3,876	117	59	22.7
冰岛	7.94	5	14.4	148.2	22.3	0.1	51,440	106	95	20.9
印度	0.09	27	54.2	74.1	10.4	2.5	616	72	10	6.9
印度尼西亚	0.27	47	46.1	38.5	11.8	0.7	641	103	18	8.3
伊朗	..	13	19.1	37.4	9.3	1.9	2,652	75	21	4.5
伊拉克	0.11	74	..	−0.8	..	5.1	1,183	78	5	..
爱尔兰	4.78	10	16.3	225.7	23.1[b]	0.6	6,025	108	77	21.2
马恩岛	11.65	..	..	..	..	..	..	..	..	..
以色列	4.46	21	59.7	85.9	24.5[b]	6.8	6,856	122	70	14.0

	商业准入密度 每千名15—64岁人员	创办企业所需要的时间 天 2012年6月	股票市场资本总额 占GDP的百分比 2011	银行部门提供的国内信贷 占GDP的百分比 2011	中央政府征收的税收收入 占GDP的百分比 2011	军事支出 占GDP的百分比 2011	人均耗电量 千瓦时 2010	移动电话用量 每百人 2011	互联网用户 占人口的百分比 2011	高科技出口 占制成品出口的百分比 2011
意大利	1.63	6	19.7	157.0	22.5[b]	1.6	5,384	158	57	7.4
牙买加	1.10	7	50.0	49.6	25.6[b]	0.8	1,223	108	32	0.6
日本	1.10	23	60.3	341.7	9.8[b]	1.0	8,394	105	80	17.5
约旦	0.83	12	94.3	106.7	15.0	4.7	2,226	118	35	2.5
哈萨克斯坦	1.64	19	23.0	40.3	22.5	1.0	4,728	156	45	29.9
肯尼亚	0.85	32	30.3	52.0	19.9	1.5	156	67	28	5.7
基里巴斯	0.11	31	..	..	..	..	..	14	10	42.7
朝鲜	..	..	..	..	..	..	749	4	0	..
韩国	1.83	7	89.1	102.7	15.6	2.8	9,744	109	84	25.7
科索沃	0.92	52	..	20.8	..	..	2,650	..	..	..
科威特	..	32	57.1	50.0	0.7	3.2	18,320	175	74	0.5
吉尔吉斯共和国	0.95	10	2.7	..	16.1	4.2	1,375	116	20	3.0
老挝	0.10	92	..	26.5	13.6	0.2	..	87	9	..
拉脱维亚	11.18	16	3.8	79.3	13.3	1.0	3,026	103	72	8.2
黎巴嫩	..	9	25.3	173.7	17.0[b]	4.4	3,569	79	52	2.4
莱索托	1.22	24	..	0.7	58.9	2.4	..	56	4	0.3
利比里亚	..	6	..	30.9	0.2	0.7	..	49	3	..
利比亚	..	..	..	-65.9	..	1.2	4,270	156	17	..
列支敦士登	25.11	..	..	..	..	..	..	102	85	..
立陶宛	2.18	20	9.5	57.5	13.4[b]	1.0	3,271	151	65	10.3
卢森堡	7.31	19	114.2	172.4	24.3	..	16,834	148	91	9.7
前南斯拉夫马其顿共和国	4.12	2	24.0	45.5	19.1	1.3	3,591	107	57	3.9
马达加斯加	0.08	8	..	11.7	13.0[b]	0.7	..	41	2	8.4
马拉维	0.08	39	24.6	38.0	..	..	..	26	3	3.2
马来西亚	2.42	6	137.2	128.7	15.3	1.6	4,117	127	61	43.4
马尔代夫	3.09	9	..	82.5	11.0	..	..	166	34	..
马里	..	8	..	16.6	14.6[b]	1.8	..	68	2	2.4
马耳他	9.52	40	38.5	159.2	27.7	0.7	4,151	125	69	47.2
马绍尔群岛	..	17	..	..	..	..	..	..	4	..
毛里塔尼亚	..	19	..	42.4	..	3.8	..	94	5	..
毛里求斯	7.88	6	58.1	110.0	18.4	0.1	..	99	35	0.8
墨西哥	0.87	9	35.4	45.5	..	0.5	1,990	82	36	16.5
密克罗尼西亚联邦	..	16	..	–18.3	..	..	..	25	20	..
摩尔多瓦	1.32	9	..	39.5	18.3	0.3	1,049	105	38	6.3
摩纳哥	..	..	..	..	..	..	..	90	75	..
蒙古	..	12	18.0	40.3	21.9	0.9	1,530	105	20	..
黑山	10.44	10	73.9	61.8	..	2.0	5,547	185	40	..
摩洛哥	1.28	12	60.0	110.9	23.6[b]	3.3	781	113	51	7.7
莫桑比克	..	13	..	25.0	..	0.9	444	33	4	26.5
缅甸	..	..	..	..	..	..	131	3	1	0.0
纳米比亚	..	66	9.2	50.9	..	3.4	1,479	96	12	1.6
尼泊尔	..	29	24.0	66.6	13.2	1.4	93	44	9	0.3
荷兰	3.20	5	71.1	211.4	21.7[b]	1.4	7,010	115	92	19.8
新喀里多尼亚	..	..	..	..	..	..	..	89	50	15.4
新西兰	14.53	1	44.9	155.8	27.5[b]	1.1	9,566	109	86	9.3
尼加拉瓜	..	39	..	46.1	15.2	0.6	473	82	11	5.3
尼日尔	0.00	17	..	14.7	..	0.9	..	30	1	4.5

	商业准入密度 每千名15—64岁人员	创办企业所需要的时间 天 2012年6月	股票市场资本总额 占GDP的百分比 2011	银行部门提供的国内信贷 占GDP的百分比 2011	中央政府征收的税收收入 占GDP的百分比 2011	军事支出 占GDP的百分比 2011	人均耗电量 千瓦时 2010	移动电话用量 每百人 2011	互联网用户 占人口的百分比 2011	高科技出口 占制成品出口的百分比 2011
尼日利亚	0.83	34	16.1	37.5	0.3	1.0	136	59	28	1.1
北马里亚纳群岛	..	..	..	..	..	..	..	..	..	..
挪威	4.94	7	45.1	..	28.4[b]	1.6	25,175	116	94	18.5
阿曼	1.67	8	27.5	32.3	2.2	6.0	5,933	169	68	2.6
巴基斯坦	0.03	21	15.6	43.3	9.3	3.0	457	62	9	1.8
帕劳	..	28	..	..	..	..	..	75	..	..
巴拿马	0.08	7	39.9	104.9	..	..	1,832	189	43	35.4
巴布亚新几内亚	..	51	69.6	27.8	..	0.5	..	34	2	..
巴拉圭	..	35	4.0	34.7	13.2	1.1	1,134	99	24	7.3
秘鲁	2.54	26	44.8	18.7	15.9	1.2	1,106	110	37	6.2
菲律宾	0.19	36	73.6	51.8	12.3	1.1	643	99	29	46.4
波兰	0.52	32	26.9	66.2	17.0[b]	1.9	3,783	131	65	5.9
葡萄牙	3.92	5	26.0	204.1	21.5[b]	2.0	4,929	115	55	3.5
波多黎各	..	6	..	..	..	..	..	83	48	..
卡塔尔	..	9	72.5	70.2	14.4	2.2	14,997	123	86	0.0
罗马尼亚	4.41	10	11.2	52.1	17.2[b]	1.1	2,392	109	44	10.2
俄罗斯	0.83	18	42.9	39.5	15.4[b]	3.9	6,431	179	49	8.0
卢旺达	0.78	3	..	..	..	1.2	..	41	7	3.4
萨摩亚	1.37	9	..	47.3	..	..	..	91	7	0.2
圣马力诺	..	..	..	..	22.3	..	..	112	50	..
圣多美和普林西比	2.56	7	..	39.5	..	..	..	68	20	14.0
沙特阿拉伯	..	21	58.7	–4.8	..	8.4	7,967	191	48	0.7
塞内加尔	0.19	5	..	31.5	..	1.6	195	73	18	0.6
塞尔维亚	1.66	12	18.3	54.1	20.5	2.1	4,359	125	42	..
塞舌尔	..	39	..	45.8	31.7	0.9	..	146	43	3.4
塞拉利昂	0.38	12	..	12.9	11.1	0.9	..	36	0	..
新加坡	8.45	3	128.6	93.6	14.1	3.6	8,307	150	71	45.2
圣马丁岛	..	..	..	..	..	..	..	..	..	..
斯洛伐克	4.81	16	4.9	54.1	12.7[b]	1.1	5,164	109	74	7.1
斯洛文尼亚	4.04	6	12.8	94.7	17.9	1.4	6,521	107	72	5.9
所罗门群岛	..	9	..	15.0	..	..	..	50	6	..
索马里	..	..	..	..	..	..	..	7	1	..
南非	0.77	19	209.6	175.0	25.7[b]	1.3	4,803	127	21	5.1
南苏丹	0.31	..	..	..	..	2.9	..	..	..	..
西班牙	2.59	28	69.8	230.9	9.5[b]	1.0	6,155	113	68	6.4
斯里兰卡	0.58	7	32.8	46.2	12.4	2.6	449	87	15	1.0
圣基茨和尼维斯	5.69	19	85.8	123.3	19.7	..	..	153	76	0.1
圣卢西亚	3.00	15	..	114.6	..	..	..	123	42	16.9
圣马丁	..	..	..	..	..	..	..	..	..	..
圣文森特和格林纳丁斯	..	10	..	56.6	22.2	..	..	121	43	0.0
苏丹	..	36	..	23.0	..	..	141	56	19	29.4
苏里南	1.02	694	..	24.1	..	..	..	179	32	6.5
斯威士兰	..	56	..	25.8	..	3.0	..	64	18	..
瑞典	7.17	16	87.1	142.3	21.9[b]	1.3	14,939	119	91	13.3
瑞士	2.52	18	141.4	185.1	10.4	0.8	8,175	131	85	24.4
叙利亚	0.05	13	..	47.7	..	3.9	1,905	63	23	1.3
塔吉克斯坦	0.29	24	..	..	..	..	2,004	91	13	..

	商业准入密度 每千名15—64岁人员	创办企业所需要的时间 天 2012年6月	股票市场资本总额 占GDP的百分比 2011	银行部门提供的国内信贷 占GDP的百分比 2011	中央政府征收的税收收入 占GDP的百分比 2011	军事支出 占GDP的百分比 2011	人均耗电量 千瓦时 2010	移动电话用量 每百人 2011	互联网用户 占人口的百分比 2011	高科技出口 占制成品出口的百分比 2011
坦桑尼亚	..	26	6.4	24.2	..	1.1	78	56	12	5.4
泰国	0.59	29	77.7	159.0	17.6[b]	1.6	2,243	112	24	20.7
东帝汶	..	94	..	–26.5	..	2.6	..	53	1	..
多哥	0.11	38	..	35.4	17.1[b]	1.6	107	50	4	0.2
汤加	1.96	16	..	29.0	..	..	..	53	25	0.0
特立尼达和多巴哥	..	41	65.5	32.3	26.2	..	5,894	136	55	0.1
突尼斯	0.63	11	20.8	82.1	20.9	1.3	1,350	117	39	5.6
土耳其	0.96	6	26.0	69.3	20.1[b]	2.3	2,477	89	42	1.8
土库曼斯坦	..	..	..	..	..	..	2,403	69	5	..
特克斯和凯科斯群岛	..	..	..	..	..	..	..	..	..	2.1
图瓦卢	..	..	..	..	..	..	..	22	30	..
乌干达	0.72	33	46.0	18.7	16.1	1.6	..	48	13	21.9
乌克兰	0.60	22	15.5	73.4	18.3	2.5	3,550	123	31	4.4
阿拉伯联合酋长国	1.37	8	26.0	81.4	..	5.4	11,044	149	70	3.2
英国	10.41	13	118.7	212.6	27.4[b]	2.6	5,733	131	82	21.3
美国	..	6	104.3	234.9	10.1[b]	4.7	13,394	93	78	18.1
乌拉圭	3.36	7	0.4	29.9	19.6	1.9	2,763	141	51	5.8
乌兹别克斯坦	0.82	12	..	..	..	..	1,648	92	30	..
瓦努阿图	2.18	35	..	70.5	..	..	..	56	8	..
委内瑞拉	..	144	1.6	29.3	..	0.8	3,287	98	40	2.5
越南	..	34	14.8	120.7	..	2.2	1,035	143	35	8.6
美属维尔京群岛	..	..	..	..	..	..	..	..	27	..
西岸和加沙	..	48	..	..	..	..	..	46	41	..
也门共和国	..	40	..	22.7	..	4.4	249	47	15	0.3
赞比亚	1.26	17	20.9	18.0	16.6	1.6	623	61	12	24.8
津巴布韦	..	90	112.9	..	..	1.6	1,022	72	16	1.0
全世界	3.42 u	30 u	68.7 w	164.9 w	14.8 w	2.5 w	2,975 w	85 w	33 w	17.6 w
低收入国家	0.32	30	..	40.4	11.6	1.6	242	42	6	..
中等收入国家	2.30	35	47.7	92.4	13.2	2.0	1,823	86	27	17.1
中低收入国家	1.01	31	43.2	58.9	11.9	2.0	698	80	16	9.3
中高收入国家	3.50	40	48.8	101.3	13.6	2.0	2,942	92	38	18.6
低收入和中等收入国家	2.01	34	47.4	91.6	13.2	2.0	1,661	80	24	17.0
东亚和太平洋地区	1.04	37[d]	50.6	132.5	10.9	1.8	2,337	81	34	26.0
欧洲和中亚	2.82	15[d]	32.9	49.2	17.1	3.0	4,059	132	42	6.3
拉丁美洲和加勒比地区	2.84	58[d]	42.0	68.5	..	1.3	1,973	107	39	10.9
中东和北非	0.36	25[d]	..	53.6	23.8	3.5	1,658	89	27	2.9
南亚	0.16	19[d]	48.2	69.7	10.3	2.5	555	69	9	6.4
撒哈拉以南非洲地区	1.99	32[d]	..	74.7	..	1.5	553	53	13	2.8
高收入国家	6.38	18	78.6	203.2	14.6	2.8	9,415	114	76	17.9
欧元区	5.10	13	41.9	153.5	17.6	1.5	6,847	125	73	14.9

a. 数据来自国际电信联盟（ITU）的《世界电信/信息通信技术指标》数据库。第三方引用这些数据时，请注明引自国际电信联盟。b. 数据基于现金收付制公布，并根据国际货币基金组织《2001 年政府财政统计手册》中的权责发生制进行了调整。c. 不同于中国政府的官方数字（1.3%；见中国国家统计局，www. stats. gov. cn）。d. 不同于《全球工商企业运营报告》网站上公布的数据，因为《全球工商企业运营报告》网站上公布的地区合计值包括发达经济体。

关于数据

创业活动

经济中新企业增加的速度能够衡量经济活力及创业状况。企业进入密度的数据来自于世界银行2012年发布的企业家精神数据库，其中涵盖了超过150个国家在2004—2011年之间的各种指标。我们将使用调研数据对公司的成立、其与经济增长和消除贫困之间的关系以及管理与制度改革的成效等问题进行分析。注册公司总量的数据由各国注册登记机构提供。在对国家间数据进行比较时，仅考虑正式部门中有限责任公司的情况。更多有关数据来源、分析方法、创业率计算以及数据局限性的信息，可参阅 http://www.doingbusiness.org/data/exploretipics/entrepreneurship。

企业成立所需时间的数据来自企业经营项目数据库，数据库中囊括了对商业规程、监督效果、产权保护的有效性、就业管理的灵活性指标和企业税负程度等方面的度量指标。上述项目的基本前提是经济活动需要切实可行且行之有效的规章制度。其中有些指标偏好完善的制度规范，比如，要求对关联方交易执行更为严格的披露制度，而其他指标则更倾向于简明的制度规范，例如，为企业审批程序提供一站式服务。数据库中的11套指标涵盖了关于新建企业、财产登记、施工许可、通电给水、合同执行、信贷审批、投资者保护、税费缴纳、跨境交易、破产保护以及雇佣员工等各方面问题。相关指标信息可参阅 www.doingbusiness.org。

营商环境的数据来自对某简单商业案例的标准化调查，从而保证了不同经济体之间、不同时点数据的可比性，案例对企业的法定形式、企业规模、地理位置以及经营性质做出了假设。我们对185个国家的超过9000名专家、律师、经营顾问、会计师、运输代理、政府官员，以及参与日常管理和提供法律法规意见的人士进行了调研。

营商环境项目采用的方法具有一定的局限性，应该在对数据进行解释时引起注意。第一，数据仅能代表各经济体最大的城市中的商业状况，而没有考虑其他地区的管理情况。为减弱这种局限性，我们对特定经济体进行了地方调研；结果表明，一国不同城市之间，在改革的进程及经商的便利度上存在显著差异。第二，数据仅集中于某种特定的商业形式——一般来说，是特定规模的有限责任公司——无法代表对其他形式企业（比如，个体企业）的管理情况。第三，标准商业案例中刻画的交易仅对一系列特定的问题进行了讨论，无法代表企业所要面临的全部问题。第四，涉及的时间指标建立在答题者的主观判断之上。当数据表明个人预期有所不同时，营商环境中的时间指标则仅代表给定标准化案例假设下，不同结果的中间值。第五，这种方法假设企业完全知晓全部规定事项，因而在完成程序时不会浪费时间。构建各项指标时，已假设企业家了解并将遵循全部规定。但现实中，企业家并不了解全部程序，或者可能试图完全脱离法定程序。

金融体系

证券市场和银行系统对经济增长均有促进作用，特别在减少贫困方面。当经济发展水平较低时，商业银行在金融体系中占主导地位，而当经济发展水平较高时，国内证券市场则更加活跃而高效。

当开放经济拥有合理的宏观经济政策、完善的法律制度以及到位的股东权益保护时，它就更容易吸引资本，从而会形成更大规模的金融市场。图表中的数据包含了市值占国内生产总值（GDP）的比重，反映出证券市场的规模。市场规模也可以使用其他方法来度量，排序也会相应有所变化。近期有关证券市场发展的研究表明，现代通讯技术和不断提高的金融集成化水平使跨境资本流动更加频繁，增强了全球金融企业的表现，并促进了由贸易交换向海外上市的转移。许多新兴市场国家的企业已在海外上市，以便获得更低成本的资本并提高股份的流动性。不过，这也意味着新兴市场国家没有足够的金融活动支撑其证券市场的运转。由于理论及统计上存在限制，比如，报告不实或会计标准不同，国家间的可比性受到限制。

标准普尔（S&P）指数对21个新兴国家证券市场及36个前沿市场数据提供实时更新。标普全球股指反映了领先新兴市场国家的股指，是为满足向外国投资组合开放的新兴市场中指数跟踪型投资组合的投资需求而设计的。标普前沿市场指数用以反映36个规模较小、流动性较弱的国家的市场表现。这些指数被广泛用作国际投资组合管理的标尺。有关指数详情，请参阅 www.spindices.com。

由于标普新兴市场分类下各市场发展水平千差万别，因而要判断市场走势时，最好能对全部市场类别进行分析。并且须知证券市场走势可能会受到货币兑换的干扰，特别在一国货币严重贬值的情况下（Demirgü - Kunt 和 Levine，2006；Beck 和 Levine，2001；Claessens、Klingebiel 和 Schmukler，2002）。

银行部门为国内提供的信贷额度占GDP的比重反映了银行业的深化程度和金融部门的规模发展水平。数据取自国际货币基金组织（IMF）对银行业的调查，记录在《国际金融统计》中，其他数据则自金融调查中补齐。金融调查的对象中包含了各国货币当局（中央银行）、商业银行及其他银行类金融机构，如财务公司、发展银行及储蓄和贷款机构。一些国家的政府将持有的国际储备存入银行系统，而不放在中央银行。中央政府的债务以净值计（中央政府债务减去其存款），因而可能为负值，进而使得银行部门提供的国内信贷额度净值为负。

税收收入

税收是大多数政府收入的主要来源。税收收入占GDP的比重反映了各国的财政负担以及其对私人部门的激励情况。图表中仅包含中央政府的数据，这可能会严重低估总税收负担，尤其在省市级政府规模较大或者征税权利较大的国家。

税收收入在GDP中的比重偏低可能反映了薄弱的行政能力以及严重的偷税漏税问题。较低的比重也可能说明大规模经济中未登记及未披露的收入过多。税收收入比率一般会随收入增加而提高，较之低收入国，高收入国家将能使用税收收入提供更多的公共服务和社会保障。

军事支出

虽然国防是政府的重要职能之一，但过高的防御及内乱开支会加重经济的负担，进而阻碍经济增长。军事支出占GDP的比重能够粗略地衡量一国投入军事活动的资源比率。作为一项“投入”，军费开支并不与军事活动、实力或安全性等“产出”直接相关联。国家间的比较应该考虑到许多因素，包括历史与文化传统、需防范的国境线长、与邻国的关系以及国民对武装力量的看法。

数据是由斯德哥尔摩国际和平研究所（SIPRI）所提供的，其中军费开支数据的原始资料来自各国政府提供的官方数据。这些数据源自财政预算文件、国防白皮书及其他官方政府机构的公开文件，包括政府对SIPRI的调查问卷所做的回复、联合国裁军事务办公室或欧洲安全与合作组织等。二手资料来源包括国际统计数据，包括北大西洋公约组织（NATO）及国际货币基金组织《政府财政统计年鉴》。其他二手资料来源包括经济学人智库关于各国的报告、IMF专家关于各国的报告以及专业刊物。

当SIPRI无法做出独立估计时，它会使用由各国提供的数据。由于各国在定义上存在着不同，且在核实数据准确性和完整性方面存在困难，各国数据并不完全具有可比性。但SIPRI在最大程度上保证各国时间序列数据的可比性。更多关于SIPRI对军费支出项目的信息请参阅www.sipri.org/research/armaments/milex。

基础设施

一国包括电力和通讯在内的基础设施质量，是一项关乎投资决策和经济发展的重要因素。国际能源署（IEA）从各国能源机构处收集电力消耗数据，并对其进行调整使之满足国际定义。辅助发电站的消耗，其中主要零件——变压器上的损耗，以及泵送装置发的电均包含在其中。只要可获得数据，使用主要能源来源——煤、石油、天然气、核能、水力、地热、风能、潮汐以及其他可替代能源——发的电将被计入其中。消耗数据并不能反映供给的可靠性，数据包括衰竭、负载系数以及断电的频率等。

国际电信联盟（ITU）估计，至2011年，全球移动电话签约总量达到59亿部。没有任何一项技术曾取得过如此之广的普及范围。移动通讯对农村地区有着极为重要的影响。移动通讯具有机动性，使用方便，架设灵活，以及相对较低且在不断下降的无线技术演示成本等特点，这些使之能够为收入及文化水平均较低的农村人口所接受。农村地区的贫困人口将为移动通讯技术贡献十亿需求。

从历史上看，移动类公司是电信数据的主要来源，因此，多数国家移动电话签约量的信息较易获得。这是大体上的思路，但更精确的方法则是使用普及率——使用电信技术的家庭所占比重。过去几年中，住户及商业调查收集到了更多有关信息和通讯技术普及情况的信息。其他重要数据还包括电信服务实际使用的数据。由于数据提供及获得性方面的法规不同，各国数据的质量也有所不同。

高科技出口

测定高科技出口的方法由经济合作与发展组织及欧盟统计局联合开发得到。使用建立在研发密度（支出除以总销售额）之上的“产品法”（而非“部门法”），对德国、意大利、日本、荷兰、瑞典以及美国的不同组别产品进行统计。由于生产某几种高科技产品的工业部门也能制造出低科技产品，因而产品法更适合于统计国际贸易。该方法仅考虑研发密度，而高科技的其他特点也很重要，比如，专业技术、科研人员以及专利中包含的技术。基于这些特点的统计将得到另一种结果（参见Hatzichrono-glou，1997）。

定义

商业准入密度，表示在15—64岁的人中，每1,000人新登记注册的有限责任公司的数目。**创办企业所需要的时间**衡量在不考虑成本的前提下，合法完成成立公司的全部程序所需的最短时间。**股票市场资本总额**（亦即股市市值）是每股价格乘以流通股数量。**银行部门提供的国内信贷量**是指提供给各部门的总信贷量，其中不包括提供给中央政府的额度，该数额为净值。银行系统包括货币当局，商业银行以及其他可获得数据的银行类金融机构。**中央政府征收的税收收入**是指出于公共事业目的而强制转移给中央政府的资金。某些强制转移，比如，罚款以及大部分社会保障缴纳均不包含在内。由于征收不当而导致的偿还及处罚，记为负的税收收入。IMF发布的《2001年政府金融统计手册》（GFSM 2001）中的分析框架是建立在权责发生制的资产负债表基础之上的。对于仍然以现金流报告政府财政数据的国家，IMF将对报告进行调整，以适应GFSM 2001的框架。这些国家将在表格脚注中特别说明。**军事支**

出是得自遵循北约旧时定义（生效期截至2002年）的SIPRI数据，其中包括全部花费在军事力量上的商品及资本支出，包括维和部队、国防部及其他负责国防项目的政府机构，准军事部队（如果被判定为军事行动目的进行训练，拥有装备）以及军事航天活动。这类开支包括军事及民事人员的养老金及军事人员的社会保障、运营及维护、采购、军事研发以及军事援助（包含在捐助国的军事支出中）。不包括在其中的项目有民防系统及当前花费在过去军事活动上的支出，比如，退伍军人福利、复原以及武器改装及损坏。然而，由于将需要更多有关军事预算及预算外军事支出的细节信息（比如，军事预算是否覆盖民防系统、储备及辅助部队、警察及准军事部队以及军人抚恤）难以获得，因此这种定义并不适用于所有国家。**人均耗电量**是发电站产量加上热电厂产量减去运输、分配、转换的损失，再减去热电厂自身的耗用后，除以年终人口数。**移动电话用量**是指公共移动电话服务的签约量，该服务为蜂窝技术下的公共电话网络交换提供支持。预付签约及活跃预付账户（指过去3个月曾使用过的账户）均包含其中。这一指标适用于所有支持语音通信的移动蜂窝签约，但不包括对数据卡或USB调制解调器、公共移动数据服务、个人集群移动无线电、公用无绳电话系统、无线电寻呼以及遥感勘测技术服务的购买。**互联网用户**是指过去12个月曾（在任何地点）使用过互联网的人口所占的百分比。互联网的使用可通过电脑、手机、个人数字助理、游戏机、数字电视或类似设备。**科技**是指研发密度较高的产品，比如航天工业、计算机、医药品、科学仪器以及电动机械。

数据资料来源

商业准入密度数据来自世界银行创业数据库（www.doingbusiness.org/data/exploretopics/entrepreneurship）。创办企业所需要的时间数据来自世界银行全球经商报告（www.doingbusiness.org）。股票市场资本总额数据来自标准普尔公司（2012）。国内信贷量数据来自国际货币基金组织公布的《国际金融统计数字》。中央政府征收的税收收入数据来自IMF《政府金融统计数字》。军事支出数据来自SIPRI公布的军事支出数据库（www.sipri.org/databases/milex）。耗电量数据来自IEA公布的《非经济合作组织国家能源数据统计》，《非经合组织国家能源平衡》和《经济合作组织国家能源统计数据》，以及联合国统计部门公布的《能源数据统计年鉴》。移动电话用量和互联网用户数据来自ITU的世界移动通讯/ICT指标数据库及移动地理。高科技出口数据来自联合国统计部门的商品贸易（Comtrade）数据库。

参考文献

Beck, Thorsten, and Ross Levine. 2001. "Stock Markets, Banks, and Growth: Correlation or Causality?" Policy Research Working Paper 2670, World Bank, Washington, DC.

Claessens, Stijn, Daniela Klingebiel, and Sergio L. Schmukler. 2002. "Explaining the Migration of Stocks from Exchanges in Emerging Economies to International Centers." Policy Research Working Paper 2816, World Bank, Washington, DC.

Demirgüç-Kunt, Asli, and Ross Levine. 1996. "Stock Market Development and Financial Intermediaries: Stylized Facts." *World Bank Economic Review* 10 (2): 291–321.

Geneva Declaration on Armed Violence and Development. 2011. *Global Burden of Armed Violence.* Geneva.

Hatzichronoglou, Thomas. 1997. "Revision of the High-Technology Sector and Product Classification." STI Working Paper 1997/2. Organisation for Economic Co-operation and Development, Directorate for Science, Technology, and Industry, Paris.

Standard & Poors. 2012. *Global Stock Markets Factbook 2012.* New York.

WIPO (World Intellectual Property Organization). 2012. *World Intellectual Property Indicators 2012.* Geneva.

World Bank. 2012. *CPIA Africa: Accessing Africa's Policies and Institutions.* Washington, DC.

5 政府与市场

在线数据表和指标

若要获取《世界发展指标》在线数据表，请使用网址 http：//wdi. worldbank. org/table/和数据表编号（例如，http：//wdi. worldbank. org/table/5. 1）。若要查看特定的在线指标，请使用网址 http：//data. worldbank. org/indicator/和指标编码（例如，http：//data. worldbank. org/Indicator/IE. PPI. TELE. CD）。

5.1 经济体中的私人部门

电信投资	IE. PPI. TELE. CD
能源投资	IE. PPI. ENGY. CD
运输投资	IE. PPI. TRAN. CD
供水和医疗卫生投资	IE. PPI. WATR. CD
对私人部门的国内信贷	FS. AST. PRVT. GD. ZS
注册的企业，新企业	IC. BUS. NREG
注册的企业，准入密度	IC. BUS. NDNS. ZS

5.2 工商业环境：企业调查

与官员打交道的时间	IC. GOV. DURS. ZS
拜见税收官员的平均次数	IC. TAX. METG
获得营业执照所需要的时间	IC. FRM. DURS
给予政府官员的非正常支出	IC. FRM. CORR. ZS
因偷盗、敲诈、破坏和纵火造成的损失	IC. FRM. CRIM. ZS
与未注册企业竞争的企业	IC. FRM. CMPU. ZS
有女性高管的企业	IC. FRM. FEMM. ZS
利用银行为投资融资的企业	IC. FRM. BNKS. ZS
停电造成的价值损失	IC. FRM. OUTG. ZS
拥有国际质量认证的企业	IC. FRM. ISOC. ZS
出口清关的平均时间	IC. CUS. DURS. EX
提供正规培训的企业	IC. FRM. TRNG. ZS

5.3 工商业环境：营商环境指标

创办企业的程序数量	IC. REG. PROC
创办企业所需要的时间	IC. REG. DURS
创办企业的成本	IC. REG. COST. PC. ZS
财产注册登记的程序数量	IC. PRP. PROC
财产注册登记所需要的时间	IC. PRP. DURS
修建仓库的程序数量	IC. WRH. PROC
修建仓库所需要的时间	IC. WRH. DURS
通电所需要的时间	IC. ELC. TIME
履行合同的程序数量	IC. LGL. PROC
履行合同所需要的时间	IC. LGL. DURS
商业披露指数	IC. BUS. DISC. XQ
破产清算所需要的时间	IC. ISV. DURS

5.4 股票市场

市场资本总额	CM. MKT. LCAP. CD
市场资本总额，占 GDP 的百分比	CM. MKT. LCAP. GD. ZS
股票交易额	CM. MKT. TRAD. GD. ZS
转手率	CM. MKT. TRNR
国内上市公司	CM. MKT. LDOM. NO
S&P 全球股权指数	CM. MKT. INDX. ZG

5.5 资金的获取、稳定和效率

法定权利强度指数	IC. LGL. CRED. XQ
信贷信息深度指数	IC. CRD. INFO. XQ
商业银行的存款账户	FB. CBK. DPTR. P3
商业银行的贷款账户	FB. CBK. BRWR. P3
商业银行分支机构	FB. CBK. BRCH. P5
自动柜员机	FB. ATM. TOTL. P5
银行资本与资产的比率	FB. BNK. CAPA. ZS
银行不良贷款与毛贷款总额的比率	FB. AST. NPER. ZS
银行部门提供的国内信贷	FS. AST. DOMS. GD. ZS
利差	FR. INR. LNDP
贷款的风险溢价	FR. INR. LNDP

5.6 税收政策

中央政府征收的税收收入	GC. TAX. TOTL. GD. ZS
企业纳税次数	IC. TAX. PAYM
企业准备、归档和纳税的时间	IC. TAX. DURS
企业利润税	IC. TAX. PRFT. CP. ZS
企业劳务税和捐赠	IC. TAX. LABR. CP. ZS
其他企业税收	IC. TAX. OTHR. CP. ZS
总企业税率	IC. TAX. TOTL. CP. ZS

5.7 军事支出和武器交易

军事支出，占 GDP 的百分比	MS. MIL. XPND. GD. ZS
军事支出，占中央政府支出的百分比	MS. MIL. XPND. GD. ZS
武装部队人员	MS. MIL. TOTL. P1
武装部队人员，占总劳动力的百分比	MS. MIL. TOTL. TF. ZS
武器交易，出口	MS. MIL. XPRT. KD
武器交易，进口	MS. MIL. MPRT. KD

5.8 脆弱的局势

国际开发协会资源分配指数	IQ. CPA. IRAI. XQ
维和部队、警察和军事观察员	VC. PKP. TOTL. UN
与战争相关的死亡	VC. BTL. DETH
故意杀人	VC. IHR. PSRC. P5
军事支出	MS. MIL. XPND. GD. ZS
偷盗、破坏和纵火造成的损失	IC. FRM. CRIM. ZS
开始经营业务时就正式注册的企业	IC. FRM. FREG. ZS
童工♀♂	SL. TLF. 0714. ZS
难民，按来源国计	SM. POP. REFG. OR
难民，按庇护国计	SM. POP. REFG

国内流民	VC. IDP. TOTL. HE
获得改善的水源	SH. H2O. SAFE. ZS
获得改善的医疗卫生设施	SH. STA. ACSN
孕产妇死亡率，国家估计	SH. STA. MMRT. NE
孕产妇死亡率，模型估计	SH. STA. MMRT
5 岁以下儿童死亡率♀♂	SH. DYN. MORT
食物匮乏程度	SN. ITK. DFCT
小学总入学率♀♂	SE. PRM. ENRR

5.9 公共政策和制度

国际开发协会资源分配指数	IQ. CPA. IRAI. XQ
宏观经济管理	IQ. CPA. MACR. XQ
财政政策	IQ. CPA. FISP. XQ
债务政策	IQ. CPA. DEBT. XQ
经济管理，平均值	IQ. CPA. ECON. XQ
贸易	IQ. CPA. TRAD. XQ
金融部门	IQ. CPA. FINS. XQ
商业监管环境	IQ. CPA. BREG. XQ
结构性政策，平均值	IQ. CPA. STRC. XQ
性别平等	IQ. CPA. GNDR. XQ
公共资源使用的公平	IQ. CPA. PRES. XQ
人力资源积累	IQ. CPA. HRES. XQ
社会保护和劳动力	IQ. CPA. PROT. XQ
促使环境具有可持续性的政策和制度	IQ. CPA. ENVR. XQ
促使社会包容和平等的政策，平均值	IQ. CPA. SOCI. XQ
财产权和基于制度的治理	IQ. CPA. PROP. XQ
预算和金融管理的质量	IQ. CPA. FINQ. XQ
税收征收的效率	IQ. CPA. REVN. XQ
公共管理的质量	IQ. CPA. PADM. XQ
政府部门的透明度、责任感和腐败程度	IQ. CPA. TRAN. XQ
公共部门的管理和制度，平均值	IQ. CPA. PUBS. XQ

5.10 交通运输服务

公路网络总量	IS. ROD. TOTL. KM
铺面道路	IS. ROD. PAVE. ZS
公路客运量	IS. ROD. PSGR. K6
公路货运量	IS. ROD. GOOD. MT. K6
铁路线	IS. RRS. TOTL. KM
铁路客运量	IS. RRS. PASG. KM
铁路货运量	IS. RRS. GOOD. MT. K6
港口集装箱运输	IS. SHP. GOOD. TU
世界范围内注册的离港飞机	IS. AIR. DPRT
航空客运量	IS. AIR. PSGR
航空货运量	IS. AIR. GOOD. MT. K1

5.11 电力和通讯

人均耗电量	EG. USE. ELEC. KH. PC
输配损耗的电力	EG. ELC. LOSS. ZS
固定电话用量	IT. MLT. MAIN. P2
移动电话用量	IT. CEL. SETS. P2
固定电话国际通话量	..[a]
移动蜂窝网络国际通话量	..[a]
移动蜂窝网络覆盖的人口	..[a]
固定电话价格指数	..[a]
移动电话价格指数	..[a]
电信收入	..[a]
每个雇员的移动电话和固定电话用量	..[a]

5.12 信息时代

拥有电视的家庭	..[a]
拥有计算机的家庭	..[a]
互联网用户	..[a]
固定宽带网用户	IT. NET. BBND. P2
国际互联网带宽	..[a]
固定宽带网价格指数	..[a]
互联网安全服务器	IT. NET. SECR. P6
信息通讯技术物品，出口	TX. VAL. ICTG. ZS. UN
信息通讯技术物品，进口	TM. VAL. ICTG. ZS. UN
信息通讯技术服务，出口	BX. GSR. CCIS. ZS

5.13 科学和技术

研究与开发，研究人员	SP. POP. SCIE. RD. P6
研究与开发，技术人员	SP. POP. TECH. RD. P6
发表于科技刊物上的论文	IP. JRN. ARTC. SC
研究与开发支出	GB. XPD. RSDV. GD. ZS
高科技出口，美元	GB. XPD. RSDV. GD. ZS
高科技出口，占制成品出口的百分比	TX. VAL. TECH. MF. ZS
版税和许可费，收入额	BX. GSR. ROYL. CD
版税和许可费，支出额	BM. GSR. ROYL. CD
提交的专利申请，居民	IP. PAT. RESD
提交的专利申请，非居民	IP. PAT. NRES
提交的商标申请，总数	IP. TMK. TOTL

♀♂在《世界发展指标》数据库中，可以获取按性别分类的数据。

a. 可以在线获得数据表的一部分，但不能获得单个指标。

全球联系

世界经济因商品和服务贸易、资本流动以及人口迁移而联系紧密。随着各国经济的发展，这种联系变得更加紧密和复杂。本章中所包含的指标将对这些项目的流量规模及方向进行衡量，并对政策干预及国际援助的效果进行梳理。

自2011年年初开始的乐观的经济增长势头在当年逐步放缓。日本海啸带来的不利影响再加上欧洲地区的主权债务危机，都对国际市场的信心产生了冲击。经济增长放缓的势头在高收入经济体中表现的更为明显，这也使发展中国家市场的资本流入减少。

2011年，发展中国家的债务及股权净流入仅为1.1万亿美元——这一数字较2010年下降了8%，更低于国际金融危机爆发前的水平。这一轮低迷态势仍由资本流动中波动性最强的股权投资组合的崩盘而引发。包括中国、巴西和印度在内等增长前景看好的新兴市场中的股权资本流入量大幅下降。2011年，中低收入经济体的净流入仅为83亿美元，远低于2010年的1,300亿美元。

2011年，流入发展中国家的债券净额达4,370亿美元——较之2010年下降了9%。这源于政府债权人贷款的下降，由2010年时的770亿美元滑落至2011年的300亿美元。但是，商业银行贷款却增长了两倍，达到1,100亿美元，而私人部门通过发行债券创造了更多的流动性，其市值达到1.5万亿美元的历史最高水平。继2010年成为增长最快的债务类别之后，2011年，短期债务净流入收缩了27%。

2011年，全球外国直接投资（FDI）总额增长了22.7%，重新达到了危机前的水平。其中约有40%流入了发展中经济体。2011年，许多发展中国家继续完善各项政策，进一步降低对FDI的准入门槛，为FDI的经营创造便利，同时也在管理上有所放松。最大的FDI流入国包括巴西、中国、印度及俄罗斯，基本构成了发展中国家流入总量的半数以上。中国是最大的流入国，其FDI净流入达2,200亿美元，较2010年下降了10%。

2011年，发展中国家货物进口额较2010年增长了27%，而高收入国家的进口额也增长了20%。巴西、中国、印度及俄罗斯成为几大贸易国，其中，中国占到了东亚和太平洋地区货物贸易总量的70%。

政府开发援助为发展提供稳定的资金来源，并对几次金融危机带来的冲击均起到了缓冲作用，2011年，政府开发援助规模达到1,340亿美元，占发展中国家国民总收入之和的0.58%，较2010年的0.65%有所下降。

全球旅游业继续保持增长并已成为世界上最大、发展最快的经济部门之一。2011年，国际游客接待量首次突破10亿人次大关，入境旅游支出也较2010年增长12%，达到1.3万亿美元。2011年，中东和北非是唯一一个国际游客接待量有所下降的发展中地区，应主要归咎于地区内部政局动荡及武装冲突。

东亚和太平洋地区：股权投资降低

东亚和太平洋地区的股权流入(十亿美元)

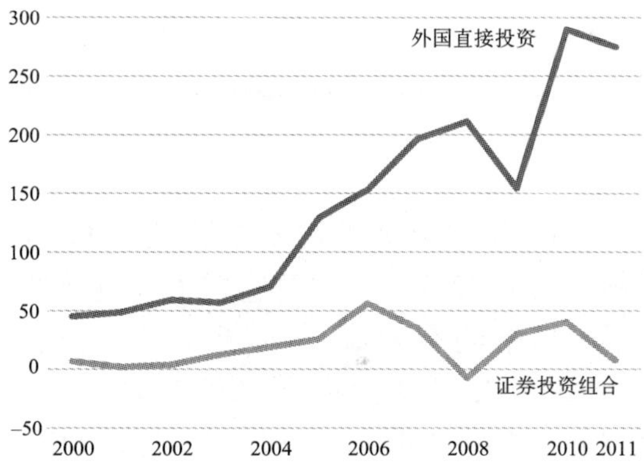

资料来源：在线数据表6.10。

经历了2009年的低谷及2010年的复苏后，2011年东亚和太平洋地区的股权投资量再次下降。欧元区的动荡及日本的自然灾害均导致外资股权大量撤离。2011年，外国直接投资净流入与股权投资组合流入较2010年下降了17%。其中，外国直接投资净额下降了5%，而证券投资组合流入更是跌至2010年水平的1/5。中国为该地区内最大的资本流入国（比重高达80%），但FDI流入量较2010年也有10%的下降，而证券投资组合净流入也仅有2010年水平的1/6。中国服务业部门的投资额维持了原有增长率。

欧洲和中亚：侨汇收入差异大

侨汇收入(十亿美元)

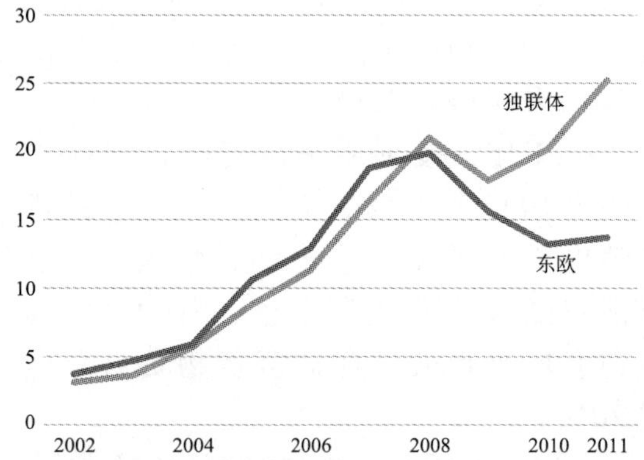

资料来源：在线数据表6.14。

欧盟发达国家的高失业率削弱了现有移民的就业前景，并限制了其汇款汇回本国的能力。2009年，流向东欧发展中国家的侨汇大幅下降，至今仍未恢复。罗马尼亚是欧盟最大的侨汇收入国之一，其侨汇收入在过去3年内年均下降达30%。与此相反，几乎全部独立国家联合体国家的侨汇收入均有极大回升。俄罗斯就业的增长及实际工资水平的提高，都使移民更有能力增加其汇款额。塔吉克斯坦是向俄罗斯移民最多的国家，侨汇是该国一项重要的外来资金来源。2011年，塔吉克斯坦共收到32万亿美元侨汇，相当于其GDP的46%。

拉丁美洲和加勒比地区：与发展中国家间的贸易增加

货物出口总额占比(%)

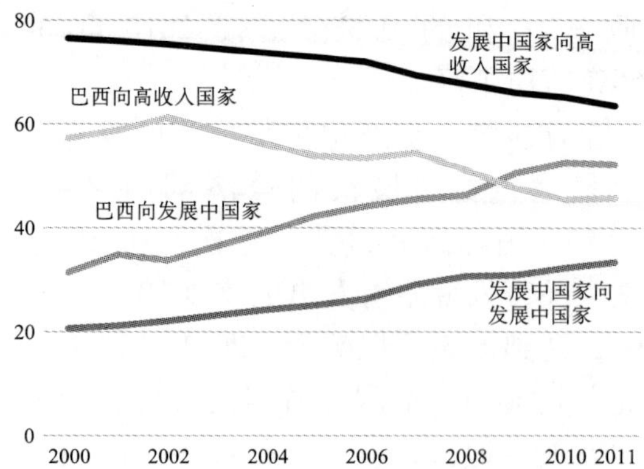

资料来源：在线数据表6.4。

发展中国家之间的贸易额保持了增长势头。2000—2010年间，发展中国家间货物出口总额的增长超过了600%，而发展中国家向高收入国家的出口额仅增长了该数字的一半。截至2011年，发展中国家贸易额的1/3是与其他发展中国家进行的，而向高收入国家的货物出口占比由2000年的77%下降到了63%左右。自2009年，巴西向发展中国家的货物出口额超过了对高收入国家的出口额——主要原因是其向亚洲特别是向中国的自然资源出口不断增加。此外，自2009年，地区内部贸易增加，特别是在南方成员国共同市场（阿根廷、巴西、巴拉圭、乌拉圭及委内瑞拉）上，并超过了全球金融危机之前的水平。

中东和北非：动荡导致旅客接待量下降

尽管全球游客总量在增加，2011年中东和北非的游客接待量却有所下降，这主要是由于地区内政局动荡及武装冲突造成的（世界旅游组织，2012b）。名为“阿拉伯之春”的动乱始于突尼斯，于2010年年底引发大规模游行及暴乱。因而，突尼斯的国际游客接待量下降了31%，由2010年的690万下降到2011年的480万，创1998年以来的最低水平，同时，旅游支出也由35亿美元下降到25亿美元。2011年12月，埃及政府被推翻。2010年，埃及的游客接待量增加了18%，但2011年接待量又下降了32%。埃及经济在很大程度上依赖旅游业，而其旅游业支出由2010年的512亿美元下降到2011年的431亿美元。

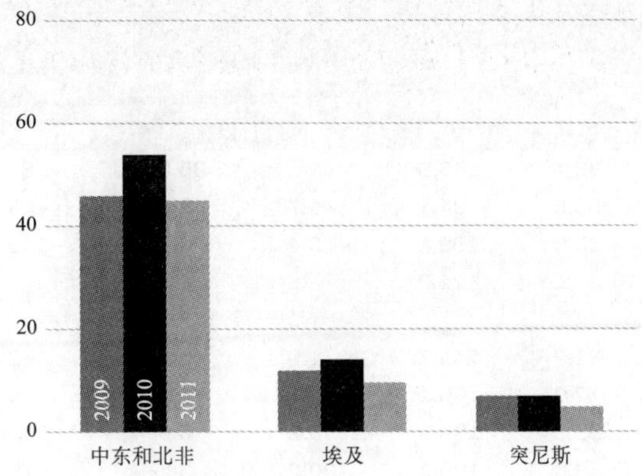

资料来源：在线数据表6.15。

南亚：中国和印度的投资令人激动

中国和印度是发展中国家中最大的、发展速度最快的两大经济体，两国均对其监管制度做出了改变，以求吸引并保持外国直接投资（FDI）的净流入。中国首先开启了这一进程。其于1979年开始实行改革开放，后又于2001年加入世界贸易组织，向投资者证明了其可靠性。中国的FDI是由外向型政策推动的，而印度推行的则是进口替代政策，旨在促进国内公司并限制外国投资者的权利。直至20世纪90年代，印度才开始大幅放宽对FDI的管制，直至近期才放宽了对零售业的FDI政策。金融危机之前，印度FDI净流入在GDP中的占比已开始向中国看齐。在2010年走出低谷后，已开始复苏，而中国FDI净流入在GDP中的占比则再次出现了下降。

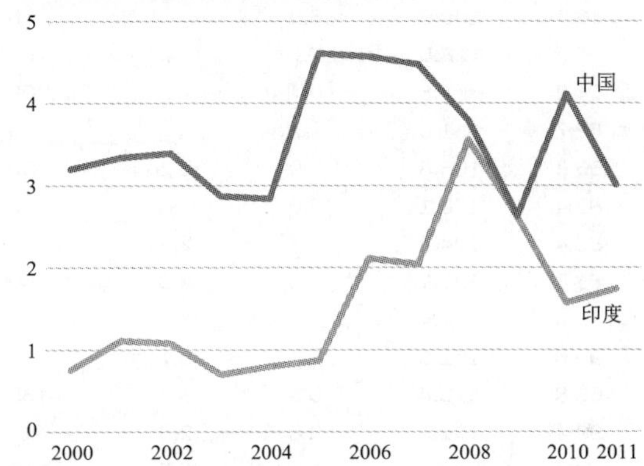

资料来源：在线数据表6.10。

撒哈拉以南非洲地区：2011年政府开发援助降低

2011年，对撒哈拉以南非洲地区的政府开发援助占该地区总国民收入的比重有所下降。但五个最大的接受国中，包括刚果民主共和国、圣多美和普林西比以及卢旺达在内的3国，其占比有所增加。刚果民主共和国是接受开发援助委员会（DAC）成员国资助的第二大国家（第一为阿富汗）。但这种区别仅是短暂的，例如2010年的利比里亚。刚果民主共和国于2010年7月达到改进版《重债穷国债务倡议》规定的标准，随后又于2010年年底达到巴黎俱乐部重组协议的规定，进而得益于债务减免。作为刚果民主共和国在巴黎俱乐部中的两大债权国，美国和法国同样也是其重要的DAC捐赠国，自2010年起，两国分别将其对刚果民主共和国的援助额由2.78亿和1.35亿美元增加到13亿和11亿美元。

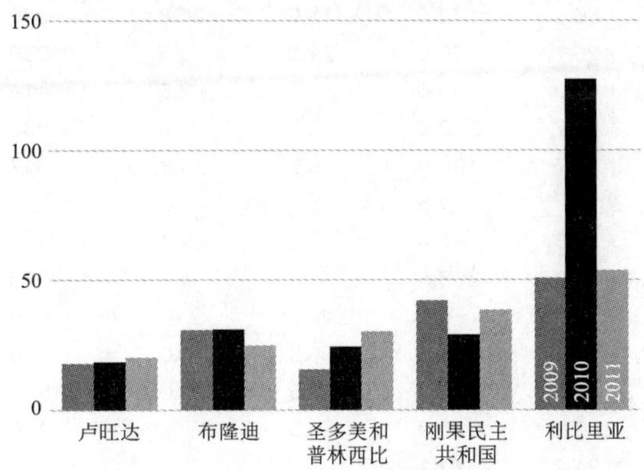

资料来源：在线数据表6.12。

	商品贸易	净易货贸易条件指数	入境旅游支出	净官方发展援助	净移民	收到的个人转移支付和雇员报酬	外国直接投资	证券投资	外债总额	债务还本付息总额
	占GDP的百分比	2000年=100	占出口的百分比	占GNI的百分比	千人	百万美元	净流入，百万美元	净流入，百万美元	百万美元	占货物、服务出口和初次收入的百分比[a]
	2011	2011	2011	2011	2005–10	2011	2011	2011	2011	2011
阿富汗	33.1	146.3	..	35.0	–381	..	83	..	2,623	..
阿尔巴尼亚	56.6	94.1	41.7	2.4	–48	1,162	1,370	2	5,938	9.3
阿尔及利亚	63.5	199.1	0.4	0.1	–140	203	2,721	0	6,072	0.8
美属萨摩亚群岛	..	129.0	..	..	..	..	..	..	..	..
安道尔	..	..	..	..	..	..	..	..	..	..
安哥拉	82.9	244.7	1.0	0.2	82	0	–3,024	0	21,115	4.3
安提瓜和巴布达	47.0	75.1	58.1	1.4	..	20	58	..	..	..
阿根廷	35.5	135.2	6.2	0.0	–200	686	8,671	–174	114,704	15.3
亚美尼亚	53.5	128.5	20.2	3.5	–75	1,994	663	0	7,383	25.4
阿鲁巴岛	..	118.5	19.8	..	4	5	544	0	..	..
澳大利亚	37.3	200.7	..	..	1,125	1,871	67,638	–3,308	..	..
奥地利	88.8	89.0	9.6	..	160	2,674	15,734	483	..	..
阿塞拜疆	71.3	187.6	4.0	0.5	53	1,893	4,485	0	8,427	4.9
巴哈马	46.4	108.6	66.0	..	6	..	595	..	..	..
巴林	..	128.5	7.7	..	448	..	781	982	..	..
孟加拉国	54.2	54.8	0.4	1.2	–2,908	12,068	798	–10	27,043	5.5
巴巴多斯	62.7	111.0	..	..	0	82	334	..	..	..
白俄罗斯	156.3	103.8	1.9	0.2	–50	814	4,002	0	29,120	4.5
比利时	182.4	100.1	3.0	..	200	10,912	102,000	–4,200	..	..
伯利兹	86.4	104.4	26.7	2.3	–1	76	95	..	1,278	13.9
贝宁	61.7	125.1	..	9.3	50	185	118	..	1,423	..
百慕大	..	72.4	..	..	..	1,253	111	–3	..	..
不丹	90.6	151.5	..	8.7	17	10	16	0	1,035	11.1
玻利维亚	66.8	175.4	5.5	3.3	–165	1,043	859	0	6,474	4.9
波斯尼亚—黑塞哥维那	93.4	101.5	9.8	2.3	–10	1,958	380	..	10,729	10.9
博茨瓦纳	74.7	82.4	..	0.7	19	63	587	..	2,396	..
巴西	19.9	135.8	2.3	0.0	–500	2,798	71,539	7,174	404,317	19.4
文莱	94.7	200.6	..	..	4	..	1,208	..	..	..
保加利亚	112.3	110.7	12.7	..	–50	1,483	2,588	–42	39,930	12.2
布基纳法索	42.3	141.2	..	9.5	–125	111	7	..	2,420	..
布隆迪	36.1	172.6	1.6	24.8	370	45	3	..	628	3.4
柬埔寨	126.7	70.6	24.1	6.5	–255	160	902	0	4,336	1.0
喀麦隆	44.0	149.6	..	2.5	–19	115	360	..	3,074	..
加拿大	52.7	122.5	3.7	..	1,098	..	39,510	21,313	..	..
佛得角	53.7	106.0	55.5	13.3	–17	177	105	..	1,025	5.0
开曼群岛	..	77.6	..	..	..	..	7,408	..	..	..
中非共和国	24.6	82.4	..	12.4	5	..	109	..	573	..
乍得	64.3	208.8	..	4.9	–75	..	1,855	..	1,821	..
海峡群岛	..	..	..	..	5	..	..	..	..	..
智利	62.3	213.3	..	0.0	30	4	17,299	4,477	96,245	15.2
中国	49.8	72.8	2.6	0.0	–1,884	40,483	220,143	5,308	685,418	3.6
中国香港	388.9	95.9	6.0	..	176	357	95,352	9,814	..	..
中国澳门	24.2	87.1	..	..	51	48	2,116	0	..	..
哥伦比亚	33.5	142.4	4.9	0.4	–120	4,205	13,605	1,969	76,918	15.6
科摩罗	49.5	76.1	..	8.5	–10	..	7	..	278	..
刚果民主共和国	77.3	146.7	..	38.4	–24	115	1,596	..	5,448	2.4
刚果共和国	110.2	214.5	..	2.4	50	..	2,931	..	2,523	..

	商品贸易	净易货贸易条件指数	入境旅游支出	净官方发展援助	净移民	收到的个人转移支付和雇员报酬	外国直接投资	证券投资	外债总额	债务还本付息总额
	占GDP的百分比	2000年=100	占出口的百分比	占GNI的百分比	千人	百万美元	净流入，百万美元	净流入，百万美元	百万美元	占货物、服务出口和初次收入的百分比[a]
	2011	2011	2011	2011	2005–10	2011	2011	2011	2011	2011
哥斯达黎加	65.2	78.1	15.4	0.1	76	520	2,157	0	10,292	13.5
科特迪瓦	74.0	159.0	..	6.2	–360	373	344	..	12,012	..
克罗地亚	57.7	99.0	36.6	0.0	10	1,378	1,265	17	..	..
古巴	..	165.6	..	..	–190	..	110	..	..	..
库拉索岛	..	99.9	..	..	..	34	70	0	..	..
塞浦路斯	42.1	103.1	25.5	..	44	127	1,080	429	..	..
捷克共和国	144.6	104.0	5.2	..	240	1,815	5,380	–2	..	..
丹麦	63.3	106.2	3.4	..	90	1,273	13,106	–2,250	..	..
吉布提	..	77.8	4.6	..	0	32	79	0	767	..
多米尼克	54.1	104.3	58.9	5.2	..	23	34	..	284	9.8
多米尼加共和国	47.1	92.4	31.4	0.4	–140	3,650	2,295	0	15,395	10.4
厄瓜多尔	70.7	130.4	3.4	0.3	–120	2,681	568	2	16,497	9.7
埃及	39.0	159.4	19.8	0.2	–347	14,324	–483	–711	35,001	7.4
萨尔瓦多	66.9	90.5	11.3	1.3	–292	3,665	247	0	11,995	21.7
赤道几内亚	98.5	226.4	..	0.2	20	..	737	..	..	..
厄立特里亚	49.8	81.9	..	6.3	55	..	19	..	1,055	..
爱沙尼亚	155.0	141.9	7.6	..	0	407	436	–112	..	..
埃塞俄比亚	38.1	136.5	34.4	11.8	–300	513	627	..	8,597	6.1
法罗群岛	..	103.1	..	..	..	146	..	..	..	..
斐济	82.8	107.8	..	2.0	–29	158	204	..	861	..
芬兰	61.8	74.8	5.3	..	73	751	–5,758	–5	..	..
法国	47.3	95.6	8.0	..	500	19,307	45,209	3,608	..	..
法属玻利尼西亚	..	83.1	..	..	0	700	40	..	..	..
加蓬	95.6	218.6	..	0.5	5	..	728	..	2,879	..
冈比亚	48.8	91.7	32.4	15.6	–14	91	36	..	466	7.5
格鲁吉亚	64.4	133.8	20.2	3.9	–150	1,537	1,154	–7	11,124	26.9
德国	75.8	99.5	3.0	..	550	13,160	39,067	7,778	..	..
加纳	71.4	185.3	5.4	4.8	–51	152	3,222	1	11,289	2.4
希腊	30.9	93.9	22.0	..	154	1,186	1,092	–354	..	..
格陵兰	..	72.4	..	..	..	..	..	..	..	..
格林纳达	42.4	101.9	57.0	1.6	–5	29	41	..	567	13.3
关岛	..	85.0	..	..	0	..	..	..	..	..
危地马拉	57.7	90.9	10.5	0.9	–200	4,508	1,081	0	16,286	15.6
几内亚	73.7	109.9	0.1	4.5	–300	65	896	..	3,139	11.2
几内亚比绍	54.8	80.6	..	12.3	–10	46	19	..	284	..
圭亚那	114.5	130.0	..	6.2	–40	373	165	..	1,846	..
海地	49.8	64.5	15.9	23.2	–240	1,551	181	0	783	0.5
洪都拉斯	97.2	89.8	8.5	3.8	–100	2,811	1,043	0	4,642	16.0
匈牙利	152.9	94.1	5.5	..	75	2,441	9,629	–203	..	..
冰岛	72.5	90.3	9.0	..	10	21	1,107	–11	..	..
印度	40.5	135.9	..	0.2	–3,000	63,818	32,190	–4,137	334,331	6.5
印度尼西亚	44.6	134.1	4.1	0.1	–1,293	6,924	18,160	–326	213,541	14.5
伊朗	..	180.9	..	..	–186	1,330	4,150	..	19,113	1.4
伊拉克	119.0	211.8	1.9	1.7	–150	386	1,396	94	..	..
爱尔兰	88.9	86.2	4.2	..	100	755	11,506	86,184	..	..
马恩岛	..	..	..	..	..	..	..	..	..	..
以色列	58.7	95.0	6.2	..	274	595	11,374	–821	..	..

	商品贸易 占GDP的百分比 2011	净易货贸易条件指数 2000年=100 2011	入境旅游支出 占出口的百分比 2011	净官方发展援助 占GNI的百分比 2011	净移民 千人 2005-10	收到的个人转移支付和雇员报酬 百万美元 2011	外国直接投资 净流入，百万美元 2011	证券投资 净流入，百万美元 2011	外债总额 百万美元 2011	债务还本付息总额 占货物、服务出口和初次收入的百分比[a] 2011
意大利	49.2	95.6	7.2	..	1,999	7,025	28,003	5,978	..	..
牙买加	55.4	68.6	48.1	0.4	–100	2,106	173	0	14,350	36.5
日本	28.6	60.1	1.3	..	270	2,132	79	5,645	..	..
约旦	91.1	76.5	29.4	3.4	203	3,453	1,469	109	17,634	6.7
哈萨克斯坦	67.1	219.9	1.6	0.1	7	180	13,227	39	124,437	34.6
肯尼亚	61.1	90.7	18.6	7.4	–189	934	335	20	10,258	4.2
基里巴斯	78.0	90.1	..	27.2	..	..	4	..	..	..
朝鲜	..	79.6	..	..	0	..	55	..	..	..
韩国	96.7	63.1	2.7	..	–30	8,494	4,661	–7,479	..	..
科索沃	..	..	..	9.9	..	1,122	546	0	1,531	8.9
科威特	69.9	219.2	..	..	278	..	400	1,099	..	..
吉尔吉斯共和国	105.1	109.4	20.3	9.7	–132	1,709	694	5	5,486	11.8
老挝	60.9	125.0	17.2	5.2	–75	110	301	11	6,158	..
拉脱维亚	103.0	110.4	6.7	..	–10	695	1,502	38	38,255	47.0
黎巴嫩	65.9	98.1	27.5	1.1	–13	7,322	3,476	240	24,767	19.9
莱索托	152.5	73.7	2.1	9.0	–20	649	132	0	792	..
利比里亚	90.7	162.0	18.6	53.6	300	360	1,313	..	448	..
利比亚	..	185.4	..	..	–20	..	200	0	..	..
列支敦士登	..	..	..	..	..	..	..	..	..	..
立陶宛	139.5	102.3	4.3	..	–36	1,956	1,443	9	29,988	20.1
卢森堡	85.6	98.5	5.3	..	42	1,740	18,366	32,486	..	..
前南斯拉夫马其顿共和国	112.8	86.7	4.5	1.6	2	434	495	–8	6,286	18.9
马达加斯加	45.3	74.7	..	4.2	–5	..	907	..	2,769	2.1
马拉维	62.8	98.2	2.7	14.5	–20	17	92	–1	1,202	1.3
马来西亚	144.0	100.7	7.4	0.0	84	1,198	12,001	..	94,468	3.9
马尔代夫	88.3	100.1	80.3	2.7	0	3	282	0	983	..
马里	52.7	177.3	..	12.3	–101	473	178	..	2,931	..
马耳他	120.2	53.6	16.1	..	5	37	467	–7	..	..
马绍尔群岛	100.8	107.2	..	38.2	..	..	7	..	..	..
毛里塔尼亚	125.1	131.5	..	9.2	10	..	45	..	2,709	3.6
毛里求斯	69.3	71.5	30.5	1.7	0	1	273	9,387	1,435	1.4
墨西哥	61.6	107.9	3.4	0.1	–1,805	23,588	20,823	–6,244	287,037	11.2
密克罗尼西亚联邦	62.8	97.3	..	41.2	–9	..	8	..	..	..
摩尔多瓦	105.9	105.9	8.3	6.0	–172	1,600	294	5	5,452	12.8
摩纳哥	..	..	..	..	..	..	..	..	..	..
蒙古	129.1	226.8	4.7	4.3	–15	279	4,715	9	2,564	2.1
黑山	70.6	..	..	1.6	–3	343	558	–15	2,093	10.2
摩洛哥	65.1	140.6	25.7	1.3	–675	7,256	2,521	166	29,049	9.9
莫桑比克	77.6	106.8	7.0	16.3	–20	157	2,079	0	4,097	1.6
缅甸	..	104.5	3.3	..	–500	127	1,001	..	7,765	..
纳米比亚	85.5	116.7	12.1	2.4	–1	15	969	4	..	..
尼泊尔	35.5	77.9	22.3	4.7	–100	4,217	94	..	3,956	9.5
荷兰	150.7	..	..	..	8	..	..	..	..	..
新喀里多尼亚	..	230.2	..	..	6	519	1,745	0	..	..
新西兰	46.8	132.6	11.3	..	65	875	4,285	1,594	..	..
尼加拉瓜	80.4	82.8	8.0	7.6	–200	914	968	0	7,121	14.8
尼日尔	60.7	163.9	..	10.9	–29	102	1,014	..	1,408	..

	商品贸易 占GDP的百分比 2011	净易货贸易条件指数 2000年=100 2011	入境旅游支出 占出口的百分比 2011	净官方发展援助 占GNI的百分比 2011	净移民 千人 2005-10	收到的个人转移支付和雇员报酬 百万美元 2011	外国直接投资 净流入，百万美元 2011	证券投资 净流入，百万美元 2011	外债总额 百万美元 2011	债务还本付息总额 占货物、服务出口和初次收入的百分比[a] 2011
尼日利亚	71.3	211.4	0.7	0.8	–300	20,619	8,842	2,571	13,108	0.4
北马里亚纳群岛	..	86.2	..	..	..	..	0	..	..	..
挪威	51.4	156.6	3.2	..	171	765	7,281	1,708	..	..
阿曼	98.6	230.9	3.3	..	153	39	788	–447	..	..
巴基斯坦	33.2	52.4	3.6	1.6	–2,000	12,263	1,309	–37	60,182	9.2
帕劳	76.1	104.2	..	20.7	..	..	2	..	..	..
巴拿马	133.3	86.4	12.2	0.4	11	388	3,223	0	12,583	3.6
巴布亚新几内亚	92.4	166.0	..	4.9	0	11	–309	..	12,582	15.8
巴拉圭	74.8	107.5	2.3	0.4	–40	893	412	0	6,011	3.6
秘鲁	47.6	159.0	5.8	0.4	–725	2,697	8,233	147	44,872	6.5
菲律宾	49.9	64.7	6.0	–0.1	–1,233	22,973	1,869	1,038	76,043	17.6
波兰	76.8	99.7	5.0	..	56	7,641	15,296	3,052	..	..
葡萄牙	58.6	86.8	17.3	..	150	3,778	13,074	–10,557	..	..
波多黎各	..	..	..	..	–145	..	..	..	..	..
卡塔尔	83.4	213.3	..	..	857	574	–87	–903	..	..
罗马尼亚	77.2	98.3	2.9	..	–100	3,889	2,557	–37	129,822	27.5
俄罗斯	45.5	234.2	3.0	..	1,136	4,951	52,878	–9,707	542,977	10.5
卢旺达	33.1	225.7	..	20.2	15	103	106	..	1,103	..
萨摩亚	62.7	77.5	67.9	16.6	–16	139	15	..	368	5.8
圣马力诺	..	..	..	..	..	..	..	..	..	..
圣多美和普林西比	57.6	120.3	54.2	30.2	–7	7	35	0	231	5.4
沙特阿拉伯	82.6	215.8	2.5	..	1,056	244	16,308	..	..	..
塞内加尔	59.1	105.4	..	7.5	–133	1,478	286	..	4,320	..
塞尔维亚	69.7	..	7.2	1.3	0	3,271	2,700	69	31,569	31.5
塞舌尔	115.1	75.0	34.6	2.1	..	26	139	0	1,780	3.2
塞拉利昂	68.6	61.7	8.1	14.7	60	59	715	..	1,049	3.8
新加坡	323.4	81.2	..	..	722	..	64,003	–3,754	..	..
圣马丁岛	..	..	..	..	..	11	–48	..	..	..
斯洛伐克	163.0	87.4	3.0	..	37	1,753	3,658	39	..	..
斯洛文尼亚	141.6	86.1	8.0	..	22	433	818	222	..	..
所罗门群岛	104.3	87.9	..	49.6	0	2	146	..	256	2.0
索马里	..	100.3	..	..	–300	..	102	..	3,050	..
南非	53.5	154.1	9.1	0.3	700	1,158	5,889	–3,769	113,512	5.3
南苏丹	..	..	..	..	..	..	..	..	..	..
西班牙	44.7	99.0	14.9	..	2,250	9,907	31,419	2,978	..	..
斯里兰卡	51.0	72.1	10.4	1.0	–250	5,153	956	–623	23,984	9.3
圣基茨和尼维斯	42.1	66.8	40.8	2.5	..	48	114	..	..	..
圣卢西亚	69.9	94.8	56.7	3.0	–1	29	81	..	448	7.8
圣马丁	..	..	..	..	..	..	..	..	..	..
圣文森特和格林纳丁斯	53.8	107.2	48.3	2.8	–5	29	110	..	283	15.2
苏丹	28.3	229.4	..	2.0	135	1,420	1,936	..	21,169	..
苏里南	96.3	141.8	2.6	..	–5	4	145	0	..	..
斯威士兰	97.8	105.3	..	3.2	–6	55	95	..	605	1.9
瑞典	67.1	87.2	6.2	..	266	776	3,054	2,146	..	..
瑞士	67.1	79.8	5.0	..	183	3,307	10,077	7,543	..	..
叙利亚	..	143.7	..	..	–56	2,079	1,060	..	4,968	..
塔吉克斯坦	68.1	102.4	3.4	5.5	–296	3,060	11	0	3,323	..

	商品贸易 占GDP的百分比 2011	净易货贸易条件指数 2000年=100 2011	入境旅游支出 占出口的百分比 2011	净官方发展援助 占GNI的百分比 2011	净移民 千人 2005-10	收到的个人转移支付和雇员报酬 百万美元 2011	外国直接投资 净流入，百万美元 2011	证券投资 净流入，百万美元 2011	外债总额 百万美元 2011	债务还本付息总额 占货物、服务出口和初次收入的百分比[a] 2011
坦桑尼亚	66.3	151.4	19.9	10.4	−300	76	1,095	3	10,044	2.0
泰国	132.3	93.9	..	−0.1	492	4,554	7,780	875	80,039	3.8
东帝汶	30.4	..	..	..	−50	131	47	..	..	..
多哥	77.3	30.4	..	15.5	−5	337	54	..	643	..
汤加	44.7	81.2	..	21.1	−8	72	10	..	191	8.8
特立尼达和多巴哥	103.2	152.6	..	..	−20	91	574	..	..	..
突尼斯	91.2	95.0	11.2	1.5	−20	2,005	433	−44	22,335	10.7
土耳其	48.5	88.6	15.4	0.1	−50	1,087	16,049	−986	307,007	30.2
土库曼斯坦	72.7	221.2	..	0.2	−55	..	3,186	..	445	..
特克斯和凯科斯群岛	..	73.4	..	..	..	..	97	..	..	..
图瓦卢	70.7	..	..	76.9	..	..	2	..	..	..
乌干达	45.0	119.7	24.2	9.6	−135	949	797	106	3,858	1.7
乌克兰	91.4	124.0	6.1	0.5	−40	7,822	7,207	519	134,481	30.8
阿拉伯联合酋长国	136.0	178.3	..	..	3,077	..	7,679	..	..	..
英国	45.4	101.4	5.9	..	1,020	1,796	36,244	−16,894	..	..
美国	25.0	94.6	8.8	..	4,955	5,810	257,528	27,350	..	..
乌拉圭	40.1	100.9	18.7	0.0	−50	102	2,177	..	14,350	11.1
乌兹别克斯坦	51.2	178.0	..	0.5	−518	..	1,403	..	8,382	..
瓦努阿图	47.4	91.9	71.2	12.4	0	22	58	0	202	1.6
委内瑞拉	44.3	258.7	0.9	0.0	40	138	5,226	..	67,908	6.4
越南	164.8	99.9	5.3	3.0	−431	8,600	7,430	1,064	57,841	3.2
美属维尔京群岛	..	..	..	..	−4	..	..	..	..	..
西岸和加沙	..	..	..	..	−90	1,545	..	..	..	..
也门共和国	59.0	157.5	9.2	1.5	−135	1,404	−713	0	6,418	2.8
赞比亚	83.3	192.8	1.6	6.1	−85	46	1,982	11	4,360	2.1
津巴布韦	81.8	110.5	..	7.4	−900	..	387	..	6,275	..
全世界	**51.8**	**..**	**5.4[b]**	**0.2[c]**	**..**	**479,246**	**1,654,419**	**183,598**	**..**	**..**
低收入国家	58.1	..	12.0[b]	8.8[c]	−6,808	27,628	18,331	124	133,292	4.6
中等收入国家	51.4	..	4.7[b]	0.2[c]	−16,352	330,766	629,613	8,474	4,742,871	8.9
中低收入国家	53.2	..	6.5[b]	0.8[c]	−12,699	202,300	108,774	−349	1,170,790	9.5
中高收入国家	50.9	..	4.3[b]	0.1[c]	−3,653	128,466	520,838	8,822	3,572,081	8.8
低收入和中等收入国家	51.5	..	4.8[b]	0.6[c]	−23,160	358,394	647,943	8,598	4,876,163	8.8
东亚和太平洋地区	57.2	..	3.4[b]	0.1[c]	−5,221	85,943	274,550	7,980	1,242,633	4.7
欧洲和中亚	57.0	..	5.7[b]	0.2[c]	−595	42,960	119,394	−10,115	1,484,186	17.8
拉丁美洲和加勒比地区	38.2	..	4.7[b]	0.2[c]	−5,088	59,532	161,618	7,351	1,233,484	13.4
中东和北非	67.3	..	11.1[b]	..	−1,628	41,339	16,309	−145	166,124	5.1
南亚	40.7	..	6.5[b]	0.7[c]	−8,622	97,532	35,728	−4,807	454,138	6.7
撒哈拉以南非洲地区	62.7	..	6.5[b]	3.9[c]	−2,006	31,088	40,345	8,334	295,598	3.4
高收入国家	51.9	..	5.7[b]	0.0[c]	22,906	120,853	1,006,476	175,000	..	..
欧元区	70.8	..	6.1[b]	0.0[c]	6,336	75,712	320,055	128,811	..	..

a. 分子为2011年的数据，而分母为2009—2011年3年的平均值。b. 使用世界银行的加权集结法计算（见统计方法），因此，不同于世界旅游组织公布的数据。地区和收入组别的合计数包括没有在本表中列出的国家其可以获得的数据。c. 基于世界银行对各经济体的分类，因此，不同于经济合作与发展组织公布的数据。

关于数据

从《2013 年世界发展指标》开始，世界银行修改了对收支平衡账户的表达方式，以便同国际货币基金组织发布的《国际收支年报（第六版）》相一致。基于《国际收支年报（第五版）》的历史数据终止于 2005 年。2005 年之后的国际收支数据已经采用《国际收支年报（第六版）》的计算方法来发布，方法详见 www. imf. org/external/np/stabop/bop. htm.

商品贸易

商品贸易的数据来自于某经济体进口或出口的海关报告；或者来自于金融交易报告，这些报告与产品贸易相关并记录于国际收支账户之中。由于时间和定义的差异，由海关报告估计出的贸易流量和由国际收支账户估计出的值可能不同。许多国际组织对贸易数据进行了处理，他们对未报告或者遗失的数据进行了修正，这又导致了其他的差异。最细致的关于国际商品贸易的数据来源是联合国统计署的商品贸易统计数据库。国际货币基金组织和世界贸易组织也收集基于海关报告的商品贸易数据。

“贸易条件”指数测度的是一国的出口与进口的相对价格。最常用的计算贸易条件的方法是净易货贸易条件，或者使用出口商品价格指数对进口商品价格指数的比率。如果一国的净易货贸易条件上升，则该国的出口变得更昂贵或者进口变得更便宜。

旅游业

旅游被定义为旅行到并且驻留于经常生活的环境之外，从事休闲、商务和其他不以从其访问地获得劳动报酬为目的的活动，并且停留的时间不超过一年。入境及出境的旅游数据是指抵达和离开某国的人次，而不是针对单个个人统计的。因此，如果一个人在一段时期内到某国做了多次旅行，其每一次都将被算作新的旅行计入统计。入境旅游的数据测度的是非居民旅客（过夜旅客）的接待量。如果国际旅行者的数据不可获得或者不完整，则图表将展示国际访客的数目，其中包括旅行者，当日访客，随意行游客和乘务人员。加总值通过世界银行的加权方法计算（见“统计方法”），这不同于世界旅游组织的加权方法。

对于旅游支出，世界旅游组织使用国际货币基金组织的国际收支账户数据，并且利用单独国家的数据进行了补充。表格中的数据包括旅行和旅客项目，这些项目在国际收支账户中有所定义。如果 IMF 没有报告旅客客运数据，将使用旅行支出数据进行替代。

官方发展援助

官方发展援助是指提供给有资质国家的援助，这些援助由经合组织发展援助委员会、多边组织和非发展援助委员会的捐助者提供。该数据不反映援助接收国对其他国家的援助，也不对援助进行分类（项目、工程或者食物援助；紧急援助；或者冲突后维和援助），尽管这些不同的援助可能有不同的功效。

援助与国民总收入、总资本形成、进口及政府支出的比率，衡量了一个国家对援助的依赖程度。由于某些外交政策的原因，一些国家在历史上接受了大量援助。因此援助依赖程度可能同时反映捐赠者的利益取向以及接受者的需求。援助依赖率的增加可以同时反映某事件对该比率分子和分母的影响。

在国际收支账户中，基于捐赠者的数据可能和基于接受者的数据不一致，其中通常排除了全部或者部分技术援助——尤其是捐赠者直接给无国籍者的捐赠。类似的，大量商品援助可能经常未被记录在贸易数据或者国际收支账户中。发展援助委员会排除了军事援助和用于反恐目的援助。加总数据参考世界银行经济分类，因此，可能不同于经合组织的相关报告。

移民、个人转移支付及雇员报酬

人群的迁移是全球融合的重要组成部分。迁移者对迁入国和迁出国的经济均有贡献。但是很难收集到对迁移的可靠数据，即使有也经常不完善，这使得国际比较很困难。

由于移民存量的数据很难获得，联合国人口署提供了净移民这一数据，该数据考虑了一国或者地区的移民史、一国的移民政策和难民的流入，从而得到最近一段时间里人口流动的估计量。计算该估计量的数据来源于各个方面，包括边境统计数据、行政管理报告、调查和普查。如果数据不足，净迁移人口通过计算该国一段时期里人口增长率与人口自然增长率（其为出生率和死亡率之差）之差来获得。

移民经常向母国汇款，这在国际收支账户中被记录为个人转移支付。因此，个人转移支付包括居民和非居民之间所有的现金转移，这与转移者的收入来源无关（不管转移者的收入来源于劳动收入、管理收入或者资产收入、社会福利、或者任何其他类型的转移或者财产处置获利）也与家庭关系无关（无论是否有私人联系）。

劳务报酬是指跨境收入、季节性和其他短期佣工在外国被雇佣所得的收入和在本国由外国实体机构雇佣所获得收入。劳务报酬包括三大部分：现金形式的工资、实物工资和雇主的社会捐赠。

股权投资流量

股权流量包括外国直接投资和证券投资。国际通行的对外国直接投资的定义（根据 BPM6）包括以下部分：证券投资，包括能够产生控制权或者决策影响力的证券投资；能够间接影响或者控制公司的投资；对同类公司的投资；

债务（除特定债务外）；以及逆向投资。直接投资关系框架提供了一个判断国际直接投资是否产生跨境产权关系的标准，该标准基于对控制和影响的衡量。

国际直接投资可能采取绿地投资的方式，该方式是指投资者在东道国投资新的设施来运营新的项目；合资是指投资者与外国公司签订合作合同，以建立新的公司；收购和兼并是指投资者收购或者兼并已经存在的外国公司。国际货币基金组织认为，获得至少10%投票权的投资才能称为外国直接投资。实践中，许多国家设立了更高的门槛。许多国家未能报告再投资的收益，并且不同国家间长期贷款的定义也是迥异的。

证券投资组合投资被定义为权益证券的跨境交易和头寸，而不包含直接投资或者储备资产。权益证券是可流通、可交易的证券工具，通常在证券交易所或者在“柜台”进行交易。证券的可流通性促进了交易，允许证券能够为不同实体所持有。可流通性允许投资分散化和多样化，并且可以随时收回投资。投资组合包括投资基金份额或者单位（由投资基金发行），由证券担保，也不作为储备资产或者直接投资。交易所买卖的金融衍生品虽然可以转让流通，但并不包括在投资组合中，而另有专门的类别。

外债

外债水平会影响一国的信用水平和投资者的投资展望。外债的数据通过世界银行的债务报告系统（DRS）收集而得。债务水平由持有长期公开借款和政府担保借款的国家所提交的贷款报告，以及由国际清算银行报告系统或世界银行关于各国的季度性外债务统计中获取的债权人信息，综合计算得到。这些数据通过主要多边银行和债权国的官方借贷机构的信息得到补充。目前，共有128个发展中国家向DRS提供报告。债务数据以偿还的货币计量，并且用美元汇总。期末汇率用来汇总存量数据（债务额和头寸）和预期债务还本付息额，而年均汇率被用来计算流量。汇率数据来自IMF的《国际金融统计》。以多种货币，商品或者劳务进行偿还的债务以账面价值计算；附有货币保值条款的债务也以账面价值计算。

虽然公共债务数据和政府担保的债务数据会以贷款为基础报告给DRS，但私人长期未担保债务则每年由各国加总报告或者由世界银行为各国估算。私人未担保债务由基于世界银行的《外债统计数据季报》进行估算。

偿债总额是商品出口、服务出口和原始收入之和的一部分，用来衡量一国使用出口收益偿还债务的能力。

定义

商品贸易包括所有货物贸易而不包括服务贸易。**净易货贸易条件指数**是单位出口产品价值指数对单位进口产品价值指数的比率，该指数以2000年作为基年进行衡量。**入境旅游支出**是指国际入境旅行者的支出，包括支付航空公司的旅费及其他为在目的国消费的商品或服务而预付的款项。其中可能包括当日往返游客，除非他们十分重要而被归类为其他单独的类别。数据包括旅行和和客运项目，这些在国际收支平衡表中有所定义。如果客运项目没有报告，将采用旅行项目。出口涉及所有的出口国和其他国家的产权变更，其中包括广义的商品、中间产品和修补物品、非货币黄金和服务。**净官方发展援助**是满足发展援助委员会援助定义，并流入发展援助委员会援助名单上国家和地区的官方发展援助流量（不包含本金的偿付），除以世界银行估计的国民总收入。**净移民**是指一段时期内的总净移民（移入少于移出，包括公民和非公民）。该数据每五年估算一次。**收到的个人转移支付和雇员报酬**是个人转移支付（一国居民接受或者支付给非居民的现金形式或者实物形式的报酬）和雇员报酬（基于雇佣关系，在企业生产中，给投入到生产过程中劳动力的报酬）。**外国直接投资**是指跨境投资，在这种投资中某经济体的居民对另外一经济体的企业管理具有控制力或者很大的影响力。**证券投资**是指外国直接投资之外的证券净流量，包括股份、证券、存单凭证，和由外国投资者直接在当地股票市场购买的股份。**外债总额**是一国公共机构或者私人机构，向外国居民借取并且以外国货币、商品或者服务进行偿还的债务。该项目是长期外债、短期外债和使用IMF贷款的总和。**债务还本付息总额**是需要偿还的本金和利息总额，一般包括以外币、商品或者服务进行支付的长期债务、短期债务的利息支付以及对IMF的偿付（重购和付费）。商品和服务的出口及营业收入是商品出口、服务出口和非居民接受的劳动报酬及外国投资收益的总和。

数据资料来源

商品贸易数据来源于世界贸易组织。贸易指数的数据来自联合国贸易和发展会议年度《统计手册》。旅游支出的数据来自世界旅游组织的《旅游业统计年报》、世界旅游组织（2012a）和来自其电子资料的更新。政府开发援助净值的数据由OECD收集（http：//stats. oecd. org）。人口迁移的数据来自于联合国人口署（2011）。个人转移支付和劳动报酬的数据来自IMF的《国际收支统计年报》和世界银行的估计。外国直接投资的数据由世界银行基于IMF的国际收支统计数据和UNCTAD数据估算得到（http：//unctadstat. unctad. org/reportfolders/reportfolders. aspx）。证券投资组合的数据来自于IMF的《国际收支统计年报》。外债总额的数据主要来自成员国向世界银行提交的DRS，这些成员国已经接受了国际银行重建和发展贷款，或者国际发展援助信贷，除此之外相关的信息还包括来自于以下来源的资料：世界银行、国际货币基金组织、非洲开发银行和非洲发展基金、亚洲开发银行和亚洲发展基金以及泛美开发银行。发展中国家外债的简表每年由世界银行的《国际债务统计数据》和国际债务统计数据库发布。

参考文献

IMF (International Monetary Fund). Various issues. *International Financial Statistics.* Washington, DC.

———. Various years. *Balance of Payments Statistics Yearbook. Parts 1 and 2.* Washington, DC.

UNCTAD (United Nations Conference on Trade and Development). Various years. *Handbook of Statistics.* New York and Geneva.

United Nations Population Division. 2011. *World Population Prospects: The 2010 Revision.* New York: United Nations, Department of Economic and Social Affairs.

World Bank. Various years. *International Debt Statistics.* Washington, DC.

World Tourism Organization. 2012a. *Compendium of Tourism Statistics 2012.* Madrid.

———. 2012b *Tourism Highlights: 2012 Edition.* Madrid.

———. Various years. *Yearbook of Tourism Statistics. Vols. 1 and 2.* Madrid.

6 全球联系

在线数据表和指标

若要获取《世界发展指标》在线数据表，请使用网址 http：//wdi. worldbank. org/table/和数据表编号（例如，http：//wdi. worldbank. org/table/6. 1）。若要查看特定的在线指标，请使用网址 http：//data. worldbank. org/indicator/和指标编码（例如，http：//data. worldbank. org/Indicator/TX. QTY. MRCH. XD. WD）。

6.1 全球商品贸易的增长	
出口量	TX. QTY. MRCH. XD. WD
进口量	TM. QTY. MRCH. XD. WD
出口额	TX. VAL. MRCH. XD. WD
进口额	TM. VAL. MRCH. XD. WD
净易货贸易条件指数	TT. PRI. MRCH. XD. WD
6.2 商品贸易流向和增长	
本表提供了各类经济体之间商品贸易流量的估计值。	..[a]
6.3 高收入经济体与低收入经济体、中等收入经济体的贸易	
本表说明了发展中经济体在全球贸易体系中的重要性。	..[a]
6.4 发展中经济体的贸易流向	
向发展中经济体区域内的出口	TX. VAL. MRCH. WR. ZS
向发展中经济体区域外的出口	TX. VAL. MRCH. OR. ZS
向高收入经济的出口	TX. VAL. MRCH. HI. ZS
来自发展中经济体区域内的进口	TM. VAL. MRCH. WR. ZS
来自发展中经济体区域外的进口	TM. VAL. MRCH. OR. ZS
来自高收入经济体的进口	TM. VAL. MRCH. HI. ZS
6.5 初级商品价格	
本表提供了商品价格的历史数据。	..[a]
6.6 关税壁垒	
所有产品，约束范围	TM. TAX. MRCH. BC. ZS
简单平均约束税率	TM. TAX. MRCH. BR. ZS
简单平均关税	TM. TAX. MRCH. SM. AR. ZS
加权平均关税	TM. TAX. MRCH. WM. AR. ZS
适用国际最高关税的份额	TM. TAX. MRCH. IP. ZS
适用特定关税税率的份额	TM. TAX. MRCH. SR. ZS
初级产品，简单平均关税	TM. TAX. TCOM. SM. AR. ZS
初级产品，加权平均关税	TM. TAX. TCOM. WM. AR. ZS
制成品，简单平均关税	TM. TAX. MANF. SM. AR. ZS
制成品，加权平均关税	TM. TAX. MANF. WM. AR. ZS
6.7 贸易便利	
后勤绩效指数	LP. LPI. OVRL. XQ
海关手续负担	IQ. WEF. CUST. XQ
出口交货周期	LP. EXP. DURS. MD
进口交货周期	LP. IMP. DURS. MD
出口单据	IC. EXP. DOCS
进口单据	IC. IMP. DOCS
班轮运输相关性指数	IS. SHP. GCNW. XQ
港口设施质量	IQ. WEF. PORT. XQ
6.8 外债	
外债总额，美元	DT. DOD. DECT. CD
外债总额，占 GNI 的百分比	DT. DOD. DECT. GN. ZS
长期债务，政府债务和政府担保债务	DT. DOD. DPPG. CD
长期债务，私人无担保债务	DT. DOD. DPNG. CD
短期债务，美元	DT. DOD. DSTC. CD
短期债务，占债务总额的百分比	DT. DOD. DSTC. ZS
短期债务，占储备总额的百分比	DT. DOD. DSTC. IR. ZS
债务还本付息总额	DT. TDS. DECT. EX. ZS
债务现值，占 GNI 的百分比	DT. DOD. PVLX. GN. ZS
债务现值，占货物、服务出口和初次收入的百分比	DT. DOD. PVLX. EX. ZS
6.9 全球私人资金流量	
外国直接投资净流入，美元	BX. KLT. DINV. CD. WD
外国直接投资净流入，占 GDP 的百分比	BX. KLT. DINV. WD. GD. ZS
证券投资	BX. PEF. TOTL. CD. WD
债券	DT. NFL. BOND. CD
商业银行贷款和其他贷款	DT. NFL. PCBO. CD
6.10 净官方资金流量	
来自双边机构的净资金流量	DT. NFL. BLAT. CD
来自多边机构的净资金流量	DT. NFL. MLAT. CD
世界银行，国际开发协会	DT. NFL. MIDA. CD
世界银行，国际复兴开发银行	DT. NFL. MIBR. CD
国际货币基金组织，优惠性	DT. NFL. IMFC. CD
国际货币基金组织，非优惠性	DT. NFL. IMFN. CD
地区性开发银行，优惠性	DT. NFL. RDBC. CD
地区性开发银行，非优惠性	DT. NFL. RDBN. CD
地区性开发银行，其他制度	DT. NFL. MOTH. CD
6.11 援助依存度	
净官方发展援助	DT. ODA. ODAT. CD
人均净官方发展援助	DT. ODA. ODAT. PC. ZS
赠款，不包括技术合作	BX. GRT. EXTA. CD. WD
技术合作赠款	BX. GRT. TECH. CD. WD
净官方发展援助，占 GNI 的百分比	DT. ODA. ODAT. GN. ZS
净官方发展援助，占资本形成总额的百分比	DT. ODA. ODAT. GI. ZS

净官方发展援助，占货物、服务进口和收入的百分比	DT. ODA. ODAT. MP. ZS
净官方发展援助，占中央政府支出的百分比	DT. ODA. ODAT. XP. ZS

6.12　发展援助委员会成员国提供的净援助分布

来自发展援助委员会援助国的净双边援助	DC. DAC. TOTL. CD
美国	DC. DAC. USAL. CD
欧盟	DC. DAC. CECL. CD
德国	DC. DAC. DEUL. CD
法国	DC. DAC. FRAL. CD
英国	DC. DAC. GBRL. CD
日本	DC. DAC. JPNL. CD
荷兰	DC. DAC. NLDL. CD
澳大利亚	DC. DAC. AUSL. CD
加拿大	DC. DAC. CANL. CD
挪威	DC. DAC. NORL. CD
其他发展援助委员会援助国	..[a,b]

6.13　人口流动

净移民	SM. POP. NETM
国际移民存量	SM. POP. TOTL
受过高等教育的人口向 OECD 国家的移民率	SM. EMI. TERT. ZS
按来源国划分的移民	SM. POP. REFG. OR
按庇护国划分的移民	SM. POP. REFG
收到的个人转移支付和雇员报酬	BX. TRF. PWKR. CD. DT
支付的个人转移支付和雇员报酬	BM. TRF. PWKR. CD. DT

6.14　旅游和旅游业

国际入境旅游	ST. INT. ARVL
国际出境旅游	ST. INT. DPRT
入境旅游支出，美元	ST. INT. RCPT. CD
入境旅游支出，占出口的百分比	ST. INT. RCPT. XP. ZS
出境旅游支出，美元	ST. INT. XPND. CD
出境旅游支出，占进口的百分比	ST. INT. XPND. MP. ZS

a. 可以在线获得数据表的一部分，但不能获得单个指标。

b. 取自《世界发展指标》数据库外的数据。

基本数据文献

作为社会经济数据的主要使用者，世界银行认识到了数据文献对使用不同方法和准则的使用者的重要性，即主要的数据收集机构——通常是各国统计机构、中央银行和海关部门——和国际组织，他们提供的统计数据都包含在《世界发展指标》数据库中。所使用的方法和准则的差异可能使一段时间内各国国内和国家之间的数据产生重大分歧。数据报告时的拖延以及使用旧的调研资料作为估算当前数据的基础，都可能严重损害各国数据的质量。

本部分中的各表提供了《世界发展指标》中有关主要人口统计、经济与环境指标的资料来源、数据收集计算方法以及报告标准。除此之外的文献可见 http://data. worldbank. org 上登载的世界银行国别统计信息数据库。

对高质量统计数据的需求与日俱增。统计数据为完善政策决策、证明结果以及加强公共责任提供了证据。我们需要完善统计数据以监控千年发展目标，我们要共同努力支持基于结果的管理文化，这也激励我们数十年努力完善统计数据。我们已经取得巨大成果，但我们还需更加努力。

因此，2011 年 11 月 29 日至 12 月 1 日，新的统计行动计划“透明的、有责任的、有成效的统计学：釜山统计行动计划”在韩国釜山举行的第四次援助有效性高级论坛上得到了釜山有效发展合作伙伴关系的支持。尽管新的行动计划是建立在 2004 年开始的第一次改善国家统计和国际统计全球计划——2004 年 Marrakech 统计行动计划取得进展的基础上的，但是许多方面已经超越了它。新计划的主要目标就是将统计数据融入政策决策，推动政府统计数据向所有使用者的开放，增加统计体系在新的投资能力和维护当前运作两个方面的资源。

基本数据文献

各经济体	货币	国民账户						国际收支和贸易			政府财政	IMF数据公布标准
		基年	参考年份	国民账户体系	SNA价格评估	替代转换系数	PPP调查年份	使用的《国际收支手册》	外债	贸易制度	会计概念	
阿富汗	阿富汗尼	2002/03		1993	B				A	G	C	G
阿尔巴尼亚	阿尔巴尼亚列克	[a]	1996	1993	B		Rolling	6	A	G	C	G
阿尔及利亚	阿尔及利亚第纳尔	1980		1968	B			6	A	S	B	G
东萨摩亚	美元			1968						S		
安道尔	欧元	1990		1968						S		
安哥拉	安哥拉宽扎	2002		1993	P	1991–96	2005	6	A	S		G
安提瓜和巴布达	东加勒比元	2006		1968	B			6		G		G
阿根廷	阿根廷比索	1993		1993	B	1971–84	2005	6	A	S	C	S
亚美尼亚	亚美尼亚德拉姆	[a]	1996	1993	B	1990–95	2005	6	A	S	C	S
阿鲁巴岛	阿鲁巴弗罗林	1995		1993				6		S		
澳大利亚	澳大利亚元	[a]	2009	2008	B		2008	6		G	C	S
奥地利	欧元	2005		1993	B		Rolling	6		S	C	S
阿塞拜疆	阿塞拜疆马纳特	[a]	2003	1993	B	1992–95	2005	6	A	G	B	G
巴哈马	巴哈马元	2006		1993	B			6		G	B	G
巴林	第纳尔	1985		1968	P		2005	6		G	B	G
孟加拉国	孟加拉塔卡	1995/96		1993	B		2005	6	A	G	C	G
巴贝多	巴贝多美元	1974		1968	B			6		G	B	G
白俄罗斯	白俄罗斯卢布	[a]	2000	1993	B	1990–95	2005	6	A	G	C	S
比利时	欧元	2005		1993	B		Rolling	6		S	C	S
伯利兹	伯利兹美元	2000		1993	B			6	A	G	B	G
贝宁	非洲法郎	1985		1968	P	1992	2005	6	A	S	B	G
百慕大群岛	百慕大元	2006		1993	B			6		G		
不丹	努扎姆	2000		1993	B		2005	6	A	G	C	G
玻利维亚	玻利维亚诺货币	1990		1968	B	1960–85	2005	6	A	G	C	G
波斯尼亚和黑塞哥维那	可兑换马克 a	[a]	1996	1993	B		Rolling	6	A	S	C	
博茨瓦纳	波札那普拉	1993/94		1993	B		2005	6	A	G	B	G
巴西	巴西雷亚尔	2000		1993	B		2005	6	A	G	C	S
文莱	文莱元	2000		1993	P		2005			S		G
保加利亚	保加利亚列瓦	[a]	2002	1993	B	1978–89, 1991–92	Rolling	6	A	S	C	S
布基纳法索	非洲法郎	1999		1993	B	1992–93	2005	6	A	G	B	G
布隆迪	布隆迪法郎	2008		1993	B		2005	6	A	S	C	G
柬埔寨	柬埔寨瑞尔	2000		1993	B		2005	6	A	S	C	G
喀麦隆	非洲法郎	2000		1993	B		2005	6	A	S	B	G
加拿大	加拿大元	2005		1993	B		2008	6		G	C	S
佛得角	埃斯库多	1980		1968	P		2005	6	A	G	C	G
开曼群岛	岛元			1993						G		
中非共和国	非洲法郎	2000		1968	B		2005	6	P	S	B	G
乍得	非洲法郎	1995		1993	B		2005	6	E	S		G
海峡群岛	泽西镑和根西镑	2003	2007	1968	B							
智利	智利比索	2003		1993	B		2008	6	A	S	C	S
中国	人民币	2000		1993	P	1978–93	2005	6	P	S	B	G
中国香港	港元	2009		1993	B		2005	6		G	C	S
中国澳门	澳门元	2009		1993	B		2005	6		G	C	G
哥伦比亚	哥伦比亚比索	2005		1993	B	1992–94	2005	6	A	G	B	S
科摩罗	非洲法郎	1990		1968	P		2005		A	S		
刚果民主共和国	刚果法郎	2000		1968	B	1999–2001	2005	6	A	S	C	G
刚果共和国	非洲法郎	1990		1968	P	1993	2005	6	P	S	C	G
哥斯达黎加	哥斯达黎加科郎	1991		1993	B			6	A	S	C	S
科特迪瓦	非洲法郎	1996		1968	P		2005	6	A	S	C	G
克罗地亚	克罗地亚库那	[a]	2005	1993	B		Rolling	6		G	C	S
古巴	古巴比索	2005		1993	B					S		
阿鲁巴	荷兰安第列斯群岛盾			1993								
塞浦路斯	欧元	[a]	2000	1993	B		Rolling	6		G	C	S
捷克	捷克克朗	2005		1993	B		Rolling	6		S	C	S

	最新人口普查	最新人口、教育或健康家庭调查	最新收入和支出数据来源	人口动态登记的完整性	最新农业人口普查	最新工业数据	最新贸易数据	最新水资源使用数据
阿富汗	1979	MICS, 2010/11	IHS, 2008		2013/14		2011	2000
阿尔巴尼亚	2011	DHS, 2009	LSMS, 2008	Yes		2009	2011	2006
阿尔及利亚	2008	MICS, 2012	IHS, 1995				2011	2001
东萨摩亚	2010			Yes	2007			
安道尔	2011[b]			Yes			2006	
安哥拉	1970	MIS, 2011; IBEP, 2008/09	IHS, 2000		1964/65		1991	2005
安提瓜和巴布达	2011			Yes	2007		2011	2005
阿根廷	2010	MICS, 2011	IHS, 2011	Yes	2013	2002	2011	2000
亚美尼亚	2011	DHS, 2010	IHS, 2010	Yes	2013/14		2011	2007
阿鲁巴岛	2010			Yes			2011	
澳大利亚	2011		ES/BS, 1994	Yes	2011	2006	2011	2000
奥地利	2011[b]		IS, 2000	Yes	2010	2009	2011	2002
阿塞拜疆	2009	DHS, 2006	ES/BS, 2008	Yes		2009	2011	2005
巴哈马	2010						2011	
巴林	2010			Yes			2011	2003
孟加拉国	2011	DHS, 2011	IHS, 2010		2008		2007	2008
巴贝多	2010	MICS, 2012		Yes			2011	2005
白俄罗斯	2009	MICS, 2012	ES/BS, 2009	Yes		2009	2011	2000
比利时	2011		IHS, 2000	Yes	2010	2009	2011	2007
伯利兹	2010	MICS, 2011	ES/BS, 2011				2011	2000
贝宁	2002	DHS, 2011/12	CWIQ, 2007		2011/12		2010	2001
百慕大群岛	2010			Yes			2011	
不丹	2005	MICS, 2010	IHS, 2010		2009		2011	2008
玻利维亚	2012	DHS, 2008	IHS, 2009		2013	2001	2011	2000
波斯尼亚和黑塞哥维那	1991	MICS, 2011/12	LSMS, 2007	Yes			2011	2009
博茨瓦纳	2011	DHS, 1988	ES/BS, 2008			2009	2011	2000
巴西	2010	LSMS, 1996/97	LFS, 2009		2006	2007	2011	2006
文莱	2011			Yes			2006	1994
保加利亚	2011	LSMS, 2007	ES/BS, 2007	Yes	2010	2009	2011	2009
布基纳法索	2006	DHS, 2011	CWIQ, 2009		2010		2011	2001
布隆迪	2008	DHS, 2010	CWIQ, 2006				2010	2000
柬埔寨	2008	DHS, 2010	IHS, 2008		2013	2000	2011	2006
喀麦隆	2005	DHS, 2011	PS, 2007		1984	2002	2011	2000
加拿大	2011		LFS, 2000	Yes	2011	2008	2011	1986
佛得角	2010	DHS, 2005	ES/BS, 2007	Yes			2011	2001
开曼群岛	2010			Yes				
中非共和国	2003	MICS, 2010	PS, 2008				2011	2005
乍得	2009	MICS, 2010	PS, 2002/03		2011		1995	2005
海峡群岛	2009, 2011[c]							
智利	2012		IHS, 2009	Yes	2007	2008	2011	2007
中国	2010	NSS, 2007	IHS, 2008		2007	2007	2011	2005
中国香港	2011[d]			Yes		2009	2011	
中国澳门	2011			Yes		2009	2007	
哥伦比亚	2006	DHS, 2010	IHS, 2011		2013	2005	2011	2000
科摩罗	2003	DHS, 2012	IHS, 2004				2007	1999
刚果民主共和国	1984	MICS, 2010	1-2-3, 2004/05		1990		1987	2005
刚果共和国	2007	DHS, 2011/12	CWIQ/PS, 2011		1985/86	2009	2010	2002
哥斯达黎加	2011	MICS, 2011	LFS, 2011	Yes	1973	2009	2011	1997
科特迪瓦	1998	DHS, 2012	IHS, 2008		2001		2011	2005
克罗地亚	2011		ES/BS, 2008	Yes	2010		2011	2010
古巴	2012	MICS, 2010/11		Yes			2006	2007
阿鲁巴								
塞浦路斯	2011			Yes	2010	2009	2011	2009
捷克	2011	RHS, 1993	IS, 1996	Yes	2010	2007	2011	2007

基本数据文献

各经济体	货币	国民账户						国际收支和贸易			政府财政	IMF数据公布标准
		基年	参考年份	国民账户体系	SNA价格评估	替代转换系数	PPP调查年份	使用的《国际收支手册》	外债	贸易制度	会计概念	
丹麦	丹麦克朗	2005		1993	B		Rolling	6		S	C	S
吉布提	非洲法郎	1990		1968	B		2005	6	A	G		G
多米尼克	东加勒比元	2006		1993	B			6	A	S		G
多米尼加共和国	多米加比索	1991		1993	B			6	A	G	C	G
厄瓜多尔	美元	2000		1993	B		2005	6	A	G	B	S
埃及	埃及镑	1991/92		1993	B		2005	6	A	G	C	S
萨尔瓦多	萨尔瓦多科郎	1990		1968	B			6	A	S	C	S
赤道几内亚	西非法郎	2000		1968	B	1965–84	2005			G		
厄立特里亚	厄立特里亚纳克法	2000		1968	B			6	E			
爱沙尼亚	爱沙尼亚克朗	2005		1993	B	1987–95	Rolling	6		S	C	S
埃塞俄比亚	埃塞俄比亚比尔	1999/2000		1993	B		2005	6	A	G	B	G
法罗群岛	丹麦克朗			1993	B			6		G		
斐济	斐济元	2005		1993	B		2005	6	A	G	B	G
芬兰	欧元	2005		1993	B		Rolling	6		G	C	S
法国	欧元	[a]	2005	1993	B		Rolling	6		S	C	S
法属玻利尼西亚	非洲法郎	1990/91		1993						S		
加蓬	非洲法郎	1991		1993	P	1993	2005	6	A	S		G
冈比亚	冈比亚达拉西	2004		1993	P		2005	6	A	G	C	G
格鲁吉亚	格鲁吉亚瓦瑞	[a]	1996	1993	B	1990–95	2005	6	A	G	C	S
德国	欧元	2005		1993	B		Rolling	6		S	C	S
加纳	加纳塞迪	2006		1993	B	1973–87	2005	6	A	G	B	G
希腊	欧元	[a]	2005	1993	B		Rolling	6		S	C	S
格陵兰	丹麦克朗	1990		1993						G		
格林纳达岛	东加勒比元	2006		1968	B			6	A	S	B	G
关岛	美元			1993						G		
危地马拉	危地马拉格查尔	2001		1993	B			6	A	S	B	G
几内亚	几内亚法郎	2003		1993	B		2005	6	P	S	B	G
几内亚比绍	非洲法郎	2005		1993	B		2005	6	E	G		G
圭亚那	圭亚那元	2006		1993	B			6	A	S		G
海地	海地古德	1986/87		1968	B	1991		6	A	G		G
洪都拉斯	洪都拉斯伦皮拉	2000		1993	B	1988–89		6	A	S	C	G
匈牙利	匈牙利福林	[a]	2005	1993	B		Rolling	6		S	C	S
冰岛	冰岛克朗	2005		1993	B		Rolling	6		G	C	S
印度	印度卢比	2004/05		1993	B		2005	6	A	G	C	S
印度尼西亚	印度尼西亚卢比	2000		1993	P		2005	6	A	S	B	S
伊朗	伊朗里亚尔	1997/98		1993	B	1980–2002	2005	6	A	S	C	G
伊拉克	伊拉克第纳尔	1997		1968	B	1997, 2004	2005	6				G
爱尔兰	欧元	2005		1993	B		Rolling	6		G	C	S
马恩岛	马恩镑	2003		1968								
以色列	以色列新谢克尔	2005		1993	P		2008	6		S	C	S
意大利	欧元	2005		1993	B		Rolling	6		S	C	S
牙买加	牙买加元	2007		1993	B			6	A	G	C	G
日本	日元	2005		1993	B		2008	6		G	C	S
约旦	约旦第纳尔	1994		1968	B		2005	6	A	G	B	S
哈萨克斯坦	哈萨克斯坦滕戈	[a]	2000	1993	B	1987–95	2005	6	A	G	C	S
肯尼亚	肯尼亚先令	2001		1993	B		2005	6	A	G	B	G
基里巴斯	澳元	2006		1993	B			6		G		G
朝鲜	朝鲜圆			1968				6				
韩国	韩圆	2005		1993	B		2008	6		G	C	S
科索沃	欧元	2008		1993					A			G
科威特	科威特第纳尔	1995		1968	P		2005	6		S	B	G
吉尔吉斯斯坦	吉尔吉斯索姆	[a]	1995	1993	B	1990–95	2005	6	A	S	B	S
老挝	老挝基普	2002		1993	B		2005	6	P	S	B	
拉脱维亚	拉脱维亚拉特	2000		1993	B	1987–95	Rolling	6	A	S	C	S
黎巴嫩	黎巴嫩镑	1997		1993	B		2005	6	A	G	B	G
莱索托	莱索托洛蒂	1995		1993	B		2005	6	A	G	C	G

	最新人口普查	最新人口、教育或健康家庭调查	最新收入和支出数据来源	人口动态登记的完整性	最新农业人口普查	最新工业数据	最新贸易数据	最新水资源使用数据
丹麦	2011		ITR, 1997	Yes	2010	2008	2011	2009
吉布提	2009	MICS, 2006	PS, 2002				2009	2000
多米尼克	2011			Yes			2010	2004
多米尼加共和国	2010	DHS, 2007	IHS, 2011		2012/13		2011	2005
厄瓜多尔	2010	RHS, 2004	LFS, 2011		2013/15	2008	2011	2005
埃及	2006	DHS, 2008	ES/BS, 2008	Yes	2010	2006	2011	2000
萨尔瓦多	2007	RHS, 2008	IHS, 2010	Yes	2008		2011	2007
赤道几内亚	2002							2000
厄立特里亚	1984	DHS, 2002				2009	2003	2004
爱沙尼亚	2012		ES/BS, 2004	Yes	2010	2009	2011	2007
埃塞俄比亚	2007	DHS, 2011	ES/BS, 2010/11			2009	2011	2002
法罗群岛	2011			Yes			2009	
斐济	2007		ES/BS, 2009	Yes	2009	2008	2010	2000
芬兰	2010		IS, 2000	Yes	2010	2009	2011	2005
法国	2006[e]		ES/BS, 1994/95	Yes	2010	2009	2011	2007
法属玻利尼西亚	2007			Yes			2011	
加蓬	2003	DHS, 2012	CWIQ/IHS, 2005				2009	2005
冈比亚	2003	MICS, 2010	IHS, 2010		2001/02	2004	2011	2000
格鲁吉亚	2002	MICS, 2005	IHS, 2009	Yes		2009	2010	2005
德国	2011[e]		IHS, 2000	Yes	2010	2009	2011	2007
加纳	2010	MICS, 2011	LSMS, 2005/06		2013/14	2003	2011	2000
希腊	2011		IHS, 2000	Yes	2009	2007	2011	2007
格陵兰	2010			Yes			2011	
格林纳达岛	2011	RHS, 1985		Yes	2012		2009	2005
关岛	2010			Yes				
危地马拉	2012	RHS, 2008/09	LSMS, 2011	Yes	2013		2011	2006
几内亚	1996	DHS, 2005	CWIQ, 2012				2008	2001
几内亚比绍	2009	MICS, 2010	CWIQ, 2010				2005	2000
圭亚那	2012	DHS, 2009	IHS, 1998				2011	2000
海地	2003	DHS, 2012	IHS, 2001		2008		1997	2000
洪都拉斯	2001	DHS, 2011/12	IHS, 2010		2013		2009	2006
匈牙利	2011		ES/BS, 2007	Yes	2010	2009	2011	2007
冰岛	2011			Yes	2010	2005	2011	2005
印度	2011	DHS, 2006	IHS, 2010		2011	2008	2011	2010
印度尼西亚	2010	DHS, 2012	IHS, 2012		2013	2008	2011	2000
伊朗	2011	DHS, 2000	ES/BS, 2005		2003	2008	2011	2004
伊拉克	1997	MICS, 2011	IHS, 2007		2012		2009	2000
爱尔兰	2011		IHS, 2000	Yes	2010	2009	2011	1979
马恩岛	2011			Yes				
以色列	2009		ES/BS, 2001	Yes		2008	2011	2004
意大利	2012		ES/BS, 2000	Yes	2010	2009	2011	2000
牙买加	2011	MICS, 2011	LSMS, 2010		2007		2010	1993
日本	2010		IS, 1993	Yes	2010	2007	2011	2001
约旦	2004	DHS, 2012	ES/BS, 2010		2007	2009	2011	2005
哈萨克斯坦	2009	MICS, 2010/11	ES/BS, 2011	Yes			2011	2010
肯尼亚	2009	MIS, 2010; HIV/MCH SPA, 2010	IHS, 2005/06			2007	2010	2003
基里巴斯	2010						2011	
朝鲜	2008	MICS, 2009						2005
韩国	2010		ES/BS, 1998	Yes	2000	2008	2011	2002
科索沃	2011		IHS, 2009					
科威特	2010	FHS, 1996		Yes		2009	2009	2002
吉尔吉斯斯坦	2009	DHS, 2012	ES/BS, 2010	Yes	2002	2009	2011	2006
老挝	2005	MICS, 2011/12	ES/BS, 2008		2010/11		1974	2005
拉脱维亚	2011		IHS, 2008	Yes	2010	2009	2011	2002
黎巴嫩	1970	MICS, 2000		Yes	2011	2007	2011	2005
莱索托	2006	DHS, 2009	ES/BS, 2002/03		2010		2009	2000

基本数据文献

各经济体	货币	国民账户						国际收支和贸易			政府财政	IMF数据公布标准
		基年	参考年份	国民账户体系	SNA价格评估	替代转换系数	PPP调查年份	使用的《国际收支手册》	外债	贸易制度	会计概念	
利比里亚	利比里亚第纳	2000		1968	P		2005	6	A	S	B	G
利比亚	利比亚第纳尔	1999		1993	B	1986		6		G		G
列支敦士登	瑞士法郎	1990		1993	B					S		
立陶宛	立陶宛立特	2000		1993	B	1990–95	Rolling	6	A	G	C	S
卢森堡	欧元	[a]	2005	1993	B		Rolling	6		S	C	S
前南斯拉夫马其顿共和国	马其顿第纳尔	1995		1993	B		Rolling	6	A	S		S
马达加斯加	马尔加什法郎	1984		1968	B		2005	6	A	S	C	G
马拉维	马拉维克瓦查	2007		1993	B		2005	6	A	G		G
马来西亚	马来西亚林吉特	2000		1993	P		2005	6	E	G	B	S
马尔代夫	马尔代夫卢比	2003		1993	B		2005	6	A	G	C	G
马里	非洲法郎	1987		1968	B		2005	6	A	S	B	G
马耳他	欧元	2005		1993	B		Rolling	6		G	C	S
马绍尔群岛	美元	2004		1968	B					G		
毛里塔尼亚	毛里塔尼亚乌吉亚	2004		1993	B		2005	6	A	S		G
毛里求斯	毛里求斯卢比	2006		1993	B		2005	6	A	G	C	S
墨西哥	墨西哥新比索	2003		1993	B		2008	6	A	G	C	S
密克罗尼西亚	美元	2004		1993	B							
摩尔多瓦	摩尔多瓦列伊	[a]	1996	1993	B	1990–95	2005	6	A	G	C	S
摩纳哥	欧元	1990		1993						S		
蒙古	蒙古图格里克	2005		1993	B		2005	6	A	G	C	G
黑山	欧元	2000		1993	B		Rolling	6	A	S		G
摩洛哥	摩洛哥迪拉姆	1998		1993	B		2005	6	A	S	C	S
莫桑比克	莫桑比克梅蒂卡尔	2003		1993	B	1992–95	2005	6	A	S		G
缅甸	缅元	2005/06		1968	P			6	E	G	C	
纳米比亚	纳米比亚元	2004/05		1993	B		2005	6		G	B	G
尼泊尔	非洲法郎	2000/01		1993	B		2005	6	A	G	C	G
荷兰	欧元	[a]	2005	1993	B		Rolling	6		S	C	S
新喀里多尼亚	非洲法郎	1990		1993						S		
新西兰	新西兰元	2005/06		1993	B		2008	6		G	C	
尼加拉瓜	尼加拉瓜金科多	2006		1993	B	1965–95		6	A	G	B	G
尼日尔	非洲法郎	1987		1993	P	1993	2005	6	A	S	B	G
尼日利亚	尼日利亚奈拉	2002		1993	B	1971–98	2005	6	A	G	B	G
北马里亚纳群岛	美元			1968								
挪威	挪威克郎	[a]	2005	1993	B		Rolling	6		G	C	S
阿曼	阿曼里亚尔	1988		1993	P		2005	6		G	B	G
巴基斯坦	巴基斯坦卢比	1999/2000		1993	B		2005	6	A	G	B	G
帕劳	美元	1995		1993	B					S		
巴拿马	巴拿马巴波亚	1996		1993	B			6	A	S	C	G
巴布亚新几内亚	巴布亚新几内亚基那	1998		1993	B	1989		6	A	G	B	G
巴拉圭	巴拉圭瓜拉尼	1994		1993	P		2005	6	A	S	B	G
秘鲁	科鲁新索尔	1994		1993	B	1985–90	2005	6	A	S	C	S
菲律宾	菲律宾比索	2000		1993	P		2005	6	A	G	B	S
波兰	波兰兹罗提	[a]	2005	1993	B		Rolling	6		S	C	S
葡萄牙	欧元	2005		1993	B		Rolling	6		S	C	S
波多黎各	美元	1954		1968	P					G		
卡塔尔	卡塔尔里亚尔	2001		1993	P		2005			S	B	G
罗马尼亚	新卢旺达列伊	[a]	2005	1993	B	1987–89, 1992	Rolling	6	A	S	C	S
俄罗斯联邦	俄罗斯卢布	2000		1993	B	1987–95	2008	6	P	G	C	S
卢旺达	卢旺达法郎	2006		1993	P	1994	2005	6	A	G	C	G
萨摩亚群岛	萨摩亚塔拉	2002		1993	B			6	A	S		G
圣马力诺	挪威克郎	1995	2000	1993	B						C	G
圣多美和普林西比	多布腊	2001		1993	P		2005	6	A	S		G
沙特阿拉伯	沙特阿拉伯里亚尔	1999		1993	P		2005	6		S		G
塞内加尔	非洲法郎	1999	1987	1993	B		2005	6	A	G	B	G
塞尔维亚	南斯拉夫新第纳尔	[a]	2002	1993	B		Rolling	6	A	S	C	G

	最新人口普查	最新人口、教育或健康家庭调查	最新收入和支出数据来源	人口动态登记的完整性	最新农业人口普查	最新工业数据	最新贸易数据	最新水资源使用数据
利比里亚	2008	MIS, 2011	CWIQ, 2007				1984	2000
利比亚	2006						2010	2000
列支敦士登	2010			Yes				
立陶宛	2011		ES/BS, 2008	Yes	2010	2009	2011	2007
卢森堡	2011			Yes	2010	2009	2011	1999
前南斯拉夫马其顿共和国	2011	MICS, 2011	ES/BS, 2009	Yes	2007	2009	2011	2007
马达加斯加	1993	MIS, 2011	PS, 2010			2006	2011	2000
马拉维	2008	MIS, 2012; LSMS, 2010/11	IHS, 2010/11		2007	2009	2011	2005
马来西亚	2010		ES/BS, 2009	Yes	2012	2008	2011	2005
马尔代夫	2006	DHS, 2009	IHS, 2010	Yes			2011	2008
马里	2009	DHS, 2012	IHS, 2009/10				2010	2000
马耳他	2011			Yes	2010	2008	2011	2002
马绍尔群岛	2011							
毛里塔尼亚	2000	MICS, 2011	IHS, 2008				2011	2005
毛里求斯	2011	RHS, 1991		Yes		2007	2011	2003
墨西哥	2010	ENPF, 1995	LFS, 2010		2007	2007	2011	2009
密克罗尼西亚	2010		IHS, 2000					
摩尔多瓦	2004	MICS, 2012	ES/BS, 2010	Yes	2011	2009	2011	2007
摩纳哥	2008			Yes				2009
蒙古	2010	MICS, 2010	LSMS, 2011	Yes	2012	2008	2007	2009
黑山	2011	MICS, 2005/06	ES/BS, 2011	Yes	2010		2011	2010
摩洛哥	2004	MICS/PAPFAM, 2006	ES/BS, 2007		2012	2009	2010	2000
莫桑比克	2007	DHS, 2011	ES/BS, 2008/09		2010		2011	2001
缅甸	1983	MICS, 2009/10			2011/12	2003	2010	2000
纳米比亚	2011	HIV/MCH, 2009	ES/BS, 2009				2011	2002
尼泊尔	2011	DHS, 2011	LSMS, 2011		2012	2008	2011	2006
荷兰	2011		IHS, 1999	Yes	2010	2008	2011	2008
新喀里多尼亚	2009			Yes			2011	
新西兰	2006		IS, 1997	Yes	2012	2008	2011	2002
尼加拉瓜	2005	RHS, 2006/07	LSMS, 2009		2011		2011	2001
尼日尔	2012	DHS, 2012	CWIQ/PS, 2008		2008	2002	2011	2005
尼日利亚	2006	MICS, 2011	IHS, 2010		2007		2011	2005
北马里亚纳群岛	2010							
挪威	2011		IS, 2000	Yes	2010	2008	2011	2006
阿曼	2010	MICS, 2012				2007	2011	2003
巴基斯坦	1998	DHS, 2012	IHS, 2008		2010	2006	2011	2008
帕劳	2010			Yes				
巴拿马	2010	LSMS, 2008	LFS, 2010		2011	2001	2011	2000
巴布亚新几内亚	2011	LSMS, 1996	IHS, 1996				2004	2005
巴拉圭	2012	RHS, 2008	IHS, 2011		2008	2002	2011	2000
秘鲁	2007	Continuous DHS, 2012	IHS, 2011		2012	2007	2011	2000
菲律宾	2010	DHS, 2008	ES/BS, 2009	Yes	2012	2006	2011	2009
波兰	2011		ES/BS, 2010	Yes	2010	2009	2011	2009
葡萄牙	2011		IS, 1997	Yes	2009	2009	2011	2002
波多黎各	2010	RHS, 1995/96		Yes	2007	2006		2005
卡塔尔	2010	MICS, 2012		Yes		2006	2010	2005
罗马尼亚	2011	RHS, 1999	LFS, 2010	Yes	2010	2009	2011	2009
俄罗斯联邦	2010	LSMS, 1992	IHS, 2010	Yes	2006	2009	2011	2001
卢旺达	2012	Special DHS, 2011	IHS, 2011		2008		2011	2000
萨摩亚群岛	2011	DHS, 2009			2009		2011	
圣马力诺	2010			Yes				
圣多美和普林西比	2012	DHS, 2008/09	PS, 2009/10		2011/12		2010	1993
沙特阿拉伯	2010	Demographic survey, 2007			2010	2006	2011	2006
塞内加尔	2002	Continuous DHS, 2012	PS, 2010/11		2011/12	2009	2011	2002
塞尔维亚	2011	MICS, 2010	IHS, 2010	Yes	2012	2009	2011	2009

基本数据文献

各经济体	货币	国民账户 基年	参考年份	国民账户体系	SNA价格评估	替代转换系数	PPP调查年份	国际收支和贸易 使用的《国际收支手册》	外债	贸易制度	政府财政 会计概念	IMF数据公布标准
塞舌尔	塞舌尔卢比	2006		1993	P			6	A	G	C	G
塞拉利昂	塞拉利昂利昂	2006		1993	B		2005	6	A	S	B	G
新加坡	新加坡元	2005		1993	B		2005	6		G	C	S
荷属圣马丁	荷兰质安提尔斯			1993								
斯洛伐克共和国	欧元	2005		1993	B		Rolling	6		S	C	S
斯洛文尼亚	欧元	[a]	2005	1993	B		Rolling	6		S	C	S
所罗门群岛	所罗门群岛元	2004		1993	B			6	A	S		G
索马里	索马里先令	1985		1968	B	1977–90			E			
南非	南非兰特	2005		1993	B		2005	6	P	G	C	S
南苏丹	南苏丹磅			1993								
西班牙	欧元	2005		1993	B		Rolling	6		S	C	S
斯里兰卡	斯里兰卡卢比	2002		1993	P		2005	6	A	G	B	G
圣基茨和尼维斯	东加勒比元	2006		1993	B			6		S	C	G
圣卢西亚	东加勒比元	2006		1968	B			6	A	S		G
圣马丁岛	欧元			1993								
圣文森特和格林纳丁斯	东加勒比元	2006		1993	B			6	A	S	B	G
苏丹	苏丹第纳尔	1981/82[f]	1996	1968	B		2005	6	A	G	B	G
苏里南	苏里南盾	1990		1993	B			6		G		G
斯威士兰	里兰吉尼	2000		1993	B		2005	6	E	G	B	G
瑞典	瑞典克朗	[a]	2005	1993	B		Rolling	6		G	C	S
瑞士	瑞士法朗	2005		1993	B		Rolling	6		S	C	S
阿拉伯叙利亚共和国	叙利亚镑	2000		1968	B	1970–2010	2005	6	E	S	C	G
塔吉克斯坦	塔吉克索莫尼	[a]	2000	1993	B	1990–95	2005	6	A	G	C	G
坦桑尼亚	坦桑尼亚先令	[a]	2001	1993	B		2005	6	A	G		G
泰国	泰铢	1988		1993	P		2005	6	A	S	C	S
东帝汶	美元	2000		2008	P					G		G
多哥	非洲法朗	2000		1968	P		2005	6	A	S	B	G
汤加	潘比	2010/11		1993	B			6	A	G		G
特立尼达和多巴哥	特立尼达和多巴哥元	2000		1993	B			6		S	C	G
突尼斯	突尼斯第纳尔	1990		1993	B		2005	6	A	G	C	S
土耳其	土耳其里拉	1998		1993	B		Rolling	6	A	S	B	S
土库曼斯坦	土库曼斯坦马纳特	[a]	2007	1993	B	1987–95, 1997–2007		6	E	G		
特克斯和凯科斯群岛	美元			1993						G		
图瓦卢	澳大利亚元	2005		1968	P					G		
乌干达	乌干达先令	2001/02		1968	B		2005	6	A	G	B	G
乌克兰	乌克兰格里夫尼亚	[a]	2003	1993	B	1987–95	2005	6	A	G	C	S
阿拉伯联合酋长国	阿联酋迪拉姆	2007		1993	P			6		G	B	G
英国	英镑	2005		1993	B		Rolling	6		G	C	S
美国	美元	[a]	2005	1993	B		2008	6		G	C	S
乌拉圭	乌拉圭比索	2005		1993	B		2005	6	A	G	C	S
乌兹别克斯坦	乌兹别克苏姆	[a]	1997	1993	B	1990–95		6	A	G		
瓦努阿图	瓦图	2006		1993	P			6	E	G	C	G
委内瑞拉	委内瑞拉博利瓦	1997		1993	B		2005	6	A	G	C	G
越南	越南盾	1994		1993	P	1991	2005	6	A	G		G
美属维尔京群岛	美元	1982		1968						G		
西岸和加沙	以色列谢克尔	1997		1968	B			6		S	B	S
也门共和国	也门里亚尔	1990		1993	P	1990–96	2005	6	A	S	B	G
赞比亚	赞比亚克瓦查	1994		1968	B	1990–92	2005	6	P	S	B	G
津巴布韦	津巴布韦元	2009		1993	B	1991, 1998	2005	6	A	G	C	G

	最新人口普查	最新人口、教育或健康家庭调查	最新收入和支出数据来源	人口动态登记的完整性	最新农业人口普查	最新工业数据	最新贸易数据	最新水资源使用数据
塞舌尔	2010		IHS, 2007	Yes	2011		2008	2005
塞拉利昂	2004	MICS, 2010	IHS, 2011				2002	2005
新加坡	2010	General household, 2005		Yes		2009	2011	1975
荷属圣马丁	2001	Population Census, 2011						
斯洛伐克共和国	2011		IS, 2009	Yes	2001	2009	2011	2007
斯洛文尼亚	2011[b]		ES/BS, 2004	Yes	2010	2009	2011	2009
所罗门群岛	2009		IHS, 2005/06		2012/13		2011	
索马里	1987	MICS, 2006					1983	2003
南非	2011	DHS, 2003	ES/BS, 2010		2012	2009	2011	2000
南苏丹	2008		ES/BS, 2009					
西班牙	2011		IHS, 2000	Yes	2010	2009	2011	2008
斯里兰卡	2012	DHS, 2006/07	ES/BS, 2010	Yes	2013	2008	2011	2005
圣基茨和尼维斯	2011			Yes			2011	
圣卢西亚	2010	MICS, 2012	IHS, 1995	Yes			2008	2005
圣马丁岛								
圣文森特和格林纳丁斯	2011			Yes			2011	1995
苏丹	2008	SHHS, 2010	ES/BS, 2009			2001	2009	2005[g]
苏里南	2012	MICS, 2010	ES/BS, 1999	Yes	2008	2004	2011	2000
斯威士兰	2007	MICS, 2010	ES/BS, 2009/10				2007	2000
瑞典	2011		IS, 2000	Yes	2010	2009	2011	2007
瑞士	2010		ES/BS, 2000	Yes	2008	2007	2011	2000
阿拉伯叙利亚共和国	2004	MICS, 2006	ES/BS, 2004		1981	2009	2010	2005
塔吉克斯坦	2010	LSMS, 2009	LSMS, 2009		2013		2000	2006
坦桑尼亚	2012	AIS, 2011/12; LSMS, 2010/11	ES/BS, 2011		2007/08	2007	2011	2002
泰国	2010	MICS, 2012	IHS, 2010		2013	2006	2011	2007
东帝汶	2010	DHS, 2009/10	LSMS, 2007		2012		2005	2004
多哥	2010	MICS, 2010	CWIQ, 2011		2011/12		2011	2002
汤加	2006						2011	
特立尼达和多巴哥	2011	MICS, 2011	IHS, 1992	Yes		2006	2010	2000
突尼斯	2004	MICS, 2011	IHS, 2010		2004	2006	2011	2001
土耳其	2011	DHS, 2003	LFS, 2009			2008	2011	2003
土库曼斯坦	2012	MICS, 2011	LSMS, 1998	Yes			2000	2004
特克斯和凯科斯群岛	2012			Yes			2011	
图瓦卢	2012						2008	
乌干达	2002	DHS, 2011	PS, 2009/10		2008	2000	2011	2002
乌克兰	2001	MICS, 2012	ES/BS, 2009	Yes	2012/13	2004	2011	2005
阿拉伯联合酋长国	2010				2012		2008	2005
英国	2001		IS, 1999	Yes	2010	2009	2011	2007
美国	2010		LFS, 2000	Yes	2007	2008	2011	2005
乌拉圭	2011	MICS, 2012	IHS, 2011	Yes	2011	2008	2009	2000
乌兹别克斯坦	1989	MICS, 2006	ES/BS, 2003	Yes				2005
瓦努阿图	2009	MICS, 2007			2007		2011	
委内瑞拉	2011	MICS, 2000	IHS, 2011	Yes	2007		2011	2000
越南	2009	MICS, 2010/11	IHS, 2010	Yes	2011	2000	2010	2005
美属维尔京群岛	2010			Yes	2007			
西岸和加沙	2007	MICS, 2010	IHS, 2009		1971	2009	2011	2005
也门共和国	2004	MICS, 2006	ES/BS, 2005			2006	2011	2005
赞比亚	2010	DHS, 2007	IHS, 2010				2011	2002
津巴布韦	2012	DHS, 2010/11	IHS, 2003/04				2011	2002

注：表中使用的缩略语的解释，见表后的说明。

a. 重新调整了原不变价格数据。b. 人口数据汇编自管理登记机构。c. 最近的人口普查：Guernsey，2009；Jersey，2011。d. 1986 年和 1996 年的人口普查基于 1/7 的人口样本，而 2006 年的人口普查基于 1/10 的人口样本。e. 滚动抽样式普查基于连续的样本调查。f. 从 1996 年起，报告期由财政年度改为日历年度。1996 年之前的数据已转换为日历年度数据。g. 包括南苏丹。

基本数据文献

基本数据文献的说明

• **基年**是在各国的国民经济账户计算中用以作为不变价格基期的年份。来自国民经济账户加总数值的价格指数，如GDP隐含平减指数，以相对于基年价格的当年价格表示。• **参考年份**是指评估一国本币、不变价格序列的年份。通常情况下，参考年份是与基年相同的，同样用于报告不变价格序列。然而，当不变价格数据是连接的链时，基年每年都会变化，所以针对特定的参考年份，需要重新调整数据，以便提供一致的时间序列。当一国没有对基年的数据做出以上调整，世界银行的工作人员就会重新调整数据，以便维持较长的历史时间序列。为了进行跨国之间的比较或者对数据进行加总，《世界发展指标》提供的不变价格数据都会重新调整为共同的参考年份（2000年）和共同的货币（美元）。• **国民账户体系**鉴别一个国家是使用的1968年的国民账户体系、1993年的国民账户体系，还是2008年的国民账户体系。• **SNA价格评估**表明国民账户中的增加值是以基本价格（VAB）来报告，还是以生产者价格（VAP）来报告。生产者价格中包括了生产者缴纳的税值，因而一般会夸大生产中的实际增加值。然而，对于那些农业补贴较高的国家来讲，其基本价格可能高于生产者价格。• **替代转换系数**确认的是那些以世界银行估算的转换系数替代了官方汇率（IMF的《国际金融统计》）的国家和年份。更多有关转换系数的讨论，见“统计方法”。• **购买力平价（PPP）调查年份**指的是可获得国际比较项目的购买力平价（PPPs）估测值的最近调查年份。• **使用的《国际收支手册》**是指为编制和报告国际收支数据项目而采用的分类体系。BPM6指IMF的《国际收支手册》第6版（2009年）。• **外债**表明的是2011年的债务报告情况。A表明已报告数据。P表明数据是初步的，基于报告或者收集的信息，并包含有世界银行工作人员的估算。E是指世界银行工作人员估算的数据。• **贸易制度**指一般贸易制度（G）或特别贸易制度（S）。在一般贸易制度下，直接由国内消费或存放在海关货栈中的货物都在第一次到达时被记录为进口。在特别贸易制度下，当货物入境或从海关货栈移出时如申报用于国内消费，则记录为进口。一般贸易制度下的出口包括以下向外运送的货物：（a）全部或部分由该国生产的货物；（b）既未申报为、也不会转化为用户国内消费的从海关货栈外运的外国货物；（c）申报用于国内消费的在未转化的情况下外运的本国化了的货物。在特别贸易制度下，出口包括（a）类和（c）类。按某些编制方法，（b）类和（c）类被列为再出口。由仅出于运输目的而进入和离开的货物组成的直接过境贸易不包括在进出口贸易统计中。• **政府财务会计概念**描述了中央政府财政数据报告的会计基础。大多数国家的政府财政数据已将（C）并入一套会计账户中，它包括所有中央政府的财政活动。中央政府预算账户（B）不包括中央政府单位。• **IMF数据公布标准**列示了赞同IMF的特别数据公布标准（SDDS）或者一般数据公布标准（GDDS）的国家。“S”指赞同SDDS并且赞同在互联网公布标准公告板上公布数据的国家（公布的数据，见http：//dsbb.imf.org）；而“G”指赞同GDDS的国家。对那些已得到或正式寻求进入国际资本市场途径的成员国，IMF建立SDDS以引导它们向公众提供经济和金融数据。GDDS有助于指导成员国向公众及时公布综合的、可以获得的可靠的经济、金融和社会人口统计资料。IMF的成员国可以自愿选择参与SDDS或GDDS。GDDS和SDDS两者有望提高及时、完整的数据的可获得性，从而有助于健康的宏观经济政策的执行。SDDS也有望改善金融市场的功能。• **最新的人口普查**表明了进行人口普查的最近年份并至少公布了初步结果。在基本数据（例如，按年龄和性别划分的人口，以及会计账目、覆盖面和完整性的详细定义）可得的情况下，我们能够通过及时的修订版本反映最近人口普查的初步结果。基于登记制度进行普查的国家每隔5年或者10年也会生成类似人口普查的表格，而不是执行传统的人口普查。德国2001年的人口普查是利用1.2%的人口进行的以注册为基础的测试普查。法国情况较为罕见，其自2004年以来每年都开展滚动普查，其最新的同时覆盖全部人口的普查是1999年的全民人口普查。• **最新人口统计、教育或健康家庭调查**提供了在第二部分编制人口、教育和健康数据时使用的有关调查的信息。AIS是艾滋病指标调查，CPS是当前人口调查，DGHS是人口和综合卫生调查，DHS是人口和卫生调查，ENPF是国家家庭计划调查，FHS是家庭健康调查，LSMS是生活水平衡量调查，MICS是多指标集群调查，MIS是疟疾指标调查，NSS是人口变化的全国抽样调查，PAPFAM是泛阿拉伯家庭卫生项目，RHS是生殖卫生调查，SHHS是苏丹家庭健康状况调查以及SPA是服务供应评估。有关AIS、DHS、MIS和SPA的详细信息，见www.measuredhs.com；有关MICS的详细信息，见www.childinfo.org；有关RHS的详细信息，见www.cdc.gov/reproductivehealth。• **最新收入和支出数据来源**是为采集收入和支出数据而进行的家庭调查。家庭调查的名称详细信息，见国际家庭调查的网站（www.surveynetwork.org）。核心福利指标问卷调查（CWIQ）是世界银行开发的，其衡量的是不同人口组别的关键社会指标，尤其是对核心社会和经济服务的获取、使用和满意度的指标。支出调查/预算调查（ES/BS）收集了家庭消费和人口、社会和经济总体特点的详细信息。家庭综合调查（IHS）收集了各种项目的详细信息，包括卫生、教育、经济活动、住房和公共事业。收入调查（IS）收集了关于家庭收入和财富，以及各种社会和经济特点的信息。劳动力核心调查（LFS）收集的信息包括就业、失业、劳动小时数、收入和工资。生活水平衡量调查（LSMS）是由世界银行开发的，它提供了家庭财富及其影响因素的全面图景，通常合并了个人、家庭和社区层面的数据。优先调查（PS）是由世界银行设计的根据监测结果显示的调查，其高效快捷地收集了大量家庭的成本数据。收入税登记（ITR）提供了关于人口收入和补贴的信息，如不同社会组别的总收入、应税收入和税收。1-2-3调查（1-2-3）的实施分三个阶段，其收集的是社会人口和就业数据、非正规部门的数据，以及生活条件和家庭消费的信息。• **人口动态登记完整性**经由联合国统计署确认，人口动态登记至少达到90%的国家被认定有完整的人口动态登记（出生与死亡）统计，并公布在《人口与人口动态统计报告》中。相对于其他国家，拥有完整的人口动态统计登记的国家能提供更准确、更及时的人口统计指标。• **最新农业人口调查**列举了进行最近一次农业人口调查并报告给联合国粮食与农业组织的年份。• **最新产业数据**指在联合国工业发展组织数据库中可得到按国际标准产业分类（第2次或第

3 次修订版）三位数水平的制造业增加值数据的最近年份。• **最新贸易数据**指从联合国商品贸易统计数据库获得的最近年份的有关商品贸易的数据。• **最新水资源使用数据**指根据不同来源编制的数据的最近年份。

特殊报告时期

大多数经济体的**财政年度**是与日历年一致的，本表给出了例外情况。财政年度的截止期是中央政府财政年度结束的日期。其下属各级政府的财年和统计调查的报告年份可能不同。

国民账户的报告期数据被指定为基于日历年度（CY）或者财政年度（FY）。大多数经济体用日历年度来报告其国民账户和国际收支数据，但也有一些国家使用跨两个日历年的财政年度。在《世界发展指标》中，财年的数据被指定为占该财年较大部分时间的日历年的数据。如果某个国家的财年截止期在 6 月 30 日前，其数据将列在该财年期间日历年的第一年中；如果财年截止期在 6 月 30 日或以后，该数据将列在第二年。在《世界发展指标》中国际收支数据按日历年列示。

对国民账户数据的修订

当改变方法或者完善数据资料来源时，各国统计机构就会对其国民账户数据进行修订。当数据资料来源发生改变时，《世界发展指标》中的国民账户数据也会修订。以下的注释尽管不全面，但也提供了对以前数据修订的信息。• **阿富汗**：修订了 1990 年以来的国民账户数据；新的基年为 1990 年。• **克罗地亚**：基于官方统计数据，不变价格数据序列新的基年为 2005 年。• **厄立特里亚**：基于国际货币基金组织的数据，修订了 2000 年以来的国民账户数据，新的基年为 2000 年。• **冈比亚**：基于官方统计数据，修订了 2004 年以来的国民账户数据，新的基年为 2004 年。• **几内亚**：基于国际货币基金组织的数据，修订了 2000 年以来的国民账户数据，新的基年为 2003 年。• **中国香港**：农业增加值包括采矿业和采石业。• **印度**：印度中央统计办公室修订了历史数据序列，并且以 2004—2005 年为基础，不间断地追溯到 1960 年。• **牙买加**：基于官方统计数据，修订了 2002 年以来的国民账户数据，新的基年为 2007 年。• **基里巴斯**：基于亚洲开发银行的数据，修订了 2005 年以来的国民账户数据。• **利比里亚**：基于国际货币基金组织的数据，修订了 2000 年以来的国民账户数据，新的基年为 2007 年。• **马来西亚**：基于国家统计局的数据，修订了 2005 年以来的国民账户数据。• **尼加拉瓜**：基于官方统计数据，修订了 1994 年以来的国民账户数据，新的基年为 2006 年。• **帕劳**：基于国际货币基金组织的数据，修订了 2007 年以来的国民账户数据。• **卢旺达**：基于官方统计数据，修订了 1999 年以来的国民账户数据，新的基年为 2006 年。• **萨摩亚群岛**：基于国际货币基金组织的数据，修订了 2007 年以来的国民账户数据。• **塞舌尔**：基于官方统计数据，修订了 1976 年以来的国民账户数据，新的基年为 2006 年。• **塞拉利昂**：基于官方统计数据，修订了 1990 年以来的国民账户数据，新的基年为 2006 年。• **叙利亚**：基于中央统计局的数据，修订了 2003 年以来的国民账户数据。• **多哥**：基于国际货币基金组织的数据，修订了 2000 年以来的国民账户数据，新的基年为 2000 年。• **汤加**：基于官方统计数据，修订了国民账户数据，新的基年为 2010/2011 年。• **图瓦卢**：基于国际货币基金组织的数据，修订了 2000 年以来的国民账户数据。• **阿拉伯联合酋长国**：基于国家统计局的数据，修订了 2001 年以来的国民账户数据，新的基年为 2007 年。

特殊报告期的经济体

经济体	财政年度结束期	国民账户数据报告期
阿富汗	3 月 20 日	FY
澳大利亚	6 月 30 日	FY
孟加拉国	6 月 30 日	FY
博茨瓦纳	6 月 30 日	FY
加拿大	3 月 31 日	CY
埃及	6 月 30 日	FY
埃塞俄比亚	7 月 7 日	FY
冈比亚	6 月 30 日	CY
海地	9 月 30 日	FY
印度	3 月 31 日	FY
印度尼西亚	3 月 31 日	CY
伊朗	3 月 20 日	FY
日本	3 月 31 日	CY
肯尼亚	6 月 30 日	CY
科威特	6 月 30 日	CY
莱索托	3 月 31 日	CY
马拉维	3 月 31 日	CY
缅甸	3 月 31 日	FY
纳米比亚	3 月 31 日	CY
尼泊尔	7 月 14 日	FY
新西兰	3 月 31 日	FY
巴基斯坦	6 月 30 日	FY
波多黎各	6 月 30 日	FY
塞拉利昂	6 月 30 日	CY
新加坡	3 月 31 日	CY
南非	3 月 31 日	CY
斯威士兰	3 月 31 日	CY
瑞典	6 月 30 日	CY
泰国	9 月 30 日	CY
乌干达	6 月 30 日	FY
美国	9 月 30 日	CY
津巴布韦	6 月 30 日	CY

统计方法

本部分将介绍编写《世界发展指标》时使用的一些统计方法。内容包括：计算地区和收入组别的合计数所使用的方法以及计算增长率所使用的方法；还介绍了为得到用于测算以美元计的国民总收入（GNI）和人均GNI估算值的转换系数而使用的世界银行图表集法。每张表格后的“关于数据的说明”还介绍了其他统计方法和计算方法。

合计原则

每个表格的末尾都有按世界银行对各经济体的地区和收入分类而计算的合计数。在本书封面和封底的勒口处可找到按世界银行的地区和收入分类的214个经济体。合计数也包括中国台湾的数据。大多数表格中也包含了欧元区的合计数。这一合计数包括欧盟中的经济及货币联盟（EMU）成员国，这些成员国都采用欧元作为其货币：奥地利、比利时、塞浦路斯、爱沙尼亚、芬兰、法国、德国、希腊、爱尔兰、意大利、卢森堡、马耳他、荷兰、葡萄牙、斯洛伐克共和国、斯洛文尼亚和西班牙。其他一些分类，例如欧盟，则在它们所在在线表格后面的“关于数据的说明”中作了说明。

由于数据缺失，有些经济体组别的合计数只能看作是未知总额或平均值的近似值。使用合计原则是为了得到固定不变的一组经济体从一个时期到另一个时期的估算值以及所有指标的估算值。由于使用了近似值，子组别合计值与总计值及平均值之间可能会出现微小的差异。此外，汇编错误和数据报告的实际做法也可能使理论上应该完全一致的合计值（例如，世界出口额和进口额）有所差异。

《世界发展指标》中使用的主要加总方法有5种：

- 对于在表格中标以字母“t”的各组别和世界总计数，缺失的数据是根据可获得数据的总值和上一年度估算数总值的关系计算出来的。从2000年往前和往后进行计算加工。2000年的缺失数据是根据数据最齐全的那一年的替代变量之一计算而得。计算得出的数据值（或其替代变量）与可获得数据的总值具有相同的关系。如果缺失数据占基准年度数据总量的1/3以上，则不予计算。用作替代的变量有：以美元计值的GNI、总人口、以美元计算的货物和劳务进出口值，以及以美元计值的农业、工业、制造业和服务业的增加值。
- 标有字母“s”的合计值是全部可获数据之和。缺失的数据不予估算。如果某一给定年份的系列观测数据或系列数据的替代值缺失1/3以上，则该年的总计值不予计算。
- 加总比率（标以字母“w”）通常是按票面价值计算为这些比率的加权平均值，有时也使用其他指标作为权数。当计算为未加权平均值时，标以字母“u”。加总比率按可获得数据计算得出。缺失数据被假定为与可获得数据相同的平均值。如果缺失数据在基准年度中占权数值的1/3以上，则加总比率不予计算。在极少数情况下，加总比率可以这样计算：根据前述计算总额的原则算出缺失数据值之后，再算出该组别总值的比率。
- 加总增长率（标以字母“w”）通常是增长率的加权平均数值。在极少数情况下，增长率可以根据该组别总值的时间序列来计算。如果某个时期内缺失一半以上的观察数据，则不计算增长率。有关增长率计算方法进一步的讨论，参见后文。
- 标有字母“m”的合计数是表格中所列数值的中位数。如果人口超过100万的国家缺失的观察数据在一半以上，则数值不予列示。

以上合计原则在全书中都有例外之处。根据世界银行分析人员的判断，合计数可以只按可获数据的50%来计算。在其他情况下，如果缺失或被剔除的数值被认为微不足道或具有很大随机性时，合计数则仅仅根据表格中列出的数据计算得出。

增长率

增长率是年平均增长率，并以百分数来表示。除非特别注明，否则价值增长率是依据不变价格序列计算得出的。计算增长率的方法主要有3种：最小二乘方法、指数端点法和几何端点法。从一个时期到下一个时期的变化率是按与前一时期成比例的变化计算的。

最小二乘方法增长率。只要有足够长的时间序列使计算变得可靠，就使用最小二乘方法增长率。如果某个时期内的观测数据缺失一半以上，则不计算增长率。最小二乘方法增长率 r 按如下方法计算：把变量在相关时期内的每年数据的对数拟合成一条线性回归曲线。回归方程的形式如下：

$$\ln X_t = a + b_t$$

这相当于下面这个复合增长方程的对数变形：

$$X_t = X_0 \ (1 + r)^t$$

在这个方程中，X 是变量，t 是时间，$a = \ln X_0$和 $b = \ln(1 + r)$ 均为待估参数。如果 b^* 是 b 的最小二乘法估计值，则年均增长率 r 等于$[\exp(b^*) - 1]$，再乘以100即可取得百分数。算出的增长率为平均增长率，它代表的是整个时期内所获得的观测数据。它不一定和任何两个时期之间的实际增长率相等。

指数增长率。某些人口指标，特别是劳动力和人口数量，在两个时间点之间的增长率是按如下方程计算的：

$$r = \ln(p_n/p_0)/n$$

其中，p_n和 p_0分别是这段时期内最后一个和第一个观测数据，n 是这一时期内的年数，ln 是自然对数算子。这个增长率是按两个时间点之间连续的指数增长模型计算。它不考虑这个序列的中间值。指数增长率与根据一年间隔期测算的年度变化比率并不相同，后者假设为$(p_n - p_n - 1)/p_n - 1$。

几何增长率。几何增长率可用于衡量不连续阶段内的复合增长，例如，利息或红利的支付与再投资。尽管以指数增长率代表的持续增长可能更符合实际情况，但大多数经济现象只是每隔一段时间后估量一次，因此，宜使用复合增长模型。在 n 个时期内的平均增长率按如下方程计算：

$$r = \exp[\ln(p_n/p_0)/n] - 1$$

世界银行图表集法

在出于某些实用目的计算用美元计值的GNI和人均GNI时，世界银行使用图表集转换系数。使用这一转换系数的目的是为了在对国民收入进行跨国比较时减少汇率波动的影响。

每年的图表集转换系数都是一个国家当年的汇率（或替代转换系数）和前两年的汇率的平均值，同时还应按该国与日本、英国、美国和欧元区的通货膨胀率之间的差别进行调整。一个国家的通货膨胀率是用GDP平减指数来衡量的。

日本、英国、美国和欧元区的通货膨胀率

统计方法

代表着国际通货膨胀，是以 SDR 平减指数的变化来衡量的（SDR：特别提款权，它是国际货币基金组织的记账单位）。SDR 平减指数是这些国家以 SDR 表示的 GDP 平减指数的加权平均数。权数由一个 SDR 单位中所含的各国货币量来决定。权数随时间而改变，因为每种货币出现价值波动时，SDR 的构成及每种货币的相对汇率都要改变。SDR 平减指数先以 SDR 为单位进行计算，然后再按 SDR 对美元的图表集转换系数转换成美元计算。于是该转换系数可用于算出一国的 GNI。把以美元计值的 GNI 除以年中的人口数，得出人均 GNI。

如果一国的官方汇率被认为不可靠或不能代表这一时期的实际汇率，就要使用图表集公式中汇率的替代估计值（参见下文）。

以下的两个公式分别用于计算 t 年的图表集转换系数：

$$e_t^* = \frac{1}{3}\left[e_{t-2}\left(\frac{p_t}{p_{t-2}} \Big/ \frac{p_t^{\$\$}}{p_{t-2}^{\$\$}}\right) + e_{t-1}\left(\frac{p_t}{p_{t-1}} \Big/ \frac{p_t^{\$\$}}{p_{t-1}^{\$\$}}\right) + e_t \right]$$

和以美元计值的 t 年人均 GNI：

$$Y_t^{\$} = (Y_t / N_t) / e_t^*$$

其中，e_t^* 是 t 年的图表集转换系数（本国货币对美元），e_t 是 t 年的年度平均汇率（本国货币对美元），p_t 是 t 年的 GDP 平减指数，$p_t^{\$\$}$ 是 t 年的以美元计值的 SDR 平减指数，$Y_t^{\$}$ 是 t 年的以美元计值的图表集人均 GNI，Y_t 是 t 年的以本国货币计值的现值 GNI，N_t 是 t 年的年中人口数。

替代转换系数

世界银行对官方汇率是否适宜于做转换系数进行系统性地评估。当官方汇率被认为严重偏离国内的外币交易和贸易产品交易中使用的实际汇率时，需使用另一种替代转换系数。这一点只适用于在“基本数据文献”中列出的少数几个国家。在图表集法以及《世界发展指标》其他地方使用的替代转换系数仅用作单一年份转换系数。

做出贡献的其他人员

1. 世界概览

第1部分由Eric Swanson领导的团队撰写。Eric Swanson起草了导言部分，参与的人员还包括：Neil Fantom、Juan Feng、Masako Hiraga、Wendy Huang、Hiroko Maeda、Johan Mistiaen、Vanessa Moreira、Esther Naikal、William Prince、Evis Rucaj、Rubena Sakaj和Emi Suzuki。Bala Bhaskar Naidu Kalimili整理了表1.1和表1.6。Masako Hiraga、Hiroko Maeda、Johan Mistiaen、Vanessa Moreira和Emi Suzuki准备了表1.2和表1.5。Mahyar Eshragh-Tabary、Masako Hiraga、Buyant Erdene Khaltarkhuu、Hiroko Maeda、Vanessa Moreira和Emi Suzuki准备了表1.3。Wendy Huang准备了表1.4，并得到Azita Amjadi的帮助。世界银行经济政策与债务处的Signe Zeikate提供了重债穷国债务倡议和多边债务减免倡议下的债务减免估计值。

2. 人口

第2部分由Juan Feng、Masako Hiraga、Hiroko Maeda、Johan Mistiaen、Vanessa Moreira、Emi Suzuki和Eric Swanson与世界银行人类发展网络、发展经济学副行长手下的发展研究组合作起草。Emi Suzuki准备了人口估计值和预测值。全球贫困工作小组——来自贫困削减与平等网络、发展研究组和发展数据组的贫困专家组根据国家贫困线整理了贫困估计值。世界银行发展研究组的Shaohua Chen和Prem Sangraula根据国际贫困线准备了贫困估计值。来自理解儿童工作情况项目的Lorenzo Guarcello和Furio Rosati准备了有关童工的数据。其他做出贡献的人员包括Samuel Mills（医疗卫生）；Maddalena Honorati、Montserrat Pallares-Miralles和Claudia Rodríguez（脆弱性和安全）；国际劳工组织的Theodoor Sparreboom和Alan Wittrup（劳动力）；联合国教科文组织统计研究所的Amelie Gagnon、Said Ould Voffal和Weixin Lu（教育和识字率）；世界卫生组织的Chandika Indikadahena（医疗卫生支出）、Monika Bloessner和Mercedes de Onis（营养不良和超重）、Teena Kunjument（医疗卫生工作者）、Jessica Ho（医院病床）、Rifat Hossain（水和卫生设施）、Luz Maria de Regil（贫血）、Hazim Timimi（肺结核）和Lori Marie Newman（梅毒）；国际糖尿病联盟的Leonor Guariguata（糖尿病）；联合国艾滋病规划署的Mary Mahy（艾滋病）；联合国儿童基金会的Colleen Murray（医疗卫生）。Eric Swanson对引言以及整个编写过程给予了评论和建议。

3. 环境

第3部分是由Mahyar Eshragh-Tabary与主管可持续发展网络的世界银行副行长手下的农业与环境服务部合作起草的。Mahyar Eshragh-Tabary撰写了引言，Eric Swanson提出了宝贵意见。Jane Ebinger、Tim Herzog、Glenn-Marie Lange和Soong Sup Lee提出了有价值的建议；和William Prince对本部分也做出了贡献；其他做出贡献的人员包括国际能源署的Esther G. Naikal和Karen Treanton、德国国际合作公司（GTZ）的Gerhard Metchies和Armin Wagner、国际自然保护联盟的Craig Hilton-Taylor和Caroline Pollock、国际道路联合会的Cristian Gonzalez。世界银行农业与环境服务部为本部分的撰写提供了大量的人力资源。

4. 经济

在世界银行发展数据组可持续发展和经济数据小组的密切配合下，第4部分由Bala Bhaskar Naidu Kalimili起草，Liu Cui和William Prince提出了宝贵意见。引言由Bala Bhaskar Naidu Kalimili撰写，Eric Swanson提出了宝贵意见。Bala Bhaskar Naidu Kalimili、Maurice

Nsabimana 和 Olga Victorovna Vybornaia 撰写了重点部分。低收入经济体和中等收入经济体国民核算账户数据由世界银行地区工作人员通过年度统一调查汇集得出。Federico M. Escaler、Mahyar Eshragh-Tabary、Bala Bhaskar Naidu Kalimili、Buyant Khaltarkhuu、Maurice Nsabimana 和 Olga Victorovna Vybornaia 进行了国民账户数据库的更新、估算和确证工作。Esther G. Naikal 准备了调整后的储蓄和调整后的收入数据。Azita Amjadi 提供了来自世界贸易整合解决方案的贸易数据。本编写组感谢欧洲统计局、国际货币基金组织、经济合作与发展组织、联合国工业发展组织、世界贸易组织提供的数据库。

5. 政府与市场

在世界银行金融与私营部门发展网络、减贫与经济管理网络、可持续发展网络、国际金融公司以及外部合作伙伴的协助下，第 5 部分由 Federico Escaler 和 Buyant Erdene Khaltarkhuu 起草。Buyant Erdene Khaltarkhuu 在 Eric Swanson 的协助下共同撰写了引言。其他做出贡献的人员包括 Ada Karina Izaguirre（私有化和基础设施项目）；Leora Klapper（营业登记）；Federica Saliola 和 Joshua Wimpey（企业调查）；Carolin Geginat 和 Frederic Meunier（全球工商业运营环境）；Alka Banerjee、Trisha Malinky 和 Michael Orzano（标准普尔全球股票市场指数）；Gary Milante 和 Kenneth Anya（脆弱的制度）；Satish Mannan（公共政策和制度）；国际战略研究所的 James Hackett（军事人员）；斯德哥尔摩国际和平研究所的 Sam Perlo-Freeman（军费开支和武器交易）；国际道路联合会的 Christian Gonzalez、国际民用航空组织的 Zubair Anwar 和 Narjess Teyssier、Marc Juhel 和 Hélène Stephan（交通）；联合国贸易与发展会议的 Vincent Valentine（港口）；Azita Amjadi（高科技出口）；国际电信联盟的 Vanessa Grey、Esperanza Magpantay 和 Susan Teltscher、联合国贸易与发展会议的 Torbj? rn Fredriksson 和 Diana Korka（信息通讯技术商品贸易）；联合国教科文组织统计研究所的 Martin Schaaper（研究与发展、研究人员和技术人员）；世界知识产权组织的 Ryan Lamb（专利和商标）。

6. 全球联系

在世界银行发展数据组的金融数据小组、发展研究组（贸易）、发展展望组（商品价格和侨汇）、国际贸易组（贸易便利）和外部合作伙伴的协助下，Wendy Huang 在 Evis Rucaj、Rubena Sukaj 的协助下共同起草了第 6 部分。Wendy Huang 和 Evis Rucaj 在 Eric Swanson 的大力帮助下撰写了本部分的引言。Azita Amjadi（贸易和关税）和 Rubena Sukaj（外债和金融数据）在数据和图表方面提供了大量帮助。其他做出贡献的人员包括 Frédéric Docquier（移民率）；联合国贸易与发展会议的 Flavine Creppy、Yumiko Mochizuki 和国际贸易中心的 Mondher Mimouni（贸易）；Cristina Savescu（商品价格）；DHL 的 Jeff Reynolds 和 Joseph Siegel（运输成本）；经济合作与发展组织的 Yasmin Ahmad 和 Elena Bernaldo（援助）；Ibrahim Levent 和 Maryna Taran（外债）；Gemechu Ayana Aga 和 Ani Rudra Silwal（侨汇）；世界旅游组织的 Teresa Ciller（旅游）。Ramgopal Erabelly、Shelley Fu 和 William Prince 提供了有价值的技术援助。

其他部分

内封的地图由世界银行地图设计单位的 Jeff Lecksell 协调完成。使用指南以及每部分在线图表和数据的目录由 Alison Kwong 和 William Prince 撰写。“统计方法”由 Eric Swanson 在 William Prince 的协助下共同撰写。Federico

Escaler 和 Leila Rafei 撰写了基本数据文献说明。Alison Kwong 撰写了合作者。

数据管理

世界发展指标数据库由 William Prince 在数据管理和质量小组的 Liu Cui、Shelley Fu 的帮助下协调管理。Reza Farivari 领导的数据和信息系统小组的 Ramgopal Erabelly 主要负责数据库管理系统的运作。

设计、制作与编辑

Azita Amjadi 和 Alison Kwong 协调了制作的各个方面。在 Meta de Coquereaumont、Jack Harlow、Bruce Ross-Larson 和 Christopher Trott 的领导下，通信发展公司提供了全面的设计指导和编辑。Elaine Wilson 制作了封面和地图，并对本书进行了排版。Peter Grundy Art & Design 公司的 Peter Grundy、Broadley Design 公司的 Diane Broadley 对本报告进行了设计。

行政助理、办公技术和系统支持

Elysee Kiti 提供了行政方面的援助。信息技术支持由 Jean-Pierre Djomalieu、Gytis Kanchas 和 Nacer Megherbi 提供。Ugendran Makhachkala、Shanmugam Natarajan、Atsushi Shimo 和 Malarvizhi Veerappan 为《世界发展指标》的数据平台应用提供了软件支持。

出版与发行

由 Carlos Rossel 领导的出版局在整个制作过程中提供了有价值的帮助。Denise Bergeron、Stephen McGroarty、Nora Ridolfi 和 Janice Tuten 协调了印刷、营销和发行工作。发展经济学副行长办公室的 Merrell Tuck-Primdahl 对通信战略进行了管理。

《世界发展指标》移动申请

软件的制作和测试由 Shelley Fu 管理，提供帮助的人员还有 Prashant Chaudhari、Ying Chi、Liu Cui、Ghislaine Delaine、Neil Fantom、Ramgopal Erabelly、Federico Escaler、Buyant Erdene Khaltarkhuu、Sup Lee、Maurice Nsabimana、Parastoo Oloumi、Beatriz Prieto Oramas、William Prince、Virginia Romand、Jomo Tariku、Malarvizhi Veerappan 和 Vera Wen。Reza Farivari 领导的数据和信息系统小组承担了系统创建工作。William Prince 提供了质量保证。

在线获取

通过开放数据网站、世界银行数据申请、新表的浏览申请和编程接口申请，获取《世界发展指标》在线数据的协调工作由 Neil Fantom 和 Soong Sup Lee 负责。Azita Amjadi 领导的小组负责网站的创建和维护工作，其中包括 Alison Kwong、George Gongadze、Timothy Herzog、Jeffrey McCoy 和 Jomo Tariku。Reza Farivari 领导的小组负责系统创建，项目管理则由 Malarvizhi Veerappan 负责。设计、编程和测试工作由 Ying Chi、Shelley Fu、Siddhesh Kaushik、Ugendran Machakkalai、Nacer Megherbi、Shanmugam Natarajan、Parastoo Oloumi、Manish Rathore、Ashish B. Shah、Atsushi Shimo、Maryna Taran 和 Jomo Tariku 完成。Liu Cui 和 William Prince 协调了制作工作并提供了质量保证。来自对外关系部公关处的支持由 George Gongadze 和 Jeffrey Mccoy 组成的小组提供。世界银行对外事务部 Jim Rosenberg 领导的小组提供了在线申请的多语种翻译工作。

客户反馈

编写组还要感谢不辞辛苦为本书提供帮助的许多人士，他们的反馈意见和建议有助于我们改进今年的版本。请联系我们 data@ worldbank. org。